山东省高水平应用型培育立项建设社会工作专业（群）资助

# 思想片论

## 关于思想及其基础的探讨

王玉香 著

中国社会科学出版社

**图书在版编目(CIP)数据**

思想片论：关于思想及其基础的探讨／王玉香著．—北京：中国社会科学出版社，2021.1

ISBN 978－7－5203－7897－0

Ⅰ.①思… Ⅱ.①王… Ⅲ.①思想—研究 Ⅳ.①B017

中国版本图书馆 CIP 数据核字（2021）第 027666 号

出 版 人 赵剑英
责任编辑 伊 岚
责任校对 张爱华
责任印制 张雪娇

出 版 中国社会科学出版社
社 址 北京鼓楼西大街甲 158 号
邮 编 100720
网 址 http://www.csspw.cn
发 行 部 010－84083685
门 市 部 010－84029450
经 销 新华书店及其他书店

印刷装订 环球东方(北京)印务有限公司
版 次 2021 年 1 月第 1 版
印 次 2021 年 1 月第 1 次印刷

开 本 710×1000 1/16
印 张 18.5
插 页 2
字 数 272 千字
定 价 109.00 元

# 序　　言

人以实践为存在方式，思想伴随实践过程始终，存在于社会生活的方方面面。马克思说："蜜蜂建筑蜂房的本领使人间的许多建筑师感到惭愧。但是，最蹩脚的建筑师从一开始就比最灵巧的蜜蜂高明的地方，是他在用蜂蜡建筑蜂房以前，已经在自己的头脑中把它建成了。劳动过程结束时得到的结果，在这个过程开始时就已经在劳动者的表象中存在着，即已经观念地存在着。他不仅使自然物发生形式变化，同时他还在自然物中实现自己的目的，这个目的是他所知道的，是作为规律决定着他的活动的方式和方法的，他必须使他的意志服从这个目的。"① 这段话具有普遍意义，揭示了人类行为的一般特性，思想遂和行为一起构成实践不可分割的要素，进而引出思维与存在、主观与客观、主体与客体等一系列关系问题。有什么样的思想就有什么样的行为，观念、目的不同，行为及其取向和结果自然不同。"一念之差"可以导致"一失足成千古恨"，存乎一心的运用之妙则能帮助人们通达彼岸目的。人们从事任何活动都以达成目的为旨趣，如何拥有正确思想由是成为实践中至关重要的问题。古今中西无数人以各种形式和方法探讨正确思想确立保持之道，有中国特色的方法和途径是思想政治工作，它以宣传、教育、学习为主要形式，内容从世界观、人生观、价值观到具体工作、内心情感无所不包，投入的物力、财力、精力是众所周知的。

然而，什么是思想？它是精神现象的另一个称谓还是有其独特的

① 《马克思恩格斯文集》第5卷，人民出版社2009年版，第208页。

性质？它和意识、思维、认识有无区分、有何异同？是人头脑中所想的即是思想，还是说系统化、理论化的思想而不是单纯的思和想才叫思想？理性因素属思想范畴当无疑问，非理性因素在不在思想之列？就思想本身来说何谓正确何谓不正确？人类行为一般特性彰显的头脑现象都可以用思想范畴概括吗？科学是思想的典范，牛顿是伟大的科学家。然而凯恩斯（就是那个著名经济学家）却说："牛顿并不是理性时代的第一人，而是最后一位魔法师、最后一个巴比伦人、最后一个苏美尔人。"他是依据牛顿留下的手稿和笔记说这番话的，自此，"一个截然不同的牛顿出现在我们面前：他多年来身陷魔力的虚幻世界，秘密地寻找着点金石，他研究《圣经》的年表，因为他相信那预言了将要到来的毁灭。他被炼金术、占星术和数字命理学所蛊惑，几近神秘"。《牛顿传》作者格雷甚至表达了令人讶异的看法："要不是牛顿研究占星术，他那改变世界的伟大发现可能永远不会被创造出来。"① 两个牛顿表现的是一个人的分裂，还是思想本身的分裂，抑或说思想原本就是这样的？

一旦面对或追问这些问题，我们发现还真有些说不清道不明，以至于不得不承认对这个使用频次如此之高的范畴其实我们所知不多，颇有些日用而不知的意味。而当我们寻求解惑时，又发现间接的研究资料汗牛充栋，直接的研究资料凤毛麟角，理论方面缺乏具体、系统的探讨，存在许多空白，实践方面把它当作不言自明的前提加以使用，并未对前提本身给出反思意义上的奠基，至少尚未形成经过检验的"模型"和"样板"。这种状态会不会在认识和实践两个方面给"思想"带来麻烦，比如说：我们了解自己的思想吗？我们了解他人的思想吗？我们所做的思想工作是对思想的工作吗？思想中存在的问题，它的矛盾冲突，它在与他人交流沟通时的困难与障碍，它所表现出来的坚持或抵触、偏好与厌恶，其原因是在思想本身吗？正确的思想真能带来期望的结果吗，如是，善良动机为什么会产生恶果？诸如此类的问题细思下去还会有量的增加，不管怎样，强调思想却对思想

① 沃森：《人类思想史》，姜倩等译，中央编译出版社 2011 年版。

本身缺乏认识在学理和实践中总是一个缺陷。

王玉香长期从事思想政治教育的教学和科研工作，曾担任山东省高校思想政治教育重点学科的负责人和首席专家，有着较好的研究基础与能力。基于这种背景，在讨论毕业论文选题时我建议她对思想作些研究。在我看来，思想是思想政治教育和思想政治工作研究的根，根深才能叶茂，一篇博士论文的选题既要考虑现在，也要考虑将来，倘若它既能做好现在，又能在其后较长时间里有提升的空间从而带动自己的教学科研，就是一件值得尝试的事情。王玉香接受了我的建议，勇气可嘉。因为，众所周知，这个选题范围很大、难度很高，凡是接触到这个题目的人都表现出担忧和疑虑，这种担忧和疑虑不是没有道理的。王玉香在研究这个课题时又选择了风险高的路径，即不是从某个角度切入进去对思想中的若干问题深入挖掘，而是从一般角度切入对思想及其基础加以探讨。我知道，她这样做是把论文写作和打好理论基础联系在一起了。

眼前这本书呈现了作者研究的阶段性成果。思想在这里被看作以意识形式存在、由内外环境刺激下引发的“符号性反应”；知、情、意及其它们的联系构成思想的内在结构，非理性因素因而包含在思想范畴中。因此，和学界通常认为思想是有深度、有高度的理性认识成果不同，作者将其界定为“现实的、动态的、与实践相伴随的具身性的思想，是人们动态的主观世界与精神生产的过程及其产物”。这是一种外延更为宽泛的界定，给出这种界定基于资料的梳理比较、分析考量，研究过程中涉及到思维、意识，对思想和认识有专门讨论，它们和思想的功能、思想的选择两章一起，成为书中关于思想本身阐释的内容。实践是思想的基础，也是思想研究的基础，它和上述思想界定等一起构成本书两个部分。马克思从对象性关系角度把工业看作人的本质力量的证明，思想作为人的本质力量的组成部分将自己的印记烙在对象物身上是题中应有之义。不惟工业，人的活动的一切对象性产物都烙有思想的印记。因此，研究思想有时可以通过研究对象物进行，事实上，当历史翻过自己的一页，后人试图对前人的思想有新的发现时，对象物是唯一的路径，这一点在考古学与原始思维的关联上尤为明显。剩下的事情不需要多说，把思想和对象物联系在一起的是实践，没有这个前提，一切无从谈起。如果要补充什么的话，那就是思想在它与对象的中介环节即实践中表现得最精彩、最荒诞、最矛盾重重，最容易理解又最不可思议。

我很赞成书中一个观点：思想具有面向未来敞开的无限性，是鲜活的、动态的、建构的、生成和消逝的，完成之际就是它的重新开始之时。这既是作者的认识，也是她以探索心态进入思想领域进行论文写作时的深切感受和体验。一般认为，在人少涉足的领域随便播下种子就会有收获。多数时候或许如此，但思想领域有所不同，虽然涉足者少，但了解它并能提出深刻见解的其实大有人在，所以，得到什么评价就见仁见智了。可以肯定的是，尽管作者辛勤劳作，存在缺陷不足是不可避免的事。我以为，收获得到认可固然可喜，批评的意见更加宝贵，因为它比认可更有助于探索，某种意义上，倘若本书的缺陷和不足引来批评者加入思想领域的探索，那也是一种成功。就我个人而言，如果说对本书有什么不太满意的地方，就是它的偏好中规中矩了些，仿佛要在荒漠上开垦出几片精耕细作的良田。思想是理性的，也是狂野的，不仅有逻辑的、分析的、循序的一面，也有浪漫的、混沌的、激进的一面，扬鞭策马纵横驰骋一番，或许会有不同的景观。

鲁　鹏<br>2020 年 3 月 7 日于山东大学中心校区

# 目　录

# 导　论

## 一　问题的提出

思想是人区别于其他动物的类本质与特征。人的行为受思想的支配，人所具有的自我超越性源于内在思想的超越。社会的发展与变革无不是在一定思想的推动下发生与出现的。但恰恰在我们与思想形影相随的现实中，最容易忽略的就是对思想的认识、理解与追问。有时我们误认为已经了解了思想、把握与超越了思想，却往往在不自知中跌落于对思想片面理解的泥淖中，致使出现了这样的现象：追求思想的深刻与丰富却对思想形成的机制与基础缺乏真切的了解；执着于凝聚人心、达成共识的目标却处于一厢情愿的、自我中心式的考虑与行动之中；良善的思想动机、美好的思想愿景到现实中可能产生我们不愿意看到甚至无法接受的事实结果。我们感到他人思想与行为的不可思议、无法理解，又常常苦恼于自己的想法无法得到他人的回应、理解与支持，陷入自我的不确定与困惑之中；不理解他人的言行不一、言不由衷，而自己也在不知不觉地口是心非、莫衷一是……思想现象与思想问题往往呈现复杂性，有时我们往往无法真正理解现实意识形态的复杂性，无法回答思想工作不断被强化却实效性低的真正原因。思想工作的研究领域出现了多次创新研究的热潮，以不同学科的理论寻求新的理论视角，探讨工作的方式与方法，创新思想工作的模式，这些研究对那些固化的思想工作的创新确实起到了推动作用，但所有探讨与创新都无法背离这样的现实：思想工作是“思想”的碰撞、交流与沟通，是“思想”的生成、转化与形成。“思想”成为思想工作的核心概念，既是对象，也是工具与载体，还是目的。但忽视对思想的聚焦，不了解思想的特点与功能，不把握思想的本质与规律，就不可能理解人们的思想选择与现实行为，更缺乏作为思想工作者所应有的理性、同情、包容与理解，无法形成一定的同理心与较高的共情能力。当思想工作者缺失同理心与共情能力时，其连与个体之间进行有效的沟通都谈不上，更何况要形成理论的共识、思想的统一及齐心协力的群体合力？正是缺乏对思想的追问与反思，使我们对思想缺乏探究的勇气与反思的动力，习惯于已有定论的认知与解读。只是在现实中习惯地运用思想这一概念时，会根据不同情景的要求去使用它来进行相应的表达，往往不去真正地进行探讨与研究；习惯于从理性的角度来看待与解释思想及思想现象，认为思想就是人们的理性认识，甚至还不是一般的理性认识，而忽视对思想中人的本性的理解，忽视思想中的非理性内容、对现象的真实考量与关照；习惯于从本体论的角度来理解与认识思想的从属性地位，无法正视思想对人及社会发展的真正作用，害怕跌入唯心主义的误区而招致批评，处于既强调内在主体性又强化外在决定性的矛盾之中而无所适从。

我无法否认这样的现实：人的一切行为受思想的指导、调控与支配。人的超越性发展与颓废式堕落皆来自人们的思想与观念，也许只因为一念之差，也许只发生于举手投足的须臾片刻。选择不同的思想观念，就会选择不同的生活态度与立场，也会有不同的人生轨迹与命运。与其说性格决定命运，不如说思想决定命运与人生的状态。当然，人类社会的进步、固化、退行皆与思想紧密相连，不同的发展理念产生不同的现实发展模式与制度设定，不同的思想观念引发不同的社会行动及相应的效果，社会的发展、变革与混乱无一不是思想导向带来的现实结果。随着人类科技的发展与进步，思想对社会的发展与人类进步的影响也必将越来越突出，人类的发展轨迹不再是一种可以预见的线性发展轨迹，而是进入了一种非线性的发展轨道场，思想可能使人类得以持续发展，也可能使人类文明止步甚至毁于一旦。消解这些问题需要回到马克思那里。因此，有意识地、主动地认识与理解现实的思想现象，是我们从现实的思想迷思中澄明与醒觉的需要，是有意识地实现思想超越的重要方式，更是在飞速发展的当代社会中提高人们思想选择能力的必然要求。

## 二　研究综述

“思想”范畴在现实中应用宽泛，但其内涵与外延较为模糊，我们只能在一定的语境中把握与理解其涵义。有关“思想”的研究散见于不同的文献之中，词语出现的频次高，但往往不是研究的中心。有关“思想”研究的文献基本上缺乏直接来源，更多的是从相关文献之中抽取的；“思想”研究的系统性、理论性尚待形成。但在这些杂陈散见的文献中，还是能够找到对“思想”研究有重要指导与借鉴作用的宝贵资料。

### （一）马克思主义理论中关于思想的研究

马克思主义有关社会存在决定社会意识，精神生产受人类自身生产、物质资料生产与社会关系再生产制约的历史唯物主义思想，为研究思想的产生、发展与变化提供了清晰的发展脉络与基本立场。如他们指出：“物质生活的生产方式制约着整个社会生活、政治生活和精神生活的过程。不是人们的意识决定人们的存在，相反，是人们的社会存在决定人们的意识。”① “意识在任何时候都只能是被意识到了的存在，而人们的存在就是他们的现实生活过程。”② 认为人们的物质生活条件决定人们的思想过程，而且一再强调意识的从属地位，认为不是意识决定生活，而是生活决定意识。“人们的观念、观点和概念，一句话，人们的意识，随着人们的生活条件、人们的社会关系、人们的社会存在的改变而改变。”③ 显然，马克思指出了思想的限度，思

① 《马克思恩格斯选集》（第1卷），人民出版社1972年版，第10页。
② 《马克思恩格斯选集》（第1卷），人民出版社2012年版，第152页。
③ 《马克思恩格斯选集》（第1卷），人民出版社2012年版，第419—420页。

想受到人们所处的历史条件与现实存在的制约与影响，必然会打上时代与现实的烙印。

马克思从人的类本质的角度区分了人与其他动物的不同，确定了人的主体性及人的类精神产生的基础。他认为，人可以进行全面的生产，可以不受肉体需要的影响而进行生产，可以按照任何尺度去进行生产。显然，人的类本质是人能够产生思想的根本性原因。肉体与精神相统一的人类，其能动性就体现在精神方面，人在生产中的发展，“不仅像在意识中那样在精神上使自己二重化，而且能动地、现实地使自己二重化，从而在他所创造的世界中直观自身”①。人们能够在现实中自我审视，将自己变为自己的认识对象，这种类精神的能力是异化产生的原因。这种异化不仅使个体与其他人相异化，也使个体自身与人的类本质相异化，异化的结果形成了个体看待自己与他人的内在尺度，形成了个体在相互关系中观察与理解他人的事实，形成了个体之间思想的不同与多样，因为不同的个体对自我的认识与理解不同，对自我与他者体认的内在尺度有别。马克思认为异化劳动不仅生产出现实的产品，而且生产出各种相互的关系，人就处于这些关系之中。“思想、观念、意识的生产最初是直接与人们的物质活动，与人们的物质交往，与现实生活的语言交织在一起的。人们的想象、思维、精神交往在这里还是人们物质行动的直接产物。表现在某一民族的政治、法律、道德、宗教、形而上学等的语言中的精神生产也是这样。人们是自己的观念、思想等等的生产者。”② 思想是人们在实践中产生与生产的产物，语言是思想的载体。马克思认为产生思想的存在不是宽泛的社会存在，而是人们的现实生活过程，是人们对自己现实生活过程的直接反映，是物质生活过程的“必然升华物”，离开了人所处的社会现实、离开了人的经验与观察、离开人的能动的生活过程，思想则无从产生。因此，“思想” 又是现实生活过程在人们头脑中能动反映的产物，是人们在不断改变现实的过程中思维的必然结果。意

① 《马克思恩格斯选集》（第 1 卷），人民出版社 2012 年版，第 57 页。

② 《马克思恩格斯选集》（第 1 卷），人民出版社 2012 年版，第 152—152 页。

识形态则是思想所呈现的现实成果，是精神生产的必然产物。马克思将思想、观念、意识并列应用，显然其对这三个词语涵义的理解是有区别的，但是三者具体的内涵是什么，相互之间的关系是怎样的，马克思没有对之进行界定。但马克思对形而上学新思想的产生进行了详细剖析，认为这种新思想只是在理性运动过程中所形成的辩证运动产生的，是彼此对立与矛盾的思想合而为一的结果，而新的思想又以此种方式生育出新的思想群，再由思想群到思想系列甚至到整个的思想体系。辩证的统一是形而上学新思想产生的内在机制，他批评这种方式形成的新思想，即缺失实践基础的新思想，是一种按照形而上学逻辑形成的思想，是人们无法理解与明白的思想，是与人们的社会实践渐行渐远的思想。

马克思主义唯物主义认识论，表现在对意识的独立性、大脑的功能及精神的力量的表述与理解。“推动人去从事活动的一切，都要通过人的头脑，甚至吃喝也是由于通过头脑感觉到饥渴而开始，并且同样由于通过头脑感觉到饱足而停止。外部世界对人的影响表现在人的头脑中，反映在人的头脑中，成为感觉、思想、动机、意志，总之，成为‘理想的意图’，并且以这种形态变成‘理想的力量’”①，指出了大脑的思维功能，思维对概念的运用，以及大脑把握世界的独特方式，“具体总体作为思想总体、作为思想具体，事实上是思维的、理解的产物；但是，决不是处于直观和表象之外或驾于其上而思维着的、自我产生着的概念的产物，而是把直观和表象加工成概念这一过程的产物。整体，当它在头脑中作为思想整体而出现时，是思维着的头脑的产物，这个头脑用它所专有的方式掌握世界，而这种方式是不同于对于世界的艺术精神的，宗教精神的，实践精神的掌握的”②。认为概念就是事物在大脑中的映像，与事物一起都处于生成与灭亡的不断变化之中。恩格斯在《反杜林论》中进一步追问并回答了什么是人的意识与思维，认为人的意识与思维是大脑的产物，思维是具有真实基础的思维。马克思、恩格

① 《马克思恩格斯选集》（第4卷），人民出版社2012年版，第238页。

② 《马克思恩格斯全集》（第30卷），人民出版社1995年版，第42—43页。

斯揭示了虚假的意识形态形成的过程，认为是意识形态家们在思维过程中与纯粹思维材料打交道的结果。不能在思维中、在意识中消灭观念，或者从理论上进行演绎，而要靠改变环境来实现。恩格斯揭示了思想会出现认识与实践分离的情况，口头上承认与实践应用之间会出现不一致的现象。思想具有超越性的特征，认为思想既受现实生活范围的限定，又能超越现实生活的边界；只有通过实践去运用思想，才能够真正实现思想，“思想从来也不能超出旧世界秩序的范围：在任何情况下它都只能超出旧世界秩序的思想范围。思想根本不能实现什么东西。为了实现思想，就要有使用实践力量的人”①。

恩格斯认识到历史与思想的同步发展问题，他指出逻辑的方式就是历史的方式，“历史从哪里开始，思想进程也应当从哪里开始，而思想的进一步发展不过是历史过程在抽象的、理论上前后一贯的形式上的反映”②。同时，他们强调了社会意识的独立性及其对社会存在的能动性。认为如果从观念的角度进行考察，“一定的意识形式的解体足以使整个时代覆灭”③。马克思充分认识到理论的功能，指出：“理论一经掌握群众，也会变成物质力量。理论只要说服人，就能掌握群众；而理论只要彻底，就能说服人。”④ 理论的这种独特作用，可以通过群众内化为自己的观念、信念，形成内在的精神力量，进而转换为现实的物质力量。

马克思、恩格斯揭示了思想的利己性特征与本质，指出：“‘思想’一旦离开‘利益’，就一定会使自己出丑。”⑤ 在《神圣家族》中指出了革命不成功的根源在于革命的原则——对群众利益的忽视，利益的缺失无法真正激起群众的持久热情，认为：“并不是因为革命‘唤起了’群众的‘热情’，并不是因为它引起了群众的‘关怀’，而是因为对不同于资产阶级的绝大多数群众来说，革命的

---

① 《马克思恩格斯全集》（第2卷），人民出版社1957年版，第152页。
② 《马克思恩格斯文集》（第2卷），人民出版社2009年版，第603页。
③ 《马克思恩格斯全集》（第30卷），人民出版社1995年版，第539页。
④ 《马克思恩格斯选集》（第1卷），人民出版社2012年版，第9—10页。
⑤ 《马克思恩格斯全集》（第2卷），人民出版社1957年版，第103页。

原则并不代表他们的实际利益，不是他们自己的革命原则，而仅仅是一种‘观念’，因而也仅仅是暂时的热情和表面的热潮之类的东西。”[①] 这些消失的“热情之花”只因为利益得不到实现而枯萎。企图取代旧统治的阶级就是这样通过赋予自己的思想以普遍性的合乎理性的思想，来唤起民众的支持，但是实质上却是为自己利益的真正实现，所以“抽象或观念，无非是那些统治个人的物质关系的理论表现”[②]。

列宁将认识的高级阶段称为思想，将感性认识到理性认识的发展与升华称为“从感觉到思想的转化”。[③] 显然他所认为的思想就是理性认识。毛泽东同志在晚年的哲学论文《人的正确思想是从哪里来的?》一文中指出：“无数客观外界的现象通过人的眼、耳、鼻、舌、身这五个官能反映到自己的头脑中来，开始是感性认识。感性认识的材料积累多了，就会产生一个飞跃，变成了理性认识，这就是思想。”这是从认识论的角度对思想进行的界定，也是对思想形成过程的描述。毛泽东在讲认识过程的两个阶段时对思想的内容有过补充式的界定，认为思想包括“理论、政策、计划、办法”。这些思想是人们理性认识的必然结果，是思想在现实中的表现，而思想是否正确只有而且只能通过实践来检验。因此，毛泽东所认为的“思想”是包含着一定的观念、想法、计划等理性思考的结果，它反映人们的价值取向与目标。显然，只有本质性的认识即理性认识才是思想，包括《实践论》《矛盾论》等著作有关实践的观点、矛盾的划分等等，为我们研究思想的概念、特征及产生发展的过程等提供了直接的理论依据。

此外，马克思主义关于人的本质、需要、主体性、价值以及全面发展等理论为研究思想、揭示思想的本质和规律，提供了重要的理论依据和方法论。

---

① 《马克思恩格斯全集》(第 2 卷)，人民出版社 1957 年版，第 104 页。

② 《马克思恩格斯全集》(第 30 卷)，人民出版社 1995 年版，第 114 页。

③ 《列宁全集》(第 38 卷)，人民出版社 1959 年版，第 314 页。

### （二）主要相关学科的理论基础

1. 认知理论

认知理论中有关认识的来源、认识的发展过程及人类认识能力等问题的探讨，为我们提供了人的认识形成、思维变化的基本知识，为“思想”的探讨提供有关认知的理论支撑。如洛克提出了著名的“白板说”，认为人的心灵就是一张没有标记、没有观念的“白纸”，但是认识主体有某种先天的能力，“人们只要运用自己的天赋能力，而不用天赋印象的帮助，就可以得到他们所有的一切知识”①。他认为理解是“心灵中最崇高的一种官能”，理解就是人的认识能力。论证了知识来源于经验的原则；提出了反省等心理活动是在感觉后，从外部事物中获得许多“观念”基础上进行的；认为“知识就是对于两个观念是否符合的知觉”②。“任何心智感知到的东西或者任何感知的直接对象——思维或理解，我们称之为观念。”③ 洛克有关简单观念与复杂观念的界定，对语言问题的探讨，对知觉能力、推理能力的探讨，皆可为“思想”的探讨提供理论的借鉴。

美国心理学家班杜拉是社会学习理论的创始人，有人称其为行为主义的代表人，他强调社会性行为的学习，认为环境决定行为、认知影响行为。环境与认知因素之间相互作用，共同促进人的认知发展与行为的形成。他提出了两种不同的学习过程，一是通过直接经验获得的行为学习，二是通过观察示范者的行为间接学习。观察学习即替代学习，主要由注意过程、保持过程、运动再生过程、动机过程四个阶段组成。影响注意过程的重要因素有：榜样的行为与特征、观察者自身素质与注意的唤醒水平、观察经验、知觉定势、人格特征、信息加工能力等等，其会影响观察者的学习收获程度。保持过程依存表象系统、言语编码两个储存系统。复述示范行为可以提升保持效果，“复

---

① ［英］洛克：《人类理解论》，关文运译，商务印书馆 1983 年版，第 6 页。

② ［英］洛克：《人类理解论》，第 416 页。

③ ［美］格瑞特·汤姆森：《洛克》，袁银传、蔡红艳译，中华书局 2002 年版，第 18 页。

述有两种形式：一种是内心复述（或象征性复述），即利用保持在头脑中的示范行为的表象在心理上反复出现和组织，也就是想象自己正在做一个示范行为；另一种动作复核，即通过重复示范行为的外部动作来复习和巩固习得的行为”①。运动再生过程是动作再现过程，是把符号性的表征转化为适当行为的过程，是由反应的认知组织、启动、监控以及在信息反馈基础上的反复调整和训练（即精炼）等环节。动机过程是示范行为后的结果效果的强化过程，形成外部强化、自我强化和替代性强化（间接强化）。班杜拉的社会学习理论，将人们的学习分为直接经验与间接经验两个基本过程，认为强化不是简单机械地影响或者改变行为，而是通过调节认知来实现。社会学习理论可为我们研究思想中的思想与行为转化规律的探讨提供理论的支撑。

认知一致性理论认为，人的动机来自于认知与行为的相互作用，强调人的内在平衡，强调在压力产生的时候，能够通过认知与行为一致性的调节来解决问题。包括平衡理论与失调理论。海德的平衡理念认为，人类有一种天生的寻求个体、环境与事件之间的认知平衡的倾向。当人们看重人与情境存在的不平衡的时候，就会对不平衡很在意，但如果不看重的话，就不会付出相应的努力去恢复平衡。费斯廷格的认知失调理论认为：“个体总是试图保持信念、态度、观点及行为之间的一致性关系。关系可以是协调的、无关的或不协调的。”②在两种认知中，一种认知如果是另一种认知的结果，或者两者之间相互适合，它们则是协调的，但是如果不一致、不协调就会引起心理上的失衡与认知上的失调。失调的结果导致紧张与驱力特性的下降，会随着认知不一致程度的增加而增强失调的程度。认知一致性理论可以为我们进行思想矛盾的研究提供理论上的支持。

2. 人本主义理论

人本主义理论由马斯洛创立，罗杰斯为代表。人本主义理论的最大特点是强调人的正面本质和价值，强调人的成长和发展，强调人们

---

① 王惠萍：《教育心理学》，高等教育出版社 2011 年版，第 120 页。

② ［美］戴尔·H. 申克：《学校理论》，何一系等译，江苏教育出版社 2003 年版，第 340 页。

作出选择和对生活进行调控的能力和潜能。

马斯洛强调人具有发展潜能，认为条件反射论无法解释人类的复杂行为，多数人类行为都代表了满足需要的一种努力。需要是按照等级来排列的，他提出了生理、安全、归属、尊重与自我实现的需要，这五种需要就像一座金字塔，只有满足了较低层次的需要，个体才能有高一层次的需求。前四种需要是缺失性需要，如果这些需要得不到应有的满足，人们会采取行动来满足，如果这些需要长时间或严重缺失，会产生心理问题甚至心理疾病，“大多数神经症都是由于安全感、归属感、认同感、建立亲密的爱的关系以及尊重和声誉等需要得不到满足，并伴随其他一些复杂的因素而造成的”①。而自我实现的需要是生长需求，是自我满足的需要，是成为自己能力所及的需要。自我实现是潜能、能力、才能的实现，是使命的完成，是人的内在本质，是个体内部不断走向统一、整合或者协同发展的趋势。

罗杰斯提出了以非指导性的或以人为中心的心理治疗方法，关注的是人的成长与发展。他认为：生活就是个体不断成长逐渐达至完满的进程，它是一个动机化的、内在的结构，这种实现倾向的动机是其他一切驱力的唯一基础。所谓的实现倾向总是指向于个体的成长、自主、摆脱外部力量的控制。他的理论框架中有两个基本概念就是有机体和自我。他将自我界定为：“有组织的、一致完型概念，包括对‘主体我（I）’或‘客体我（me）’的特征的知觉、对‘主体我’或‘客体我’与他人及生活不同方面之间关系的知觉，以及赋予这些知觉的价值。”② 他区分了现实与理想的自我。强调自我和有机体的一致性程度影响与决定个人的成熟度和内在幸福感。如果个体的知觉与解释合理地反映了其他人所感知到的现实，那么自我与有机体是一致的；如果存在差异，就会让个体感到威胁和焦虑。有机体具有唯一的动机力量，被认为是自我实现的内驱力。他提出了以成长为本的心理治疗模式，其基础就是，个人原本在自身内部就具有自我理解与定向

---

① ［美］戴尔·H. 申克，《学校理论》，第 342 页。

② 转引自［英］诺埃尔·希伊《50 位最伟大的心理学思想家》，郭本禹、方红译，人民邮电出版社 2012 年版，第 143 页。

的能力，这种能力在特定的、可界定的特性关系中就会得以释放，人的有机体从根本上是具有建设性的。只有满足获得他人与自我肯定的需要，有机体才能保持与提升自我内驱力。个体的发展方向是成长、自我实现和完满。

马斯洛与罗杰斯的人本主义理论，可以为思想研究提供了解人们思想产生的动力、思想与行为转化的内驱力、发展潜能与思想构建关系研究的理论基础。

3. 结构功能主义理论

结构功能主义理论主要是从宏观理论的视角来探讨社会结构与制度及其对行动者自身的影响和约束。以帕森斯为代表。他认为“秩序是指与规范体系所追求的目标一致的过程”。① 形成了从秩序到社会结构再到功能的逻辑主线，以系统论的观点为基础来考察社会，通过社会系统，将个人与社会之间建立起联系，以静态思维的方式考察社会。他将社会系统解释为社会角色存在的一种环境，认为在这样的环境中，角色承担者发生相互作用。他运用行动者、行动的结构及功能要求等概念，对人格、文化、社会系统进行划分，“这种划分也突出了这样的事实：社会化的个体、受心理影响的社会和社会化的文化之间的关系”②。他认为：“社会系统就是互动制度化逐渐稳定的过程，其中渗透了人格，并受文化影响。制度化的规范、角色行动者的决策、文化价值取向的轮廓都可以被那些反映每一行动组成部分变量特征的概念（模式变量）类型化。”③ 进而推理出机械化的社会系统结构，建构了静态空间的社会整体图景。在其后期研究中，注重对动态社会现实的研究，提出有关社会变迁和进化的概念及模型。他将行动者的地位和角色看作基本单位，认为不同个体地位与角色间制度化关系的建构，以及他们行动之间主观取向的协调，形成一种稳定性的社会关系即社会结构。行动取向的协调，即是价值规范的作用。价值体

---

① ［美］杰弗里·亚历山大：《社会学二十讲：二战以来的理论发展》，贾春增、董天民译，华夏出版社2000年版，第23页。

② ［美］杰弗里·亚历山大：《社会学二十讲：二战以来的理论发展》，第31页。

③ ［美］乔纳森·H. 特纳：《社会学理论的结构》（第7版），邱泽奇等译，华夏出版社2006年版，第40页。

系发生变化，角色就可能变化，社会结构就会发生偏离，社会系统就要运用社会化、社会控制机制进行调整。而社会化机制则以社会信仰、观念、语言与其他符号等形成的文化模式，通过个体内化到自我的人格系统中，从而形成社会所需要的价值观念与道德规范，具备担当社会角色的能力等等。而社会控制机制就是对社会系统中的越轨行为的监督和制裁，来维持正常的社会结构。显然社会化机制是具有引导人们思想的机制，而社会控制机制是具有规范人们思想的机制。

4. 建构主义理论

建构主义理论分为很多流派，如个人建构主义、社会建构主义、语境建构主义等等。个人建构主义也称认知建构主义，强调学习是意义建构的一个过程，其主要关注个体如何建构诸如知识理解、思维技能、信念、态度等认知与情感方面的基本素质。社会建构主义强调社会因素在个体发展中的作用，认为个体发展是个体心理与社会环境共同建构的结果，强调社会文化互动的重要，强调共同体合作互动对知识建构过程的重要。语境建构主义认为语言是先在的，其规定了思维方式，应关注话语的作用，话语分析的基本方法；语言具有建构的功能，当人们相互交流时，世界即被建构。

皮亚杰是个体建构主义的代表。他的发生认识论从发生学出发揭示了认识的心理发生过程，认为认识是主客体之间相互作用协调与建构的结果，他认为“认识的获得必须用一个将结构主义和建构主义紧密地连续起来的理论来说明，也就是说，每一个结构都是心理发生的结果，而心理发生就是从一个较初级的结构过渡到一个不那么初级（或较复杂的）结构”①。他将人成长过程的认知发展划分了感知运动阶段、前运演（算）思维阶段、具体运演（算）阶段和形式运演（算）阶段。“有意识的觉察是通过选择和形成表象性格局来进行的，这已经意味着概念化。”② 他认为有关主体内部协调所形成的运演结构或逻辑数理结构，与客体外部的因果关系的协调，会使主体形成初

① ［瑞士］皮亚杰：《发生认识论原理》，王宪钿译，商务印书馆 1981 年版，第 13 页。

② ［瑞士］皮亚杰：《发生认识论原理》，第 28 页。

步推理、建立内外相对应的关系。认识发展的过程就是这样不断地协调、顺应、同化而发展。皮亚杰的认知理论，可以为我们了解思想产生发展的机制，以及儿童青少年群体不同发展阶段的思想特征与接受基础提供理论基础。

苏联心理学家维果茨基是社会建构主义的代表。他认为：人具有高级心理机能，是因为人不仅能够利用一定的符号工具来进行交流，而且能够运用符号工具来导引和把握自己的心理，即能够用语言进行思维。这种高级机能的发展是社会文化得以内化的结果。内化就是将社会文化，如语言、规范等转化为自己的认识与观点，并以此来有意识地把握自己的内心活动。他分析了内化的过程，认为个体在日常交往、生活和游戏等活动中积累了大量经验，此为从具体层面的经验发展为高水平的知识，通过语言来实现的概括，形成意义明确的理解，并且能够有意识地应用，这是知识由下而上的提升。人类在社会实践中形成了丰富的以语言符号形式出现的文化知识，这种知识直接运用到具体的经验领域，这是知识由上而下的应用。人的活动包括外部、内部两种形式，内部的心理活动源于外部活动。所有高级的心理机能都是以外部动作的方式首先得以表现，然后要经过多次性的重复来强化，才能够内化为个体内部智力的有机部分。活动是内化的中介，心理因活动而形成，心理是意识发生、发展的基础。同时，内有的智力动作也能够外化为实际动作，使主观见之于客观。学习就是一个文化参与的过程，通过参加共同体的活动来内化知识。

歌德曼认为，语言使用者在与他人的交往中，应该主动地进行选择和诠释。语言意义的模糊与不确定、自然语言与逻辑语言之间的矛盾、语言的主观性，决定了语言的建构性。他认为人的真实世界不能离开语言符号与人类思维活动。世界“其实是由大脑通过语言等符号系统的象征性活动而建构的产物。我们通过语言思维，认识到个体与个体之间的内在联系，并把它们进行分类，建构出我们认识的‘世界’”①。如果说没有语言和思维对世界的描述，就只能看到一片混

① 窦卫霖：《中美官方话语的比较研究》，上海外语教育出版社2011年版，第25页。

沌。只有思维和语言文字符号才能使人产生的认知更加生动形象，语言的构建具有社会性。

建构主义理论不同于主客体二分的认识论，不是一种简单的在对象性关系中的把握，而是在关系互动之中建构意义、生成思想与转化为行动，它认为个体不是被动地接受影响，而是具有主动性，知识、观念与思想的形成是相互建构的结果。其对思想的研究可提供建构的理论视角，增强了对思想形成主动性与交互作用的主体间性的理解。

当然有关思想研究的理论基础，还有如社会人、经济人、观念人等假设的人性理论，弗洛伊德、阿德勒、弗洛姆等的人格理论以及群体动力理论等等都可为有关思想的研究提供理论的基础。

### （三）工具书关于思想的界定

《说文解字》中有关"思想"的解释主要是从字的形状构成来解释，认为"思"为"心之田"；"想"为"心之相"，强调"思想"与"心"的密切关系。《辞海》中对"思想"的界定为，一是思虑，二是想念，三是"思维活动的结果。属于理性认识。亦称'观念'。人们的社会存在，决定人们的思想。具有相对独立性，对社会存在有反作用。正确的思想一旦为群众所掌握，就会变成巨大的物质力量"①。《现代汉语词典》将"思想"界定为：一是"客观存在反映在人的意识中经过思维活动而产生的结果。思想的内容为社会制度的性质和人们物质生活条件所决定，在阶级社会中，思想具有明显的阶级性"②。二是念头，想法；三是思量。《中国大百科全书·哲学》中将思想界定为："与观念同义"③，是相对于人们感性认识的理性认识的成果或产物。思想可以表现为"通过概念的联系，概括地说明现象的本质和规律的理论原理，也可以表现为观点的综合的理论体系"④。

---

① 《辞海》，上海辞书出版社 2002 年版，第 1580 页。

② 《现代汉语词典》（修订本），商务印书馆 2000 年版，第 1194 页。

③ 《中国大百科全书·哲学》，中国大百科全书出版社 1987 年版，第 832 页。

④ 《中国大百科全书·哲学》，第 833 页。

《哲学大辞典》中也界定思想为“观念”：是指社会意识的一部分的观念及观念形态；思想为理性认识；认为“思想是在实践的基础上对客观存在的反映”①，这一反映是否正确，只能通过实践的检验。《不列颠百科全书》直接将“thought”翻译成“思维”，认为与“thinking”同义，是“对由体内引起的内在刺激或由环境引起的外在刺激作出的内隐的符号性反应”②。认为思维在内部活动和外界刺激之内起到中介作用；可以分为充满想象与幻想的表现性思维，以及具有指导和训导作用的逻辑性思维。《西方哲学英汉对照辞典》将其界定为“思想通常是我们心中意识到的东西”③。这些权威工具类辞书的定义，是从哲学角度与日常生活的角度进行的概括与总结，可谓见仁见智。

### （四）西方关于思想的研究

西方主要是以思维与存在的关系为线索来探讨思想。自巴门尼德提出“思想与存在是同一的”箴言后，思想与存在的同一性问题成为人们追问的目标。“可以被思想的东西和思想的目标是同一的；因为你找不到一个思想是没有它所表达的存在物的。”④“思想与存在是同一的”，道出了思想与存在共属一体的密切关系：思想是存在的一个环节，其从属于存在，是构成完整存在的一部分；而离开思想，存在也不成其为存在。

亚里士多德在《形而上学》中对思想对象进行了不同的分类：“在有些例中知识是思想对象。于制造学术中，我们倘不管物质，便以事物之‘其所是的是’为思想对象；于理论学术中，则公式或思想活动为思想对象。于是，这里在非物质整合上，思想不异于思想活

① 《哲学大辞典》，上海世纪出版股份有限公司2007年版，第61页。

② 《不列颠百科全书》（国际中文版）（第17卷），中国大百科全书出版社1999年版，第43页。

③ ［英］尼古拉斯·布宁、余纪元编著：《西方哲学英汉对照辞典》，人民出版社2001年版，第1000页。

④ 北京大学哲学系编：《西方哲学原著选读》（上卷），商务印书馆1981年版，第33页。

动，思想便合一于思想对象。”显然，思想与存在只是停留在经验的同一性上，自在的存在与范畴的形式是一一对应的关系。正如黑格尔所言：“亚里士多德思维着对象，而当对象是以思想的姿态存在时，它们就是真实的；这就是它们的 ousia 本质。”①

思想与存在就是普罗提诺所界定的三个本体之一“理智范畴”。两者具有不可缺少的性质。他认为理智既是思想活动，又是思想的对象。思想活动因思想对象的存在而产生的，思想对象又赋予思想活动以存在。思想活动可区分出动和静的性质；而思想对象则是异和同。思想以其运动产生思想对象，以其静止来保持自身位置不变。思想对象既存在差异，又具有同一性，否则不会成为同一个思想活动的对象。

笛卡尔著名的哲学命题“我思故我在”，开启了西方的理性主义。他认为思想是存在的证明，思想的主体即思维着的主体是不容置疑的存在。“思”就是沉思，就是感知与思考。思想就是一路照耀的光芒，就是精神花园中长青的叶子。

康德在《纯粹理性批判》（第二版）的序言中写道：“即正是这些也作为物自体自身的对象，哪怕不能认识，至少还必须能够思想。”② 他认为：“要认识一个对象，就要求能够证明它的可能性，但我可以思想我想要思想的东西，只要我不自相矛盾，也就是只要我的概念是同一个可能的观念，虽然我并不担保在一切可能性的总和中是否会有一个对象与它相应。”③ 思想在康德哲学之中是知性的能力，是理性的人所具有的能力。既具有“规定的判断力”，又具有捕捉非思辨的、无限超验的认识对象的能力。

黑格尔将“思想”理解为理性认识的过程与结果，他认为“当精神一走上思想的道路，不陷入虚浮，而能保持着追求真理的意志和

① ［德］黑格尔：《哲学史讲演录》（第二卷），贺麟、王太庆译，商务印书馆 1997 年版，第 301 页。

② ［德］康德：《纯粹理性批判》，李秋零译，中国人民大学出版社 2004 年版，第 22—23 页。

③ ［德］康德：《纯粹理性批判》，第 22—23 页。

勇气时，它可以立即发现，只有‘正确的’方法才能够规范思想，指导思想去把握实质，并保持于实质中。这样的进展过程表明其自身不是为了别的，而是要恢复绝对的内容，我们的思想最初向外离开并超出这内容，正是为了恢复精神最特有的最自由的素质”①。显然，在他看来，精神与思想是不同的两个概念，精神包含着思想，思想是理性思维方式的产物，思想能够把握实质。他指出：“精神的内在核心是思想，并且只有精神才能认识精神。”② 他认为，思想的主体是人，思想是共相，共相是真实。人的思想活动要通过经验世界并完成理念发展的精神历程。在他看来，“思想”是一个包容性的概念，是通过“我”得以表现，“我”因为有着多种多样内在的和外在的内容而成为能够感觉的“我”、能够表象的“我”、具有一定意志的“我”，多种的“我”有机地统一，构成人所特有的主体性。同时，黑格尔认为，哲学是“对思想的思想”，是思想以自身为对象从而反过来思之的“反思”。他批判了两种不可能很好反思的思维方式，一种是表象思维，一种是形式思维，这两种思维都无法对“思想”进行真正的反思，而只能是关注于经验材料或者形式。他认为思想不完全是主观的，还具有客观性，它既是我们的思想，也是对象性事物的本质所在。他认为人是有思想的，人与动物的本质区别就在于人有思维，而人的思想形成是经过思维过渡而来的，是思维超越感官的锁链、从有限而达到无限的过程。思想是思维与存在的有机统一，其具有客观性，它不仅是我们的思想，而且是事物本身，或者是对象性东西的本质。

“思想”在海德格尔看来，是存在的现象，是对存在的追问与澄明。“思想的道路——思辨的和直观的思想的道路——需要可穿越的澄明。则在这种澄明中才有可能显现，即在场的状态本身之可能的在场。”③ 思想具有预备性的特征，是在存在中为转变做准备。思想具

---

① ［德］黑格尔：《小逻辑》，贺麟译，商务印书馆1980年版，第5页。

② ［德］黑格尔：《小逻辑》，第66页。

③ ［德］海德格尔：《面向思的事情》，陈小文、孙周兴译，商务印书馆2012年版，第81页。

有理性与非理性之分，强调思想的前在基础，同时还有对思想本体的追问。思的任务就是“放弃以往的思想，而去规定思的事情”[①]。海德格尔将思想与人的存在合二为一，要求人们从无根基的、虚无的、非本真的存在之中挣脱出来而本真地生存，直面存在的思想，要求体会、看护着存在，思念着存在。

曼海姆从社会意识形态的角度探讨思想作用，认为所有的社会皆存在着危险的思想，思想有时是危险的甚至是颠覆性的，“因为思想是一种催化剂，它能够打乱常规、移风易俗，破坏信仰，引发怀疑”[②]。“思想是社会与文化变动的格外敏感的参数”[③]。生活中的思想的最重要的作用是在必须要做出决策时能够为行为提供指导。为了行动，人们需要一定程度上的自信与从思想上的自我把握能力。思想的任务绝不是静止地思考，而是要学会做到能动地、全面地思考，才能够在众多选择所带来的不确定中找到一条出路。他认为思想上的危机不是简单的某一单个思维立场的危机，而是在其思想发展过程中已经达到的某一个阶段的整个世界的危机，而这不是思想的无能，而是思维不断质疑自己取得的发现、不断纠正自己的必然程序。他认为：如果一种思想的状况与现实的状况不一致的话，那么这种思想的状况就是不切实际的乌托邦。这种乌托邦使包围他的存在永远不是存在本身，这些观念就是“超验的”“非真实的”。思想与存在之间必然存在某些紧张的状态，这种乌托邦思想只能是无声地发挥作用的因素，可能唤起过去已变得具体化的力量与思想，或者已创造出这些成果的精神。“思想不是梦想和意愿，不是绝对领域传送来的想象的命令；它们有其自己具体的生命，在整体过程中起明确的作用。”[④] 他认为思想是有生命的存在，是与社会现实相联系的存在，思想只要不合时宜就会消亡，而当达到了社会进程的某一结构状态时就能够被实现。如果与现实没有这样的关

---

① ［德］海德格尔：《面向思的事情》，第 87 页。

② ［德］卡尔·曼海姆：《意识形态与乌托邦》，黎鸣、李书崇译，商务印书馆 2000 年版，第 7 页。

③ ［德］卡尔·曼海姆：《意识形态与乌托邦》，第 84 页。

④ ［德］卡尔·曼海姆：《意识形态与乌托邦》，第 246 页。

联，就只能是令人困惑的“意识形态”。

分析哲学的奠基人弗雷格分析思想在句子中的呈现，认为“我称思想为某种借以考虑真的东西，并不是要以此给出一个定义，我把假的东西同真的东西一样也算作思想。这样我可以说，思想是一个句子的涵义，但这不是要声称，每个句子的涵义都是一个思想”①。认为思想是不能由感官所感觉的东西，而是真的东西，思想具有可表达性，句子所表达的内容是思想。他认为，“思想”不单纯是人思维的主观活动，还包含着思维的客观性内容，它可以是许多人共有的东西。即思想具有共享性，是独立于表象与外在事物的特殊抽象实体，不同的人都可以拥有同一种思想。思想具有内在性，是可以被感受、理解、把握的。他认为由人的内在世界而形成的表象不可能被看到、摸到、闻到、听到与品尝，但是可以被人所拥有，如人们的感觉、感情、情绪、倾向、愿望等等，都可以成为意识的内容；而表象需要有一个承载者才能持久。但人不是思想的承载者，如果从把握思想的角度，人就是承载者。他认为，人们具有把握思想的一种特殊的思维能力或者精神能力，在进行思考之时，“我们不是制造思想，而是把握思想。因为我称之为思想的东西与真有密切联系”②。他认为一个思想是真的，与这个思想是否被考虑没有关系。思想具有客观性，其来源是外在的，客观地表现为真或假。当人们的思想被把握时，首先会引起内在世界的变化，但思想自身的本质核心没有任何影响。这个思想既不属于我的内心世界，也不属于感官上可感觉的外在世界，但是人的感觉印象的确是属于自己的内心世界。他认为，思想不是人们所习惯称之为现实的东西，思想具有非时空性，其不会因为时间与空间的变化而产生改变。凡现实中没有给定时间的，就没有完整的思想，或者根本没有思想。“只有以时间规定作补充并且各方面都完整的句子才表达一个思想。”③ 所以并不是所有的句子都表达一个思想。但

---

① ［德］弗雷格：《弗雷格哲学论著选辑》，王路译，商务印书馆2013年版，第132页。

② ［德］弗雷格：《弗雷格哲学论著选辑》，第151页。

③ ［德］弗雷格：《弗雷格哲学论著选辑》，第154页。

是思想又不是完全的非现实的，思想的现实性与事物的现实性是两种完全不同的性质。思想的作用是通过思考者的活动而产生的，否则没有任何作用。

莫兰提出了与简单性相对应的复杂性思想，认为其主要是克服简单化思想所带来的幻觉，能够形成与现实进行商讨、对话与谈判的方法，是一种多维度的思想，是能够正视内在矛盾、不确定性和模糊性的思想。他认为简单化范式是在分离的、还原的、抽象的原则之下形成的，是笛卡尔提出的西方社会的理性主导范式，它使能思维的主体与具有广延性的事物得以分开，也就使哲学与科学分离。这种分离性思想本身，形成了清晰与相区别的真理原则，在当时取得了巨大的进步，但是这种简单性的思想削弱了科学认识与哲学思维之间的交流，是通过消除多样性来实现抽象的统一，这种将主体与对象分离的做法，造成了科学研究中人的缺席。简单化的思想无法形成一和多的统一，要么会简单地实现抽象的统一，要么形成简单的并列。他认为“思想的古代病理学表现在给予神话和思想所创造的神祇以独立的生命。思想的现代病理学存在于使人对现实的复杂性盲然不见的超级简单化中”[①]。这种简单性思想会使人类付出惨重的代价。他认为生命不再是简单的实体，而是一个异常复杂的、依赖环境的、自主性的组织现象，生命活动就是自组织的过程，这个过程充满了矛盾的复杂性。人脑与电脑相比的一个突出的优势就表现为，人脑是带着不充分性和模糊性工作，是其超越电脑程式化工作的重要方面。人是一个生物的存在，同时又是文化的、超生物的存在，其生活在一个充满语言、观念、意识的世界中，主体与对象处于相互构建之中，“我们注定具有不肯定的思想，充满疑点的思想，没有任何绝对的确定性的基础的思想”[②]。复杂性思想只能给我们提供一种解决问题的策略帮助，让我们清醒地认识到，现实是变动不居的，任何情况都可能出现，从而更好地应对现实的复杂性。

---

① ［法］埃德加·莫兰：《复杂性思想导论》，陈一壮译，华东师范大学出版社 2008 年版，第 9 页。

② ［法］埃德加·莫兰：《复杂性思想导论》，第 70 页。

因此，无论是思想与存在是合一的，还是思想是存在的一部分，思想是理性认识的过程与结果，句子是一种思想的呈现，抑或是复杂性思想，都是从不同的角度对“思想”进行的探究，都在一定程度上回答了“思想”的涵义，而且这种探讨表现出渐进深化的趋向。

**（五）国内关于思想的理解与研究**

1. 古代对思想的运用与理解

“思想”一词在我国古代主要强调的是“思”，即思考与反思。孔子强调：“君子有九思，视思明，听思聪，色思温，貌思恭，言思忠，事思敬，疑思问，忿思难，见得思义。”[①] 其中的“思”就是要用心地、多角度地反观自省，其表现出一种君子的审慎的生活态度。“学而不思则罔”中的“思”就是思考的意思，只有思考才能冲破疑难迷茫的重雾，才能学有所得，“思”理所当然是获取新知的重要途径。孟子有曰：“心之官则思，思则得之。”[②] 认为只有用心思索才会有所得，这里的“思”不是随意性的思。“见贤思齐”“三思而后行”“业精于勤荒于嬉，行成于思毁于随”……“思”绝不是不经意的一闪念，而是深思与熟虑，是再三的反省与反复的掂量，是德性养成的基本方式与为人处事、成就学业的基本要求。“思”在古代折射出了儒家对生活真谛追求的执着与高尚德操向往的迫切，是人主体参与的方式、主体作用得以显现与发挥的基本途径。古代的“思”还具有想念的意思，多见古诗词等文学作品之中，常见的词牌名就有《长相思》。

2. “理则学”对思想的研究

20世纪四五十年代出现了几个版本的对人思想引导的《理则学》，对思想进行了较为具体的研究。“理则学”又被称为是“伦理学”，不仅是思想的准绳，而且是行为的规范。

《实用理则学八讲》是以传统文化为论证的基础，通俗地讲解了

① 《论语》，岳麓书社2000年版，第161页。

② 杨伯峻：《孟子译注》，中华书局1960年版，第270页。

什么是思想、思想的功能与构成的条件。其观点为：思想是一种心理现象，与知觉、欲望等相同，在心理现象中具有主要功用；人具有动物所没有的思想能力；所有的文化现象都是依赖思想而发生、依靠思想来推进。“辨与义”都是思想的功能；思想有正确、错误与荒谬之分，有益于人生、社会、国家的思想是正确的思想；正确思想要有三个条件，即为三要：“一是切合事实，二是辨别同异，三是众端参观。”① 指出了思想与行为的关系：“行为既受着思想的指导，思想便成了行为的本源，所以必须本正源清，而后行为方可不流于邪僻。”② 其将思想的对象分为客观的事实与主观的价值两大类。思想的实用价值在于使人具有切合实际的理想。

雷香庭的《理则学纲要》认为理则学不仅是伦理学，而且也可以称之为“逻辑”。认为“求学志在明‘理’，但明理要有明理的法‘则’”③，主要是以思想逻辑形成的角度来探讨思想，是对思想方法的研究。认为思想的核心在于思考，探讨了什么是思考，思考与人生的关系，概念的种类，判断、推理的形成、要求与方法，归纳与演绎的关系及应用等等。认为人与其他动物的区别在于有知识，而知识是思考的产物，思考是人类所独有的能力，也是人们所共有的能力。如何思考，是发现真理和解除疑难的根本所在。思考，是“心理上知、情、意三种精神作用之‘知’的一部。和感觉、知觉、记忆等直观作用，同为一种认识作用。但思考，又须以感觉、知觉、记忆等直观内容为基础……就是以直观时所得的事物的具体印象为基础，而在直观作用上加了比较、分析、辨别、综合等反省作用”④。思考是将现时所存在的直观感受与过去的所形成的经验“连贯起来想的一种心的活动”。⑤ 思考是由概念、判断与推理三种要素相互作用的过程。思想则是思考的产物。

陈祖耀等的《理则学》提出理则学是以人的思想为研究对象，认

① 陈大齐：《实用理则学八讲》，中国文化服务出版社 1944 年版，第 19 页。

② 陈大齐：《实用理则学八讲》，第 8 页。

③ 雷香庭：《理则学纲要》，大学文化事业公司 1948 年版，第 4 页。

④ 雷香庭：《理则学纲要》，第 5 页。

⑤ 雷香庭：《理则学纲要》，第 5 页。

为思想“乃是对于一事物的性质及其与其他事物的关系的论定”[①]。一个思想是一个不可分割的完整系统。思想与思维是有机地结合在一起的，“思维是思想创造进行时的活动，而思想则是思维得来的结果”[②]。提出了“思想律”即同一律、矛盾律与排中律，对概念的内涵、外延与分类进行了界定，对命题、推理的结构、形式、种类等进行了探讨，对归纳推理的过程、规则与方法，以及论证与谬误皆进行了论证，实际上也是对构成思想基本形式与内容呈现规律的探讨。

吴俊升等的《理则学》反对那种只是单纯研究思想的法则，认为思想与行为应该是合一的，思想必须借助行为来进行表达，思想本身无法直接应对环境，因此，研究思想，必须与行为相结合。行为分为本能、习惯、模仿、试行错误、思想的行为。认为“思想的行为”是人类所独有的，能够考察所处环境的变化，“根据已知以推及未知，再根据推知的结果，加以试验，最后能得到正确的判断”[③]。其将思想分为广义与狭义。广义的思想是指“一切广泛的思想，如‘回想’、‘追想’、‘猜想’或是‘胡思乱想’之类”[④]，而狭义的思想专指“反省的思想”。这种反省的思想是以客观事物为基础、遵循一定的思想法则而进行的思想活动与结果，是反复推求、审慎周详思考的结果。思想的功能包括推测未来、使行为超越机械、增加事物的意义、指导行为。一般思想形成的程度大致分为暗示、问题、设臆、推演、实证五个步骤。获得正确思想的条件为：不可为成见、爱憎所蔽，要掌握娴熟的推理法则、养成慎下结论的态度。同时该书对观察实验、推理、实证等进行了论述，对知与行的关系进行了辨析。

这些“理则学”对思想的研究，主要还是聚焦于思想逻辑形式的研究，追求思想准确的表达，尚未将思想放在更为广阔的视野之中。

3. 思想史中对思想的界定

思想史学家们所编写的思想史里的思想，不是我们所理解的一般

---

① 陈祖耀等：《理则学》，台北三民书局股份有限公司1959年版，第8页。
② 陈祖耀等：《理则学》，第12页。
③ 吴俊升、边振方编著：《理则学》，正中书局1947年版，第25页。
④ 吴俊升、边振方编著：《理则学》，第26页。

意义上一般人的思想，而是重要人的重要观点、主张与理论。能够进入思想历史载入史册的基本上是历史精英的思想或者能够反映与再现历史的那些有代表性的思想。葛兆光先生反对这种精英史式的思想史写法，他指出："人们都在思想，无论这种思想伟大或是渺小，也不管这些思想能否进入记忆或被人遗忘，它们与那些后来想起来就肃然起敬的思想一样，曾经在同样流逝的历史时间中存在过。"① 他认为思想史应该对所有的思想进行平等的扫描，这是对思想史的写法上提出的要求，而这种平等扫描的方式显然是一种理想的方式，更是难以做到的方式，因为书写思想史的人总会根据自己的偏好与思路来进行取舍，总会受到一定的认识视阈与价值观的影响。他也试图在写作思想史时注重一般的知识、思想与信仰，其间接地表达了每个人思想的存在，他认为一般思想在思想史上应该享有一定的地位以还原历史的真实。但事实上没有被记载、没有被一定载体呈现的仍然不会是思想史上的思想。他认为构成思想史"思想"的要满足三个必要的条件：第一，一定要超越了实际的生活和生产的具体意味；第二，要具有一定的普遍性与抽象性，在一定程度上得到认同认可的，而且不止说明一个事实的观念；第三，必然要有符号记载或者是图像进行显示，即一定能够记载下来的。他是从历史承载思想的角度，将那些抽象的、普遍的被语言或其他载体记载的观念称之为思想。

钱穆先生则从思想问题构成历史的现实角度对"思想"进行了界定，他在讲中国思想史时谈道："所谓'思想'，即指次第相续心而言。一个人为了考虑一件事，每每会想到几分钟、几点钟、几天、几个月，次第相续下去。这就是思想。"② 他强调的是思考过程的连续不断，只有萦绕于头脑持续不断地思与想，才被称为是"思想"，准确地说就是思想过程或思想活动；他认为思想体系是由两种方式形成的：一是由问题的大处想至小处，或由一小问题逐渐推至大的问题；思想上的派别主要是针对同一问题的不同的观点与思路所造成的；而思想史则是思想问题每每延续、次第相续的结果。显然他所认为的

① 葛兆光：《中国思想史》，复旦大学出版社 2004 年版，第 60 页。
② 钱穆：《中国思想史六讲》，九州出版社 2010 年版，第 3—4 页。

“思想”是针对一定的问题而持续展开的思想活动与过程，问题是思想产生与形成的原因。

4. 有关思想的哲学探讨

冯友兰先生通过分析孟子的“心之官则思”，认为孟子重视思而忽略了感，他认为：思与感是相对的，思是心的重要的活动，但是心不仅能思，而且心也能感。他通过比喻形象地界定了“思”与“想”的区别，认为“幻想或昼梦，可名为想，不可名为思。思与普通所谓想象亦不同。我们于不见一方底物之时，我们可想象一方底物。但‘方’则不可想象，不可感，只可思。反过来说，一方底物，只可为我们所感，所想象，而不可为我们所思”①。他认为思的活动，是对经验所做的理智的分析、总结与解释，而解释也只能是在思考之中才能够形成与进行，也只能在思考之中才能够真正地理解和领会。从思的程序来看，分析之后才是总结。显然，冯友兰先生的“思”是在经验基础之上的思，是理性认识，而“想”则具有感性，是想象与幻想。为我们更好地理解思想提供了范式。

孙正聿先生从哲学的角度探讨人类思想，探讨哲学的基本问题——思维与存在的关系。他认为人类思想的哲学维度主要是把握哲学层面的思想自我反思。他认为：“思想的自我反思有两个基本的层次：一是思想对自身的思想内容的反思，二是思想对构成其思想内容的根据和原则的反思。思想对自身内容的反思，是一切思想的共同任务之一。人们在思想活动中，总要不断地对思想进行再思想、再认识，以求得思想的拓宽与深化。”② 他认为哲学反思的特殊性在于对思想根据和原则的反思，哲学反思的中介是对思想内容的反思。任何思想或者观念都有其形成的根据和原则，而这种根据与原则就是思想形成的“看不见的手”，“它是以文化传统、思维模式、价值尺度、审美标准、行为准则、终极关怀等形式而构成思想的立足点和出发点。这种思想的立足点和出发点是作为一种既定的（既成的）思维与存在的统一性而隐含在思想过程中，并对思想构成其自身的进程与

---

① 冯友兰：《新理学》，江苏文艺出版社 2010 年版，第 3 页。

② 孙正聿：《人类思想的哲学维度》，《江海学刊》1994 年第 5 期。

结果发挥逻辑的强制性力量——由既定的思想逻辑支点出发而形成特定的思想”[①]。他认为思想构成其具有隐匿性和强制性两个最基本的特点，哲学的反思就是要揭示思想自身所隐含的“幕后的操纵者”与审视“前台的表演者”，从而敞开人类思想自我批判的空间，推动思想的解放，推动社会的进步。其所探讨的思想的立足点与出发点、思想的两个基本特点对我们理解与研究思想有指导作用。

5. 思想政治教育有关“思想”的研究

思想政治教育书籍与文章很多，但是真正涉及“思想”较少，且不系统，主要是围绕着思想与心理的关系、思想的界定、思想的特点及思想形成过程几个方面，具体如下：

（1）思想意识与心理的关系

学者们基本上认为思想、心理皆是大脑的功能，是大脑对客观现实的能动反映。“思想、心理和意识这三个概念具有相通性。总的来说，心理是思想的基础，同时又渗透在思想中。”[②] 思想政治工作面临的问题不只是思想觉悟问题，还存有心理问题；教育互动过程伴随心理活动。因思想与意识的一致性，称为思想意识。“心理是思想意识形成的基础，思想意识是心理的高级形式。”[③] 思想意识与心理之间就形成了一种互相渗透、转化、影响、制约的事实和规律。但是意识与思想又不同，从表现形式看，意识更多表现为过程，也为结果；思想表现的是结果，是人们将客观存在纳入意识进行思维的结果。思想形式即是观念，如人生观、道德观等等。从作用角度看，心理是个体在生理基础上的心理精神状态，对于行动的支配是具体的、即时性的，而思想是理性认识的核心部分，对行为的支配是持久的、整体的。

（2）思想的界定

有关思想的界定主要出现在部分思想政治教育著作中，认为思想有广义和狭义之分，广义的思想“是指一切心理和思维活动及其成果

① 孙正聿：《人类思想的哲学维度》，《江海学刊》1994 年第 5 期。

② 施春华：《论思想政治教育心理学》，《唯实》1998 年第 1 期。

③ 杨芷英、王希永：《思想政治教育心理学》，首都师范大学 1999 年版，第 6 页。

的总称”[①]。狭义的思想“是指对客观事物的理性认识”[②]。这种狭义的思想往往就是思想政治教育领域所应用的概念。

易仲屏在探讨思想政治工作学的范畴时，认为思想“是指人脑对社会经济基础和上层建筑的自觉的、能动的反映，是支配人的行为、态度的主观因素的总和，是人的思想政治素质与立场、观点、方法的表现形式”[③]。其从思想与行为关系角度，认为新思想是思想和行为间相互作用的产物，“思想与行为的关系是辩证统一的。思想指导行为，行为深化、完成思想，行为的结果检验着思想，又形成新的思想。行为是思想的继续，新思想又是行为的结果”[④]。

仓道来归纳了现实中存在的三种不同的“思想”界定。一是将思想理解为一切精神现象，思想是指人的主观精神，“思想就是意识、精神、观念。它包括感性认识和理性认识，人的动机、目的、兴趣、需要、情感、意志等属于思想”[⑤]。二是将思想理解为理性认识。三是将思想理解为认识的过程和结果。张绪元等从大脑接受信息的角度，认为思想是信息，思想的本质就是脑细胞的活动。

张增孝将思想政治教育中思想的概念从原来的只是聚焦教育对象的思想，引申到整个教育过程中的所有的思想。他认为思想不能只限于教育对象一方面的思想，应该包括：（1）“所有权主体即党的‘思想’（理论、路线、纲领、方针、政策和策略）”。[⑥]（2）执行主体和接受主体，即教育者和被教育者的“思想”。（3）媒介主体，包括载体、手段、方式和方法的“思想”。（4）效益主体，即教育结果的“思想”。[⑦] 而教育者“思想”应该具有权威性和真理性，因为教育本身就是一种权力。

---

① 刘芳等：《思想政治教育人本论》，军事科学出版社 2009 年版，第 215 页。

② 刘芳等：《思想政治教育人本论》，第 215 页。

③ 易仲屏：《思想与行为：思想政治工作学的基本范畴》，《思想政治工作研究》1991 年第 6 期。

④ 易仲屏：《思想与行为：思想政治工作学的基本范畴》，《思想政治工作研究》1991 年第 6 期。

⑤ 仓道来：《思想政治教育学》，北京大学出版社 2004 年版，第 95 页。

⑥ 张增孝：《思想政治教育定位论刍议》，《中国青年政治学院学报》2002 年第 3 期。

⑦ 张增孝：《思想政治教育定位论刍议》，《中国青年政治学院学报》2002 年第 3 期。

徐志远等从物质与精神、思想与意识、思想与理性认识的关系入手进行分析，认为思想“是主体对自身的社会存在及其与周围客观世界的关系的主观反映，是为了适应主体生活的需要，在社会实践中通过大脑对输入的外界信息进行整合后的产物。它属于精神、意识现象的一部分，但不是它们的全部；而理性认识又是人的思想的一部分，因为人的思想还包含许多感性认识”①。

（3）教育对象思想的形成

思想政治教育者的角色就是“一定思想价值的代表者和引导者，是‘凝聚’了和‘活化’了的思想价值”②。这一教育过程，就是教育者施加有关价值影响、教育对象根据所形成的思维模式进行理解与内化的过程。是“教育者根据一定社会思想品德要求和受教育者思想品德形成发展的规律，对受教育者施加有目的、有计划、有组织的教育影响，促使受教育者产生内在的思想矛盾运动，以形成一定社会所期望的思想品德的过程”③。陈万柏认为人的思想品德是“主观因素和客观因素交互作用的产物，思想品德的形成、发展过程是其外在因素制约和内在因素转化的辩证统一的过程”④。思想品德形成的内在因素，是由认识、情感、意志、信念与行为因素构成，知、情、意、行四个因素相互渗透、相互促进与相互制约。而外在因素主要是个体所处的社会环境。思想政治教育过程，是各种思想的矛盾、交锋与冲突的过程，有的研究认为思想是一个矛盾，是主观反映客观的结果，“思想的产生就是解决矛盾，就是解决主观与客观、知与不知的矛盾”⑤。研究者普遍认为思想的产生经过两个阶段：感性认识与理性认识。

（4）思想的特点

苏振芳认为：思想作为人们的一种精神活动有着能动性和主体性

---

① 徐志远、宾培英：《思想与行为应是现代思想政治教育学的逻辑起点》，《当代教育论坛》（学科教育研究）2007 年第 11 期。

② 褚凤英：《思想政治教育过程的本质再认识》，《学校党建与思想教育》2011 年第 8 期。

③ 张耀灿等：《现代思想政治教育学》，人民出版社 2006 年版，第 337 页。

④ 陈万柏等：《思想政治教育学原理》，高等教育出版社 2007 年版，第 119 页。

⑤ 苏振芳主编：《思想政治教育学原理》，厦门大学出版社 2000 年版，第 99 页。

的特点，作为社会意识又具有鲜明的时代性和阶级性。思想因主体的不同而不同，因主体的变化而变化。杨芷英认为：思想具有能动性、主体性、可塑性、传递性的特点。[①] 赵言舟、王贤章等认为：思想的特点表现为主体性与客观性、稳定性与可变性、内隐性与外显性、排他性与吸收性、时代性与承启性。[②] 赵言舟等对思想的特点进行了展开论述分析，前两者只是简单一提，没有具体分析。

（5）思想运动的过程与规律

刘芳认为：从思想产生的角度，思想运动起始于实践，但从思想运动本身来讲，思想运动开始于人的感觉，通过实践，认知主体感觉到事物，也就获得了感性认识，也就有了思想运动的基础和内容。而这个感性认识往往具体表现为思想问题，思想问题与实际问题又有机地交织在一起，"思想运动不单只是解决问题，同时还发现问题甚至创造问题"。[③] 思想运动的展开过程，就是运用已有的思维能力和知识积累解答问题的过程，思想运动的结果就是获得知识与能力。他们认为思想的形成和转化是人思想的运动形式，都是通过归纳、演绎和分析、综合等思维方式获得的思维结果。人的思想运动具有持续性、普遍性与渐进性的特点。思想运动则形成这样的规律：社会存在对人的思想运动具有基础作用，实践是根本动力，社会教育起引导作用，心理因素具有影响作用。杨芷英认为，客观外界事物作用于人们头脑产生的思想因素有三类：包括物质生产资料与生活资料的物质因素，国家政权、政党组织、政治路线等政治因素，理想、信仰、道德规范、科学文化等精神因素。[④] 赵言舟等认为思想产生的规律表现为：一是外界信息内化律，其经过接受外界相关信息，变为价值信息，然后内化才产生新思想；二是思想矛盾斗争律，这一过程由思想矛盾的形成，到矛盾的激化，再到解决矛盾才产生新思想；三是知情意行作用律，是个体认知、情感、意

① 杨芷英：《思想政治教育心理机制研究》，红旗出版社 2005 年版，第 24 页。

② 赵言舟、王贤章、章德峰、卢士才：《思想学》，海潮出版社 1998 年版，第 60—65 页。

③ 刘芳等：《思想政治教育人本论》，第 220 页。

④ 杨芷英：《思想政治教育心理机制研究》，第 24 页。

志、行为作用的结果。[①]

可见，思想政治教育中思想的研究，还只是少数研究者而为之的事情，其中多数探讨的思想往往是知识层面的理解，或者借鉴心理学与行为科学等知识的成果，是在思想政治教育场域中的思想，主要是教育对象思想特点与形成，是从主体地位与目标实现的功利角度考虑问题，考虑的内容基本上是思想品德的形成及规律。因为视角的原因，往往在反映思想运动、变化的整体性与复杂性的规律方面存有不足，但是其聚焦思想的基本研究成果，如思想的特点、思想行为的规律等等皆可以为思想的研究提供参考与借鉴，而思想政治教育研究领域有关人性、主体性、主体间性及有关教育规律的探讨等皆为思想研究提供了可借鉴的重要资源。尤其值得一提的是赵言舟等著的《思想学》，尽管也是立足思想政治教育视角，但是其对思想的特点、功能、产生的规律等方面的研究，为本文提供了重要的参考。

因此，国内有关“思想”的探讨，着重于“思”与“想”的分别理解、思想的内在形式逻辑及与行为间关系的探寻、从多种学科的维度去界定与把握“思想”的涵义，为本文“思想”的研究奠定了良好的基础。

综上，尽管历史上中西方对“思想”的认识与理解不同，东方多是从体用的角度进行的界定，重视思想的应用，重视个体的反思与内省，重视人的内在精神境界的达成，重视感性经验基础之上的“思”，而且是再思、反思与后思；而西方更多是从哲学的角度来探讨思想与存在的关系，主要还是为了“认识你自己”的永恒主题。“思想”一词的涵义总是会受到人们认识的视角，以及对世界、人生与自我认识能力的影响。从哲学上的“思想”到现实生活中的“思想”，到“思想”本体的追问与澄明，实际上也是人们不断进行自我确认的过程。“思想”也就具有面向未来敞开的开放性与无限性。它是一种特殊的实体，是一种既可以触摸但又触摸不到的存在。

由此可见，有关思想研究的基础性理论与指导思想已经成熟，可

① 赵言舟、王贤章、章德峰、卢士才：《思想学》，海潮出版社1998年版，第176—188页。

为思想的研究提供理论的视角与研究立场。尤其在国外已经出现了对复杂性思想的研究，考虑到思想逻辑与组织的复杂性，认为思想组织的有序化与无序化同样增长，随机性与不确定性总是伴随于人们思想活动的过程。国内学者也从不同角度探讨了思想的含义、本质与功能，甚至是思想行为活动的过程与规律。这些为思想的研究奠定了较好的文献研究基础。

## 三　研究思路、技术路线与创新之处

本文以马克思主义的认识论、实践观与人学理论为指导，汲取有关认知理论、人本主义理论、结构功能主义理论与建构主义理论等心理学与社会学的相关成果，保持相对客观中立的理论研究立场与开放式的理论视角进行有关思想的探讨，以建构基础的思想研究理论体系。

通过对国内外有关思想研究与思想界定的文献资料进行梳理，以比较分析的方式、遵循思想形成的形式逻辑范式去探讨思想的涵义、思想的构成、思想与认识的区别、思想的类型等。以多重视角与表征综合的方式去探讨思想的导引功能、调控功能与动力功能，包括对个体与社会思想导引功能的分别分析、对思想内在、综合等多方面调控功能的探讨，以及以分析比较的方式研究思想动力的特征、来源与机制等。以辩证统一的视角探讨思想选择的不同类型及关系，以可能性假设探讨影响个体思想选择的内外因素，分析与把握思想选择的机制、一般原则，探讨思想选择过程之中的博弈问题。以系统生成与建构的视角与生理学、文化人类学等综融式的理论观点来探讨思想形成的基础，包括大脑的生理性基础、文化存在与实践的现实性基础，尤其对实践是逻辑的归依的探讨。通过聚焦理论与实践、思想博弈与社会变革、理想与现实之间的张力问题，尤其通过有关历史现象的追溯与现实反思的方式来探讨思想与现实的张力问题，探求思想与现实适宜张力的可能与可行，回归实事求是的思想路线。

本文的创新之处就在于从基本上建构了思想及其基础研究的理论

框架，具体表现为以下三个方面。

第一，尝试研究动态思想，强调思想的非理性内容与无用性状态存在的重要。尽可能梳理与展现关于思想研究的理论成果，注重从不同视角与层次等进行思想的界定、辨析与澄清。

第二，着重思想功能的研究及作用发挥方式的探讨，对思想选择内外因素、选择系统与选择内在机制的分析，尽可能揭示思想内在运动的规律与本质。通过对思想基础的探讨，尤其强调思想形成的重要现实基础——实践，认为实践是思想的逻辑归依，体现了马克思主义的实践观。

第三，注重在对立统一之中把握思想与现实的张力，尽可能从历史与现实的角度去强化与分析理论与实践、思想与社会变革、应然与实然之间的张力问题，认为适宜的张力才能保证思想有效地超越现实，更好地发挥思想的功能，但要做到这一点，必须回归实事求是的思想路线。

# 第一章 “思想”的界定

“思想”一词在现实生活与学术领域使用非常频繁，也是思维科学和哲学的重要概念，因内涵的丰富性与外延的模糊性，我们通常是见仁见智，只能在特定的语境中把握与理解其涵义。

## 一 “思想”的涵义

“思想”概念的多义与模糊是自古延续下来的，但在人们日常运用时，它似乎又是一个不证自明、不言而喻、理所当然、约定俗成的概念。“思想”具有元概念的特点，可以和不同的词语、概念结合，形成不同的涵义，从而遮蔽了它的原始意义，致使在现实中人们可以不假思索地运用它，可以不费气力地领会其所表达的意义。在现实生活中，我们经常用的“思想”含义有：（1）想法，如“这个人很有思想”；（2）思想意识，主要指道德价值观、道德品质等，如“这个人思想有问题”“思想作风”；（3）观念，如“有一种思想”；（4）意识形态，如“思想工作”；（5）理论、理论体系，如“毛泽东思想”“中国思想史”；（6）精神方面，如“人的思想”；（7）进行思维活动，如“某某某停止思想了”；（8）思维的脉络条理，如“他思想缜密”，或“思想有些混乱”；（9）理性认识与理性思维，如“我们都是有思想的人”；（10）思虑，如“他思想复杂”；（11）思考，如“细思想一下”；（12）考虑，如“千思想，万算计”；（13）想念，如“思想故国江山之胜”等。由这些日常使用的含义可见，思想在应用中既可以是名词，也可以是动词；小可以指观念，大可以指理论体系与意识形态；既可以指思维脉络，也可以指思考状态……总体而言，人们在使用“思想”一词时，主要是以名词居多。

英文中的“思想”通常被称为“thought”“idea”“ideology”等等，“thought”强调人们思考与产生思想的过程及结果；“idea”强调思想的日常性特点；“ideology”突出了思想的意识形态色彩。因此，思想具有多种指代，不同的语境有不同的用法，不同的视角有不同的涵义。

### （一）“思想”的历史之辨

思想的多义性既与认识事物的复杂性有关，也与人们对思想认知、理解和视角有直接关系，是将思想作为理解的整体，还是关注到思想的某一方面的内容、特点；是关注思想的过程，还是思想活动的成果？是注重对思想的应用，还是对思想本体的追问？是从历史、实践的角度，还是从人主观与内在结构的角度等等，皆会有不同的结论。对有关思想的应用与研究的历史追溯可以发现中西方明显的路径差异。

我国古代主要强调思想的应用，强调经验基础之上的思，即思考或实践反思，与传统文化注重德性养成与自律有直接关系，按照规范要求反观自省成为人们提升自我素养、处理人与人之间关系的主要途径与方式。二十世纪四五十年代出现各种版本的《理则学》主要从伦理学的角度探讨思想，以及思想和行为的关系，开始引用西方心理学、逻辑学等有关成果，有的将思想界定为与知觉、欲望等相同的心理现象；思想是由一定逻辑形成的心的活动，是思考的产物，是思维的结果；思想分为广泛性精神活动与反省的思想等。冯友兰认为思想是理性活动与感性活动的结合，将“思”与“想”分开理解，认为“思”的活动是对经验的理性总结与分析，“想”的活动则是感性的想象与幻想。毛泽东将认识的高级阶段即理性认识称为思想，包含理论、政策、想法、观念、计划、办法等。从意识反映论的角度来界定思想是思想政治教育理论领域的一般做法，广义的思想是指客观存在反映在人的意识中经过思维活动产生的结果，狭义的思想是理性认识，主要从工具性角度理解教育对象的思想特点与基础。可见，在这些有关思想的应用与界定中，思想绝不是静态的存在，而呈现为动态的运动。无论是反思的观照运动、心的活动，还是感性活动与理性活动的交织、理性认识过程等等，都是动态的、过程性的活动，只不过人们追求的是思想境界的达成、思想活动的深刻与意识形态目标的实现，思想的工具性遮蔽了对具体内涵的追寻。

西方对思想的追问，表现为将思想作为与存在密不可分的同一体来进行，思想的主体性得以渐进显现，思想活动本质得以揭示。亚里士多德将思想活动与思想对象视为合一性的存在。普罗提诺则将思想活动的动、静与思想对象的异、同有机地勾连，认为思想活动与思想对象具有同一性。自笛卡尔开始，思想的主体性得以确立，“我思”使思维着的“我”与“思”融为一体，思的内容则为我怀疑、我欲望、我感觉、我肯定与否定等等。而康德的“我思”是“必须伴随着我的一切表象：因为否则的话，某种完全不可能被思考的东西就会在我里面被表象出来，而这就等于说，这表象要么是不可能的，要么至少对我来说就是无……纯粹统觉……就是那个自我意识，这个自我意识由于产生了‘我思’表象”。[①] 康德的“我思”具有统摄和联结自我表象的作用，强调内知觉的形式必须要有外来内容来填充，思维必须有一定内容来充实。“思想在‘我思维’中如此展示，‘我思维’虽然展示了它，但它是思想自身的展示，而不是自我的展示，因此自我逐渐从‘我思’中隐退了，‘思’本身被凸显出来。”[②] 黑格尔认为思想是精神的内在核心，思想的主体“我”存在于我的所有感觉、概念与意识状态中。思想有客观性，是因为它不只是“我”的思想，也是事物自身或对象性事物的本质。他将思想理解为理性认识的过程与结果，人的思想活动是通过经验世界并完成理念发展的精神历程。海德格尔强调思想的前在基础与对思想本体的追问，要求人要直面本真存在的思想，强调思想的此在性，要从虚无的、非本真的存在之中

---

① ［德］康德：《纯粹理性批判》，邓晓芒译，人民出版社2004年版，第89页。

② 高秉江：《“思”与思维着的“我”——笛卡尔和康德自我观的异同》，《哲学研究》2011年第6期。

挣脱。

在马克思、恩格斯的语境之中，思想、观念、思维、意识等经常作为并列的词语加以运用，思想与思维、思想与意识是可以替换的、没有严格区分的范畴。他们同样关心思维与存在的同一性问题，强调思维的实践性，指出："人的思维是否具有客观的真理性，这不是一个理论的问题，而是一个实践的问题。人应该在实践中证明自己思维的真理性，即自己思维的现实性和力量，自己思维的此岸性。"① 认为产生思想的存在是现实的生活过程，是社会实践；思想是人们大脑的功能，是人们在实践中、现实的交往中产生与生产的产物。强调思想的主体性特征，思想的为我性本质。他们剖析了形而上学新思想产生的过程，反对那种缺失实践基础而按照思辨逻辑运动的思想生产方式，揭示了意识形态的虚假性的特征。

曼海姆认为思想与存在之间必然存在某些紧张的状态，那些超验的、非真实性的乌托邦思想可以转化为具体的思想与力量，思想是与社会现实相联系的有生命的存在，如果不合时宜就会消亡，思想的任务是在多种选择的不确定中寻找出路。弗雷格研究句子表达的思想，认为思想具有表达性、共享性、客观性与非时空性，人们的思考只能是把握思想而不是制造思想，其将思想理解为外在于人们的特殊存在。莫兰认为人的生命是依赖环境、异常复杂、充满矛盾的自组织现象，人们注定要形成复杂性思想与现实进行商讨与对话，才能更好地应对复杂性的社会现实。显然，曼海姆、莫兰主要是从思想对社会现实作用的角度来探讨思想，弗雷格则从思想呈现的状态及对人影响的角度来研究思想。

西方对思想的研究，围绕着存在和人的主体性来进行，思想不是与主体分离的精神现象。马克思主义认为，思想是主体及其实践有机结合在一起的精神生产及结果。人是以实践的方式而存在，既是对象性的存在，也是有意识的类存在，注定要通过实践解决双重任务，即满足物质和精神生活需要的生产。思想是人的类本质决定的，是人主

---

① 《马克思恩格斯选集》（第1卷），人民出版社2012年版，第134页。

体性的表现，是人在实践中产生与发展着的满足自我精神生活的需要，具有主观性与客观性、动态性与建构性、历史性与实践性相统一的特征。思想具有与思维、意识密不可分的一体性，思想与意识可以直接统称为思想意识。在现实中，思想活动就是思维过程与意识活动，思想方式就是思维方式与意识方式。因此，思想与意识、思想与思维在本文中亦不进行具体的区分探讨。

### （二）“思想”的界定

从中西方对思想的理解与研究，可以发现视角不同思想的界定不同。通过分析有“思想”词条的工具书，对“思想”的界定亦不一。《中国大百科全书·哲学》《哲学大辞典》等将“思想”理解为观念，或者理性认识及成果，这是从认识论层面对思想的界定。《不列颠百科全书》（国际中文版）直接将“thought”翻译成“思维”，认为思想（“思维”）是“对由体内引起的内在刺激或由环境引起的外在刺激作出的内隐的符号性反应”[①]；《西方哲学英汉对照辞典》对思想的界定为“思想通常是我们心中意识到的东西”[②]。前者着重于思想的全视角界定，后者则是日常性角度的界定。借鉴以上的界定，我们认为：思想是动态的、正在建构的、思想着的人的思想，由人内在或外在环境刺激而引发的“符号性反应”，通常以意识的形式存在，是我们心中所意识到的东西，是大脑活动的过程与结果，是大脑在实践基础上对外界事物的反映和构建，是人的精神世界之所在。知、情、意及它们的联系构成思想的内在结构，三要素之间相互交融、相辅相成，你中有我，我中有你，既不可分离，又彼此独立，造就了思想世界的丰富多彩。思想的形成是以概念为基础、按照一定逻辑展开的思维建构活动，它是一个过程，一个从完成之时起就已经开始的永无止境的过程。思想的外延丰富，从不同的角度可以给出不同的分类。

思想具有建构性与变动性。作为“符号性反应”的思想不是简单重复性的思维活动，而是符号不断重新组合与创生的思维活动。当外

① 《不列颠百科全书》（国际中文版）（第 17 卷），第 43 页。

② ［英］尼古拉斯·布宁、余纪元编著：《西方哲学英汉对照辞典》，第1000 页。

界或内在的刺激发生，大脑就会引发不同的符号运动，生发出对问题认识、理解与解决的思路、想法与计划，而且会因某一种因素的变化而随时产生新的思路、想法、观念与对策，且不断进行比较、判断与选择。思想就是人们将外在因素纳入主观世界进行有机建构的过程与结果，是知、情、意相互交融变动的过程，具有生产性、复杂性与矛盾性的特征。

思想具有有限性与无限性。思想的有限性在于人们现实生活的有限性，使得人们关注的视野、边界受到影响与限制，因为现实生活的规则与规范会直接形塑人们的思想与行为，思想的具身性又使得人们不得不关注所处的现实条件与自我需求的满足。思想的无限性在于想象的无限性，使人们在精神世界可以上天入地、天马行空般地游走于理想与现实、虚幻与真实之间，可以在想象中构想现实问题解决的种种可能。由是，思想具有对未来敞开的开放性、预测性与超越性，成为一种特殊的“实体”，是既可以触摸，但又触摸不到的特殊存在。

依据马克思主义哲学的立场，对思想的探讨与研究不能离开思想的主体，不能离开人们所处的社会实践与历史现实，不能离开思想活动的现实状态，要坚持历史唯物主义的基本立场对思想来进行审视和理解。基于马克思主义哲学和思想史的立场，本文所研究的思想是现实的、动态的、与实践相伴随的具身性的思想，是人们动态的主观世界与精神生产的过程及其产物。“意识的‘产物论’、‘生产论’、‘过程论’、‘属性论或机能论’，单个地看，都不是关于意识的全部本质的定义，而是对意识作为运动形式的某一方面的特征或其某一阶段的存在形式、显现方式及其特征的揭示与说明，只有把它们结合在一起来理解，才能完整地领会和阐释马克思主义关于意识本质的思想。”①的确，只有全面把握意识与思想的运动，才能更全面、客观地理解人们思想的活动及本质。马克思主义历来关注的不仅是解释世界，而且是能动改变世界的实践，因此，对思想的研究，就在于对人们实践中

① 高新民、殷筱：《马克思主义意识论阐释的几个问题》，《哲学研究》2006 年第 11 期。

动态性思想选择与建构能力及其基础的把握。

聚焦个体思想的选择与现实基础的研究，是进行思想研究的一种必要的路径选择。因为个体思想是人类思想生产与成果的实质，无论是社会思想，还是各种思想与理论，归根到底是由个体思想构成的，尤其是社会精英的思想，是具有代表性的个体思想，其思想反映出对现实问题、人类的本质与发展、社会走向等的思考、认识、理解与推断，如孔子、苏格拉底、马克思、毛泽东这些社会精英的思想不仅具有形成与影响他人思想的作用，而且直接影响与改变人类社会发展的历史进程，产生历史性的长远影响。当然，个体的思想不只是个体思想自我具身生成的结果，也是历史与现实的必然产物。只不过，普通个体思想和社会精英思想所表现出的视域与关注的问题不同而已。具体地讲，两者的区别在于：第一，两者的运思方式的不同。普通个体思想往往是具象化的、注重于经验性的描述与总结，而社会精英则更多运用抽象化的理论阐释的形式来进行思想生产，形成一定的主张与理论。第二，两者关注与思考的现实问题不同。普通个体更多关注与思考的是自己现实生存与发展的具体问题，社会精英关注的更多是社会问题、社会变革与社会发展的长远性、宏大性问题。第三，两者的思想表达方式不同。普通个体是以口语化的方式，社会精英则以理论化的方式。所以对普通个体的评价可能就是有思想、有想法、有头脑的人，而对社会精英的评价就是思想家、理论家、革命家等。

值得注意的是，无论是精英思想，还是普通人思想的具体建构过程，都体现为个体思想与群体思想或社会思想同构共生的特点，都与实践有机地结合在一起，体现出人的本性特征，表现出人的欲望、需要、情感、意志等等非理性与理性因素有机地交织一起的动态性、开放性的建构活动，这种知、情、意的建构活动是客观见之于主观的大脑活动的过程与产物。“思想本性是人的精神和肉体彼此契合，自由地运用语言和理性及非理性方式，经验地认识自己，洞察事物，表达欲望的生命活动。”① 这种思想本性的认识与理解给我们以很好的启

① 武经伟、洪晓丽等：《也谈“思想之维”——“认识你自己”命题的历史哲学沉思》，《思想战线》2013 年第 4 期。

示，为我们全面了解与把握思想提供了整体性的视角。人是精神与肉体合而为一的有机整体，人的思想是感性与理性的有机结合，思想的内容在社会实践中、在自己生命体验的基础之上形成，思想表达和活动往往与人们的内在欲望有机地结合在一起，思想的建构处于多种因素交织建构的复杂状态。思想作为一种具有开放性的、动态的、既可以触摸又不可触摸的特殊存在，构成人们现实生命现象的常态精神运动，是人们满足、实现、超越自我与建构属人世界的内生力量，具有时代的烙印与现实边界的有限性与确定性，同时还具有对现实问题超越性解决的想象、构想、计划等等，表现出无限性与不确定性，如此形成经验与超验有机结合的思想整体运动，这与人性、人的主体性追求、人的本质力量展现的需要密切相关。从马克思主义哲学的角度，思想是人在社会实践中精神生活与生产的过程与产物，是大脑对外界事物进行主观上能动建构的过程与结果。

因此，本文所研究的思想，是人在实践过程之中不断建构着的、动态的主观世界或精神世界。

### （三）“思想”的内在结构

不将思想界定为理性认识，是因为思想不只是思维抽象逻辑的建构过程，而是体现着人鲜明、生动的生命特色。胡塞尔认为意识的结构分为三部分：自我、思与被思的对象。这是从主体、中介与客体的角度进行的要素分解与划分，也是对历史上有关我思的主客二分结构的发展，是对思想形成结构的现象学描述。“人的意识，不论是高级的理智活动还是低级的感知活动，要作为活动、作为过程表现出来，总离不开一定的关系、离不开相互作用。在这种关系网中，至少要有主体、客体和环境以及一些中介环节。”① 这是对思想生成的外在结构的阐释，显然，没有主体，没有对象与主体的思维不可能产生思想与意识。人的类本质决定了人的思想具有独特的内在结构与运动方式，马克思认为人具有自我二重化的能力，不仅在人群中和所创造的

---

① 高新民、殷筱：《马克思主义意识论阐释的几个问题》，《哲学研究》2006 年第 11 期。

世界中观照自身，而且能够使自我成为自己的认识对象。这种二重化的能力决定了人们现实的存在方式，即生活于经验世界和超经验的世界之中。人具有在头脑之中建构的能力，既能够将经验世界的东西纳入头脑进行建构，又能够进行超验地建构，使思想具有超越经验的形上特征。人既是能动者，也是受动者；人有自己的七情六欲，有自己的兴趣、爱好、意图、意志与动机，有追求自我本质力量的展现与实现的本能与目标，所以人的类本质、主体性特征决定了思想的内在结构由知、情、意三部分要素有机地构成，而行（即实践）作为知、情、意内在结构联动的外在要素而存在，其影响与调整着思想的内在结构运动，使人成为有目的、有欲望、有情感、有意志、有认知与行动能力的追求真、善、美的有机整体。

知，主要是指认知，是人对自然、社会与自身的认识、了解与理解，是一定经验、知识的积淀，以及对规律的把握和事物的判断，既包括知觉、分析、判断、推理等认知能力，也包括世界观、价值观与人生观等观念基础。亚里士多德认为，“求知是人类的本性”。① 认知既来源于人们内在欲求的需要，也来自于主客体相互的建构。内在的欲求是人们求知的内驱力，马克思指出：“任何人如果不同时为了自己的某种需要和为了这种需要的器官而做事，他就什么也不能做。”② 为满足生存、发展等需要而求知，是人的类本质；人们的欲求会随着社会历史条件的变化而变化、丰富，认知发展也是如此。马克思主义哲学认为，认知是人们在社会实践之中大脑对外在事物的能动反映，认知及认知能力的提升是主客体相互建构的必然结果。发生认识论认为，人们认识能力的提高是主客体相互协调与建构的产物，是人们通过协调、顺应与同化等方式来不断建构和完善内在认知图式的必然结果，人们的认知能力是在已经掌握的各种知识、形成的各种观念基础、经验积淀之上不断提高的过程。“认识活动的实质就在于对个别性的直观与知觉进行综合，并最终形成普遍的、客观的判断。”③ 那

① ［古希腊］亚里士多德：《形而上学》，吴寿彭译，商务印书馆 1959 年版，第 1 页。
② 《马克思恩格斯全集》（第 3 卷），人民出版社 1960 年版，第 286 页。
③ 陈嘉明：《“理解”的知识论》，《哲学动态》2016 年第 11 期。

么，认知能力是人们对事物的感觉、认识、理解、判断与决定的能力，决定了人们的认知视域与判断推理能力。“一个人之所以能够克制这种判断，甚至作出相反的判断，是因为她‘知情’，也就是具有相关的背景知识，并运用理性，自由地决定她的判断。”① 知的因素在思想内在结构中处于既基础又核心的位置，是情与意的基础，对情与意有一定的决定作用，同时也受情与意的限制与影响。知的因素具有让人们求得真知的作用，按照知识形成与建构的逻辑进行探寻，是理性地认识、了解和理解事物进行判断与决定的思想要素。

情，主要指情绪、情感，是指人们对所认知的事物、实践活动等的态度、内在体验与感知，是能够让人感觉与体验到的精神状态。从性质角度看，具有积极与消极、肯定与否定之分。积极而饱满的情绪情感激发人们的认知兴趣与潜能，提升认知能力，坚定追求的信心与勇气；而消极怠惰的情绪情感，则会使人们的认知兴趣与愿望受到抑制，涣散注意力，动摇意志力，降低人们的判断与控制能力。激情的爆发与情感的亢奋，可能使人产生灵感，甚至进入到直觉与顿悟的状态，奇迹般地解决疑难问题，但激情过于激烈而不能做到有效的调控，可能出现不利的结果，容易出现非理性的、偏激言行等。从内容角度来分，可以分为自然情感、自由情感、道德情感、审美情感等等。“情感以本能和欲望为基础，是情绪与感受的凝结化状态。”② 情感是以情绪为基础，情绪又是情感的表现。我们通常将那些短暂的、情景性的反应称为情绪，将那些持久稳定、具有一定社会性意蕴的反应称为情感，两者在人们感情性活动中融为一体，构成人们现实生活与实践中的情绪情感表现。人的喜、怒、哀、乐、爱、惧、恨等多种情绪情感，都与内在的需要、外在的行与具体的现实密切相关，与人们的认知能力、对问题与事物的看法有直接关系，与自我的控制能力与意志品质有直接的关系。不同的情绪情感可以使人们在实践的过程之中具有一定的意向性或倾向性，因为情感渗透着主体对客体的评价态度，并会积极地参与认识活动，具有内在选择与评价的作用。“由

① 黄原：《经验与信念的意志性》，《哲学动态》2015 年第 11 期。

② 王海滨：《人的精神结构及其逻辑与原理》，《哲学动态》2015 年第 8 期。

于情绪的意向性，当人们感受到某些情绪时，感受者的信念、欲望以及感受的预备状态等已经内含于其中，这正体现了情绪的主体性或内在性。”① 意向性形成了内在的深层结构，使人们倾向采取某种方式解释情境，进而影响个人的即发性情绪。但有的情绪情感往往无法解释清楚，如虽然感到很伤心或者很高兴，但无法言明对象；虽然感到很后悔，却无法说清楚自己的行为错在何处。② 这与人们对情绪情感的控制能力有关，与情绪情感复杂结构形成有着直接的关系。这种复杂的情绪情感结构使人的基本情绪情感不断地得以重组，形成爱恨交加、喜忧相伴等复杂的情感体验与心境。情是思想内在结构的重要因素，具有理性与非理性的特点。情可能是能够适度被把握与表现的情绪情感，也可能无法掩饰与自我掌控，但都会引起人们的身心感觉、体验与变化，影响人们的认知与意志。一般而言，情的要素不仅是自我本真情绪情感的外显与内隐性的展现，而且促使人们追求美与愉悦身心的活动，形成人们内在的偏好机制，直接影响人们的认知与行为选择，对意志产生不同程度的影响。

意，是指意志，是主体活动的一种推动力量与支撑力量，是思想的激发与调控因素，具有一定的自觉性、持久坚韧的特点。坚定的意志有助于主体排除限制性因素的影响，形成良好的精神状态，保持冷静与应有的清醒，坚定信心、具有克服困难的勇气与精神。当然，意志薄弱也会形成意志消沉、坚持力不足与精神状态不好的现象。意志往往会与目标、目的和意图紧密相连，是具有明确指向性的思想因素。意志的本性是有目的地坚持与持守，表现为自主性抉择的心理状态，具有自我调整与克服障碍的基本能力，清晰地认定目标与坚定追求。意志在哲学领域往往是与理智构成相比较的范畴，托马斯·阿奎那将理智和意志作为人内在的双重活动，认为意志追求善、理智则辩论善，所以理智高于意志。笛卡尔认为人的内心有理智与意志两种能力，理智为认识能力，意志为选择与决定的能力，人的理智有限而意

---

① 费多益：《情绪的哲学分析》，《哲学动态》2013 年第 10 期。

② A. Taylor, “Most, Peculiar Institution”, *World, Mind, and Ethics*, J. E. J. Altham & Ross Harrison ed. , Cambridge University Press, 1995, pp. 134 – 135.

志无限，只有理智获得了清晰的观念后，意志进行判断才不会有错。斯宾诺莎不认为意志具有超出理智范围的可能性，认为“凡是我们的思想所达不到的东西，也就是我们的意志所达不到的东西”[①]。康德认为：“意志是有生命东西的一种因果性，如若这些东西是有理性的，那么，自由就是这种因果性所固有的性质，它不受外来原因的限制，而独立地起作用；正如自然必然性是一切物理性的东西的因果性所固有的性质，它们的活动在外来原因影响下被规定。”[②] 显然，一切物理性的东西都具有他律性，意志却具有一定的自律性，具有相应的理性选择、自我调控的能力，它是自我的决定与自我的激发，有坚定与薄弱之分。信念在意的因素中具有重要的作用，其将决定人的意志力的强与弱。“信念的形成在经验之后，我们运用理性，或者运用意志在某种理性的范围内，决定我们接受什么。”[③] 信念这一意志因素的形成需要经验积累的过程，是在现实之中逐渐形成一定的意志品质后的产物。普莱斯认为：信念“尽管不能仅由意志的单个命令就立刻产生”[④]，但是可以培养，可以努力地形成习惯，形成一定的意志品质和理性处理问题的能力，在此基础之上形成内在坚定的信念与追求的目标。意志具有引导注意力的作用，同时注意力的集中也具有形成意志品质的功能，“我们所做的就是将我们的注意力引导到有利的证据，即那些支持我们被要求相信的命题的证据上，以及从反对那些命题的证据上转移开我们的注意力。这是我们能够意志地去做的，如果我们足够努力并不断努力。”[⑤] 意志力的培养需要自我的努力与坚持，需要从基本的注意力集中训练和培养入手。因此，在思想内在结构中，意的因素是在认知过程之中产生的，是以认知为前提，意的因素会受

---

① ［荷］斯宾诺莎：《伦理学》，贺麟译，商务印书馆 1997 年版，第 92 页。

② ［德］康德：《道德形而上学原理》，苗力田译，上海人民出版社 2002 年版，第 69 页。

③ 黄原：《经验与信念的意志性》，《哲学动态》2015 年第 11 期。

④ H. H. Price, *Belief: The Gifford Lectures Delivered at the University of Aberdeen in 1960*, Allen & Unwin, 1969, p. 222.

⑤ H. H. Price, *Belief: The Gifford Lectures Delivered at the University of Aberdeen in 1960*, Allen & Unwin, 1969, p. 223.

到情的因素的影响。意的因素的特征就在于自觉性与目的性，是认知过程与情感活动的控制因素，是意图、动机形成的执行因素。意的因素具有追求善的性质，其会根据善的标准与原则对知、情的因素进行调控。

知、情、意三要素共同构成思想内在相互制约与生发的整体结构，三者有机地交织在一起，不可分离，你中有我，我中有你，对某事物的认知会引发人们一定的情绪情感，而情绪情感本身已经包含了认知的成分，甚至包含着某种价值的判断，可能出现对某种情绪情感的压抑与掩饰，或者有意识地表现出某种情绪情感，而对信念的坚持与目标的执着，同样会使认知深化，调整情绪情感状态等等。新康德主义者文德尔班就认为，如果人的内心抽开意志与情感，就不会有价值的存在。思想的内在活动是知、情、意三者协同共建的活动，形成丰富的、闪现人性光芒的、动态的与实践相伴随的思想活动，三要素之间没有绝对的区分，而是有机交融。

### （四）“思想”形成的逻辑

思想是大脑的功能，是知、情、意交融共建的思想运动。思想运动实质上就是思维活动。从思想形成的角度，思想是以概念为基础、按照一定逻辑展开的思维建构的活动。“思想的最基本也是最初级的形式是思维形象，它是在感知形象、表象形象的基础上，经过人脑反映控制活动的逐步加工制作而产生发展起来的。”① 人们通过感官获得的感知觉形象经过大脑的记忆加工制作形成表象形象，进一步形成表象形象链，然后在表象形象链的推动下展开联想与想象，形成形象思维能力。这样就会通过相应的联想，如接近性的联想、对比式的联想、类比性的联想等等多种方式，促使形象链不断发展而产生创造性的复合式形象。因此，联想是产生想象的基础与前提，没有联想就没有想象的产生。想象从联想所产生的表象进行抽取加工会创造出现实世界尚未存在的新形象。这些新形象还可以

① 赵言舟、王贤章、章德峰、卢士才：《思想学》，第143页。

与人们日常生活之中的一些要素有机结合、与各种不同形象有机融合，产生各种新的复合形象，形成思维活动的感性基础。在实践的不断推动下，大脑通过对感性材料的综合制作，不断提高思维形象，形成反映客观事物特有的抽象思维形式——概念、判断、推理、分析、演绎等。

1. 概念

概念是思想最基本的抽象元素，是判断、推理等抽象思维形式形成与展开的基础。概念具有普遍性与稳定性的特征，是将那些多变、分离的个别现象联结统一的结果，是一种抽象的普遍，反映着事物的本质属性，具有相对的确定性。一个具有确定意义的概念，能够提供关于事物一般属性较为准确的信息，具有一定稳定性特点。但概念还具有丰富的内涵，正如黑格尔所认为的是包含着特殊内容、丰富性的普遍。概念的确定性能够保持相对的稳定性，便于人们理解、掌握和应用。但概念又具有灵活性，不是一成不变的，总会与事物的发展相统一，内涵会出现新的变化与调整。恩格斯曾经深刻地指出："概念和现象的统一是一个本质上无止境的过程。"① 概念会随着现象的发展而不断发展，其内涵与外延都会出现相应的发展与变化。也正是因为概念的丰富性特点，概念自身的内涵随着事物的发展能够产生新的意义，使概念与概念之间的组合形成新的思想与观点，使思想与观点的表达具有了丰富的特点。概念既具有普遍性又具有特殊性，既具有确定性又具有变动性的特点，使之可以成为人们思想活动与思想产生的基本要素与范畴。针对概念的变动性特点，列宁认为："人的概念并不是不动的，而是永恒运动的，相互转化的，往返流动的；否则，它们就不能反映活生生的生活。"② 人们的思想面临着这样的矛盾：一方面，思想对象总是处于运动与联系的状态；另一方面，人们要用概念来表达思想对象就不得不暂时地将之简单化、粗糙化与概括化。列宁早就指出："如果不把不间断的东西割断，不使活生生的东西简单化、粗陋化，不加以划分，不使之僵化，那么我们就不能想象、表

① 《马克思恩格斯全集》（第39卷），人民出版社1974年版，第410页。

② 《列宁全集》（第38卷），人民出版社1959年版，第277页。

达、测量、描述运动。思想对运动的描述，总是粗陋化、僵化。不仅思想是这样，而且感觉也是这样；不仅对运动是这样，而且对任何概念也都是这样。”① 从概念自身构成的角度来看，概念是符号与意义有机结合的整体，符号是意义的载体，是意义存在的基本感性物质形式；意义是客体存在的观念表现形式，其通过符号的方式来表征客体的信息，符号与意义是互为中介的关系，共同构成具有一定意义内容的概念与词语。概念是人们思维活动与语言形成的基础材料，具有工具性的特征。

概念具有表征与概念能力。② 以福多为代表的笛卡尔主义认为，概念具有表征的功能，“拥有概念”是心理事件，是由心智对外在表征构成的，强调概念的公共性及思想构成的组合性。概念实用主义认为，概念具有概念能力，不是简单的表征关系，而具有内在结构，强调“不应将概念的公共性理解为概念在不同心智中的同一性”③，而是“不同人在特定情境中相一致的认识论后果”④。普林兹认为：概念不仅仅是为了表征，更是为了行动，我们之所以表征世界，就是要通过表征来形成一定的概念能力，从而达到我们自己的目的，“如果概念不是行动的指南，它们就是无用的。纯粹用于表征的概念，属于笛卡尔纯粹自我的虚构领域。概念能力是在现实世界中演化形成的，允许我们与世界发生相互作用”⑤。康德强调，概念在人们感性直观经验中的重要作用，认为如果无概念则盲。麦克道尔认为：“不应当把康德的直观理解为仅仅得到概念之外的所予，而应该将其理解为具有概念内容的事件或状态。”⑥ 直观在康德那里已经是带有统一性逻辑的、现实的概念能力，这种现实性的概念能力就是判断，“概念性

① 《列宁全集》（第55卷），人民出版社1990年版，第219页。

② 黄子瑶、李平：《概念的功能：表征与概念能力》，《哲学动态》2016年第11期。

③ J. Prinz and A. Clark, “Putting Concepts to Work: Some Thoughts for the Twenty-first Century”, *Mind & Languages*, 19 (1), 2004, pp. 61 – 62.

④ 黄子瑶、李平：《概念的功能：表征与概念能力》，《哲学动态》2016年第11期。

⑤ J. Prinz, *The Return of Concept Empiricism*, *Handbook of Categorization in Cognitive Science*, Elsevier, 2005, pp. 683 – 684.

⑥ John McDowell, *Mind and World*, Harvard University Press, 1996, p. 9.

能力在判断中拥有其典型的现实化”①。无论概念具有表征的能力，还是概念能力，都是对概念功能的理解，只是一个强调概念自身的构成，一个强调概念的应用。概念构成人们思想的基础性元素，概念本身的形成就是表征的结果，但思想的形成与活动不是简单的概念组合过程，与其说概念能力，不如说是人们掌握概念、运用概念形成思想的能力。

2. 判断

判断是运用概念进行活动的较为高级的思想运动形式，是将孤立存在的概念按照一定的逻辑结构进行联结的过程。这个逻辑结构最基本的组合形式就是“主词——谓词”为主要模式，是由一系列概念所组成的，形成一定的语言形式。由概念到判断，实质上标志着人的思想由初级阶段发展到高级阶段。判断就是概念应用的结果，当然，判断的出发点并不应只是从概念开始，而是从现实的思想对象出发，判断过程是人们在头脑中运用概念对现实的思想对象进行认知、了解与评判的动态过程，当然判断会受到原有思想基础的影响，受到判断者既有的思想观念的影响，是运用概念进行评判的过程与结果。判断虽然需求求真，需要具有认识论的维度，但必然受到价值观念的影响。判断有简单与复杂、正确与不正确、当下与事后、单一与综合之分。判断的过程往往也是反复权衡的过程，是以一定的价值标准进行比较衡量的过程，表现出理性的色彩与特征，当然，表象的判断与具体的现实判断都会受到非理性因素的影响，只是受影响的程度不同而已。

3. 推理

推理是以判断为基础而高于判断的思想运动形式，“思想在一个或几个判断的基础上形成一个新判断，这种判断的有机联系就是推理”②。推理是通过判断在思想中建立起各种联系，从而由已知推导出未知、由有限推导出无限、由此种判断推导出另一种新的判断。推理的过程展现了各种判断之间的内在联系，以及判断与判断之间的推

① John McDowell, “Having the World in View: Sellars, Kant and Intentionality”, *Journal of Philosophy*, 95, 1998, p. 457.

② 赵言舟、王贤章、章德峰、卢士才：《思想学》，第 146 页。

导关系、新判断形成的过程，体现了思想的能动性和创造性的特点，使概念在判断与推求过程中内容不断丰富，开始由简单性的判断逐渐发展为复杂性的复合式判断。推理可以使人们的思想由个别到一般、由个性到共性、由此及彼，同时也可以由一般到个别、共性到个性的往复发展，使人们的思想变成不断由整合到分化、由分化到整合的辩证运动。推理过程就包含了归纳与演绎、分析与综合的方法。

（1）归纳与演绎

归纳是从大量的个别性事实中总结出一般性的原理与共同的性质；演绎就是从一般性的原理与共性引申出个别性的结论。归纳的方法不是将那些分立的、多样的事实与大量的感性经验进行简单的罗列与综合，而是进行分类与比较，通过比较发现事物的同中之异与异中之同，可以按照不同的性质进行分类，使这些个别化的现象具有共同的归属、类别与特征，然后形成普遍性的判断，把握共同的本质。归纳的方法由具体发展为抽象，由事物的不同而发现相同。而演绎的方式正好与归纳相反，其出发点是由经验事实之中得出的普遍原理，经过归纳得出结论，是由抽象的、普遍性的原理推导出到具体、个别的方法。因此，演绎是具有逻辑前提和一定的原则为指导的推理过程。在思想建构中，演绎的方法是从一些基本的概念、原则、原理、理论与思想出发，然后结合实际推导出新的概念、原理、理论与思想，形成适应新的实践发展要求的新理论与思想，甚至是理论与思想体系。运用演绎的方法可以做出未来预测性的推理与解释，是由一般原理导向实践转化的重要逻辑方式，从普遍性的原则提出有关实践的思想模型，然后以这种思想去指导实践实现预期目标，这一过程也是思想得到检验、修正和丰富的过程。相对于归纳方法，演绎方法在思想形成过程中具有鲜明的逻辑性与未来的指向性。归纳往往是演绎的前提，演绎则是归纳的进一步延伸。归纳与演绎是两种对现存事物认识与理解的方式。从思想产生的角度，通过归纳的方法借助个别性判断的共同性可以上升并产生新的思想，通过演绎的方法在运用已有的思想观念进行推导的过程中可以产生新思想。因此，两种方法互为依存，成为人们推理中交互运用的方法，使人们思维过程出现两者不断交替的融合运用。

（2）分析与综合

分析与综合是思想推理中经常运用的两种方法，它们与归纳、演绎的方法相互结合与渗透，共同承担起进行信息处理与思想推理的任务。分析是将事物的整体进行要素与成分的分解，但不是简单地肢解整体的过程，而是要通过分解来析出事物的本质与特点，弃除那些非本质的、次要性质的成分，也是人们把握事物本质的基本方法。分析的起点是一定的思想观念或理论，是在一定思想理论指导下对事物进行条分缕析的解析。分析的方式可以从不同的角度进行，可以是结构性分析、功能性分析、定量分析、定性分析、因果性分析等。不同视角的分析会得出不同的结论与观点。无论采用哪种分析的方法，都要在一定的逻辑基础之上，进行逻辑分析。逻辑分析往往是借助于抽象思维按照逻辑原则对直观信息与感性经验进行本质性的分析，从而了解与掌握事物的成分、要素、功能、本质等等。对事物分析越是细致与透彻，人们对事物的各种规定性的掌握就越深入，就越能把握事物的本质，人的思想则变得更为深刻。而综合是将分析所掌握的有关事物的各种要素、成分、规定与原因等，再进行联结形成统一整体的过程，使分析得来的那些抽象、分离的部分重新组合与提升。综合是形成新的统一性与整体性的结果，它严格按照思维的逻辑、遵循事物内在成分的本质联系或结构规律整合而成。在人们的思维过程中，分析与综合是辩证统一、融为一体的两种方式。恩格斯曾经指出：思维不仅会把相互联系的要素整合为统一体，而且也将意识的对象分解成各个要素，没有分析就不可能有综合。在人的思想活动中，分析与综合是互为前提的方法，分析是在一定思想指导之下对事物各种规定性与具体各个方面的把握，而综合是将分析的各个方面进行整合而形成的整体性认识与理解。分析与综合都可以产生思想与观念的发展与变化，两者相互补充、相互作用，共同存在于思想活动过程的整个思维逻辑的链条之上，成为人们思想推理中必须运用的具体方法。

因此，思想的推理是通过归纳与演绎、分析与综合的方式进行，表现出逻辑性、间接性的特点。从现实的角度来看，这种逻辑性可能与现实事物发展变化的规律相契合，出现合理的推理；也可能出现不符合的情况，出现不合理的推理。当然，推理往往会受到人们习惯性逻辑思维的影响，而习惯性逻辑思维是由一定观念所主导而形成的思维方式与习惯。如果推理符合习惯性思维范式，人们就认为是合理的、正确的思维逻辑与方式，是正确的推理方式，相反则是不合理的，至少是在一定时间内无法接受的推理方式。不合理的推理会引发人们对自己推理的逻辑与过程的反思与更正。如果说推理的逻辑性决定人们思想的确定性，而推理的间接性则使思想具有不确定性，既可能使人们的思想背离现实发展的逻辑，也可能具有超越现实的形式与力量。这样，推理既有“思”的思辨性，又能够分化出开放性的“想”，使得“思”与“想”有机地结合起来形成复杂的思想过程与多元的思想成果。以概念为基本单元，以判断与推理的有机结合构成的思维活动，形成人们头脑中的思想活动方式，对思想产品的形成起到复杂的建构作用。埃德加·莫兰认为，任何思想认识都是通过选取有意义的材料、摒弃无意义的材料而形成，认为“分开和联合”[①]，“等级化和中心化”[②] 是基本的操作逻辑。所谓“分开”，就是对材料进行区别与分离；所谓“联合”就是材料的结合与同一化的过程；“等级化”就是要区分出主要的东西和次要的东西；“中心化”就是以主导概念为核心来进行有机地组织。这是对思想形成过程的另一种表述，分析实际上对应着分开，联合对应着综合，等级化对应着分析判断，中心化对应着推理的最终完成。

因此，从思想形式逻辑构成的角度来讲，概念是构成思想的基本元素，是通过判断、推理等思维活动的方式来实现对外部事物的反映、认识与理解，形成人们的思想运动与思想成果。由概念形成的语言与句子则是表达思想的方式或者成为思想的产品或结果。语言是由不同概念构成的思想，语言的交流就是思想的交流。即语言是概念外显活动的载体，而思维是概念内隐活动的方式，外在的语言交流与内

① ［法］埃德加·莫兰：《复杂性思想导论》，陈一壮译，华东师范大学出版社 2008 年版，第 4 页。

② ［法］埃德加·莫兰：《复杂性思想导论》，第 4 页。

在思维运动共同构成了人们思想活动与思想成果的两个不可分离的基本形式，两者协同建构，共同形成人们的思想王国。外部的语言交流需要思维活动同步支撑进行，同样，内部的思维活动也要借助于语言工具来抽象地进行。“思想、思维活动是一种语言操作运动过程，这是人类特有的语言思想思维形式。”[①] 思想的表达与思想的活动有机地结合在一起，构成人们日常思想建构的复杂方式，使“思想”具有了动态性建构的特征。

塞尔斯提出了“自然的逻辑空间”“理由的逻辑空间”的概念，认为自然的逻辑空间是可以通过归纳与演绎的逻辑手段来进行，经验成为依据；理由的逻辑空间则无法以此推断，因为涉及人们的意向性和目的性，它不是进行认识片断、状态的描述，而是“对某人所说的东西进行确证或能够进行确证”。[②] 尽管这是从认识论的角度提出的概念，但是应用到思想领域，确证就不是一种简单地证实与确认，而是包含着不同的理解与应然的成分，需要进行相应的澄清、确认与辩护。显然，理由的逻辑空间往往以一定价值观为导向的理解与确认。这样也就形成了自然逻辑所形成思想的确定性、规律性，以及理由逻辑所形成思想的理解性与多样性。在动态的思想活动当中，自然逻辑与理由逻辑交互产生影响与作用，形成人们思想的确定性与不确定性、规律性与非规律性统一的特征。

从辩证的角度来看，思想是人在实践活动过程中与现实之间对立统一发展的产物。黑格尔认为思想是理性自身运动的结果，是思想自身进行自我设定为是与否、肯定与否定的辩证运动的产物，新思想是相互矛盾思想的融合。马克思批判黑格尔的理性是无人身的理性，缺失可以设定自我的场所，没有与之相对立的对象，更没有与之进行合成的主体，成为自己颠来倒去的辩证法。马克思反对蒲鲁东只是借用了黑格尔的辩证法用语，其辩证运动只是划分出好与坏两面的机械运动，所形成的观念没有内在的生命力，认为：“观念既不能再把自己

---

① 赵言舟、王贤章、章德峰、卢士才：《思想学》，海潮出版社1998年版，第151页。

② S. Wilfrid, “Empiricism and the Philosophy of Mind”, *Knowledge, Mind, and the Given*, Hackett Publishing Company, 2000, p. xix.

设定为范畴，也不能再把自己分解为范畴。”① 马克思指出要坚持历史唯物主义的立场，要自始至终站在现实历史的基础之上，“不是从观念出发来解释实践，而是从物质实践出发来解释各种观念形态”②，个人现实关系的丰富决定精神上的丰富性，人们的意识、思想来自于改变环境的社会实践而不是理论上的演绎与头脑中自我意识的“怪影”。马克思认为要通过改变环境来消灭词语，从另一角度我们也可以这样理解，通过改变环境的实践来创制或生产新的词语与思想。“从实践活动的‘每次现实’和‘个别实现’来说，实践总是具体的思想获得现实性的过程；而从实践活动的‘总体性’和‘过程性’来说，实践又是人类所形成的全部思想获得现实性的过程。”③ 实践形成了人思想的具体现实性，形成了人们对思想的反思，使思想的逻辑层次得以跃进与提升，构成思想的内在运动，形成具有动态性、复杂性的思想。

### （五）“思想”的类型之分

思想不仅具有丰富的内涵，而且具有丰富的外延，表现为思想具有不同的层次类别与类型，不同类别的思想又具有不同的特征。具体如下：

1. 静态思想与动态思想

静态思想是人的精神世界，是人精神生产的产物，是人大脑根据自己所处的情景、通过一定的思维方式、运用相应语言表达的结果，是人在实践活动中将外在的社会现实纳入大脑之中，并与人的内在诉求结合进行加工创造的产物，表现为观念、理论。动态思想就是人们丰富的精神活动与过程，是人们将社会现实纳入精神世界的建构活动，受思维范式所主导、伴随着一定心理变化的复杂过程，是人们的语言、思维与内在需要在实践过程中共同建构的过程。静态思想与动

① 《马克思恩格斯选集》（第1卷），人民出版社2012年版，第226页。

② 《马克思恩格斯选集》（第1卷），人民出版社2012年版，第4页。

③ 孙正聿：《辩证法的实践基础》，《北大马克思主义研究》2012年第2辑，第21页。

态思想有机地结合在一起，静态思想既是动态思想的产物，也是动态思想的重要因素。

2. 非理性思想与理性思想

非理性思想亦称为感性思想。所谓非理性思想是感性思维的过程与结果，是指人们对外在事物的直观感受与直接性的反映，是外在事物对人的感官直接刺激所形成的感受、印象与观点，是一种不假思索的感官印象与直觉判断。表现为直接性、自发性与生动性。理性思想则是人们对外在事物通过思维手段进行相对间接性的反映与把握的产物，是人们在感性思想的基础之上对事物的本质进行深入性揭示的结果，是反复思考与多方求证而得出的结论。表现为间接性、全面性与深刻性。非理性思想与理性思想之间没有明显的边界，也不是简单的孤立存在与衔接，而是相互依存、相互转化，非理性思想包含有理性，而理性思想同样也不能缺失非理性。

3. 旧思想与新思想

旧思想是指在旧有的社会条件下产生的、经过一定历史积淀的思想，是已经或者曾经被人们所认同、接受与运用的思想，其突出的特点是陈旧性。新思想是在社会实践的过程中随着事物发展的进程而出现的与原来思想不同的思想，新思想是应对新问题而出现的思想，是在新的环境与现实中产生出来的新思想，是由外来文化引入的思想，是在解决现实问题时而出现的与旧思想完全不同的思想，其突出的特点是新颖性。旧思想与新思想只是相对而言，其皆具有适合其成长的环境与土壤，相互之间没有明显的现实分野，那种简单地以落后与先进来界定的做法，显然是行不通的。在现实中，旧思想与新思想往往处于一种纠缠交融的现时状态，形成复杂多样的意识形态。

4. 个体思想与群体思想

个体思想是个体在社会实践过程中大脑进行积极建构的过程与结果，是个体在实践过程中参与、体验、感悟、思考、想象等的过程与产物。个体思想的主要特点是个体性、私密性与复杂性。群体思想是指一定的社会群体所共同拥有的具有主导与优势地位的思想，是人们共同的社会活动所产生的精神产物，是在长期的社会实践活动中积淀而成的结果，是以某种共同利益与文化为纽带而联结起来的思想，是群体中大多数成员认同并接纳的思想。群体思想因群体层次的不同而不同，小到小众群体的小众思想，大到社会群体的社会思想，其主要的特点就是普遍性。群体思想一旦形成，就具有激励、协调、整合、形塑等功能，对其中的个体思想产生决定性的影响。当然，不同群体间必然会出现群体思想的碰撞与交融，其交融的结果取决于一定群体在整个社会中的地位与优势。个体思想与群体思想相互依存、相互影响、相互转化，群体思想规约个体思想，而个体思想表征群体思想、丰富群体思想，甚至在一定的情况下会成为群体思想。

5. 主流思想与非主流思想

主流思想，也称社会主导思想、主导性社会思想、主导思想、主导性思想。是指社会主流（主导）意识形态的思想，是代表着统治阶级与执政集团的治国方略与所倡导的价值观，是在社会中所极力推崇的、占绝对优势的思想，是代表统治阶级利益、具有合法性地位的思想。其主要特征是权威性。非主流思想，是与主流思想相对而言，是在社会中形成的局部的或者非主流群体的共同思想，其代表着非主流群体的价值观与共同的思想、行为、生活方式的选择。其主要特征为独特性。主流思想与非主流思想，也存在着相互影响与依存的现实状态，主流思想决定非主流思想，非主流思想对主流思想产生影响，如果非主流思想能够代表社会历史进步的发展方向，随着社会的发展进步，就一定能够转化为主流思想，被时代和社会所认同，成为主流思想所倡导的思想，而主流思想如果不能与时俱进，就可能在社会发展的历史进程中被淘汰，逐渐转化成非主流思想。在社会现实中，主流思想与非主流思想共同构成社会复杂多样的意识形态，而意识形态领域的博弈与竞争是群体利益相争的直接表现。

6. 现实思想与学术思想

现实思想是人们关于现实社会生活的认识、理解与看法，是人们对现实实践活动的思考、计划、打算、想法等过程与结果。其主要特征是现实性。我们可以根据内容或者领域进行相应的划分，可分为政治思想、经济思想、道德思想等等，现实思想还包括非理性思想与理性思想、个体思想与群体思想、主流思想与非主流思想等等。现实思想可以是个体零星的观点与想法，也可以是系统的观点与相关理论。学术思想是指不同学科体系的理论思想，诸如哲学、法学、经济学、社会学、政治学、伦理学等等，其把握了学科的一般性规律，形成了一定的原理与理论体系结构，具有一定的科学性与普遍性。现实思想与学术思想之间相互联系、促进与转化，现实思想为学术思想的进一步发展提供基础，学术思想为现实问题的解决提供原则、规律与方法的指导。

当然还有正确思想与错误思想之分。一般而言，正确思想应该是合规律性与合目的性的统一，也是真与善的统一，反之是错误思想，但正确思想与错误思想总是相对的，衡量标准也会因人、场域等不同而变化，在此不赘述。对思想进行类型的划分，只是把握思想的一种方式而已，也是进一步厘清思想外延的需要。

## 二　思想与认识

思想认识是我们经常运用的词语，因为思想与认识有相同之处，如两者都是人们的精神活动，都是大脑功能对外在反映与内在需求建构的结果；两者的对象具有一致性，都是人们所处的外在世界与自身的内在世界，都是在认识与创造属人世界过程中进一步对自我的认知、理解与把握。在现实层面上，两者都有界限，都会受到人们的认识水平与思想基础的限制，受到人们所处的时代与现实生活的局限；在可能层面上，两者都具有无限性，具有超越现实指向未来的可能性，但两者又明显不同，认识是求知的、“有用”的思想，思想包含认识所不具有的内容。认识无法包括人思想的全部，认识是思想，思想不全是认识。职是之故，有必要对思想与认识（的异同）予以辨析。

### （一）求知与非求知

认识活动是有意识的思想活动，是一种求知的思想过程，即认识是求知的思想。除此之外，思想还包括非求知的内容。

人们将认识活动分为感性认识与理性认识两个基本的认识阶段，它是一个要经历由浅入深、由此及彼、由表及里的不断学习、不断获取新知的过程，也会由量的积累发生达到质变的过程。认识活动需要知识的不断积累，需要知识的不断强化与应用才能得以深化，才能形成深度的认识或深刻的思想。只有人们的知识积累与相关的实践达到相当程度的时候才能做到触类旁通、融会贯通，才能如庖丁解牛游刃有余。认识是从探求与学习的层面去理解的思想活动，从这种角度看，认识的活动就是思想的活动，认识的发展就是思想的深化，所以人们常常将思想与认识结合一起，称之为思想认识。可见，思想被认为是对人的发展与现实问题解决有实质性作用的认识成果，是经过了必要的认识阶段反复锤炼而形成的具有质的特性的认识成果，而且他们注重的是经过实践检验的真理，注重实践在人们获得真知中的重要作用。这与他们对思想理解的视角有关，与他们注重将深思熟虑的思想应用于革命实践之中从而取得革命胜利的目标有着直接的联系，这种强烈改变现实的驱动与解决现实问题的迫切需求，使他们注重认识深化所形成的思想的指导作用与有用性。在他们看来，思想就是认识活动得来的深层次成果，是认识升华的产物，而不是简单的思想认识过程，更不是信马由缰的思想流动过程。

除了求知的认识，那些非求知的思想活动也是思想的有机组成部分。渴了想喝水，喝什么样的水，怎么样喝等等，这些与人们生存需要相关的想法，就只能是一种思想活动而不是认识活动，至少不是真正的认识活动。同样，人们在头脑之中进行的有关未来生活美景的想象与相关的筹划活动，也不是认识活动，这种思想的憧憬可以满足人们对未来向往的美好心境的需要，它可能根本无法改变现实境况，但对人们现实的心态无疑是一种调节，能够使人在精神的层面产生一种愉悦的满足感与幸福感，可能会舒缓人们紧张的神经系统，对人的身心健康有好处，这是一种基本层次的好处，那么更高层次的好处就是：有梦想，才可能有追求；有梦想的牵引，才使人有努力的方向与超越的可能，才能引发人们积极的认识活动。

### （二）有用性与无用性

从功利的角度来看，人的思想是有用的认识与无用思想的有机统一，是有意识的思想认识与无意识的思想意识的有机整合。

认识是追求有用性的思想活动，认识的目的就是为了能够更好地应用相关的知识，建构属人的世界。这种指向性会使人们有意识的、选择性地选取那些有用的知识或对象加以认识和理解，从而形成对有用思想的追求与强化运用，而那些与认识无涉或关系不大的思想活动与对象，往往被认为是无用的知识与思想。值得注意的是，无用的思想同样会左右人们的现实行为，只不过有用的思想是人们能够自觉地运用或者认为应该如何运用的思想认识，表现出一定的思维逻辑性与行为的强制性，在人的精神世界之中占据着主导性的地位，表现得更为显在；而无用的思想往往是在不经意间出现的想法、念头，具有一定的跳跃性甚至是非现实性，具有朦胧的、潜在的与不自觉的特征，可能会受到有用思想的压抑与排斥，也可能于一刹那间将有用思想的决定作用颠覆，或者因为情景的刺激使原来坚持的思想选择得以改变。在人们思想的深处可能会时常出现有用思想与无用思想之间的交锋与较量，会出现人们复杂的思想运动。无用的思想也是人们精神世界的有机组成部分甚至是更为重要的部分，是人们的本心世界。思想史和科学史告诉我们：无用之用有可能是大用。如果忽视这些所谓的“无用”，对它缺失应有的关照，往往造成我们对人们整体精神生活的片面理解，造成对人们思想世界不真实的了解与关照，自觉与不自觉地割裂了思维的辩证法，阻碍对思想发展的全面了解或整体把握。

### （三）追求正确与追求理解

认识往往是思想的理性活动，追求的是正确，但思想中还存在着追求交往对象认同与理解的目的。

认识活动更多与思考、反思密切相关，反思、反省都是一种再认识的再思与后思的过程，是人们社会化的一种重复与再强化，皆是为了获得先验综合性的认知与规律的把握，是为了总结经验、汲取教训，提高认知能力和认识的正确度；在这里，认识与想象的关系并不是十分密切，当然不是说想象与认识没有任何的关系，想象往往是人们认识基础之上的想象，康德曾指出：想象力具有双重的功能，一方面是它的复制功能，即它“必须从感官那里汲取自己形象的素材”①，是对现实所感之物在头脑中复制而得出的意象；一方面就是“创制”，即能动地创造出意象之间的新的关系与构造出新的意象。所以，想象往往很难彻底超越人们生活中所形成的意象基础。除了那种探求式的想象是认识活动的有机组成部分，是认识结果的一种预设与想象外，其他的想象可能只是一种本能的、无意识的想象，或不是求知的随着意识流动的、随意性的或刻意性的“想”。思想认识即认识往往因为其理性的本质具有深刻性，而思想的一闪念可能会出现认识的灵感，但更可能是思想对现实生活的一种游离，是人在现实中隐而不显的非现实活动，是在思想层面上的逍遥游，是对现实心理欲求替代补偿满足的方式和内在丰富精神世界的向往与表达，如鲁迅先生笔下的阿 Q，其精神胜利就是自己在想象中的胜利，而不是现实的胜利。这种精神胜利是一种对现实失败的替代补偿，尽管没有太多的倡导价值，但从人身心健康的角度无疑也是有益的，而且这样的精神胜利是出于人的一种本能行为，是自我防御机制启动与运用的表现。现实中的“酸葡萄效应”也是人们转移自我缺失痛苦、合理化现时状态、求得心理平衡的一种方式。得不到“葡萄”，我们就想“葡萄”是酸的肯定不好吃，这种缺失感就会得以弥补，失衡的心理就会得以平衡，即以想象的方式来求得现实心理上的满足与平衡，所以认识往往追求真与正确，思想则不一定追求真的，更不一定完全的正确。人们解决认识问题与思想问题的方式不同、目的有别，认识上的分歧要通过合理论证的方式来得以证明与解决，以接近真理、更加正确为目的；其他思想分歧与矛盾的解决是通过相互间的沟通交流来达成理解与共识。每个人的心理诉求不同、所关注的事物不同，内在的思想世界也会明显不同，其思想观点、思想视野、思想内容、思想方法、

---

① ［德］康德：《实用人类学》，邓晓芒译，上海人民出版社 2005 年版，第 55 页。

思想情感等都会有明显的差别。相互合作与彼此理解，是思想分歧与矛盾解决的主要方式。

**（四）规律性与流动性**

认识总是按照一定的思维逻辑去进行，是由表及里、由浅入深的发展过程，学习、探究、反复、思考等都是手段，具有规律性的运行特点，思想却表现出规律性与无规律性交织一起的流动性。

思想的流动是不依人的意志为转移的生命现象，是人们在现实生活中存在的常态，人们有时能够控制自己的思想，形成一种有意识的思想认识，有时有的思想意识就会无理由的自然而然地出现在大脑之中，是有意识与无意识交织在一起的复杂思想。人们会有意识地、聚精会神地思考问题，但也会出现神游天外、漫不经心的无意识遐想，构成思想流动的理性思想与非理性思想交织流变的过程。人的思想之中可能会有认识与理解事务的自觉性认识内容，也会有无意识与下意识的自然性内容，自觉性的认识内容往往呈现规律性的逻辑思路，自然性存在的内容往往不需要充足的理由，成为挥之不去萦绕于脑海的思想意识，在大脑之中随机地流动，甚至成为人为之苦恼的思想症结。人们内在的自我纠结一定是理性认识与非理性思想博弈产生的直接结果，没有思想的矛盾就不可能有思想理性的出现，但是理性思想的存在并不可能绝对排除非理性思想的存在。

**（五）证明性与掩饰性**

在社会层面，人们对有关的人与事进行有意识地了解、验证与考察以达到认知的目的，且会注重理性表达，有意识地掩饰内心的真实想法，形成合乎情理要求的外在表现。显然，思想表达的基础是人们对事物的认知，认识的证明性与思想表达的掩饰性有机地结合在一起，构成人们复杂的思想活动。

当人形成了一定的独立观念时，一些非理性的思想往往受到理性的压抑与限制，使之只能存乎于人们头脑之中不能示之于人的“隐私”，这个隐秘地带往往是人不想、不愿意甚至不敢与他人分享的思想内容，是用心呵护、自我独享、竭力掩饰的精神一隅，因为思想着的人会根据一定的思想观念去考量现实的社会关系与处境，考虑自己在他人心目中的印象与地位，考虑如何恰当地处理与他人之间的关系，考虑现实行为可能出现的结果，从而以功利性的原则做出现实的理性选择。有意识地掩饰自己真实的想法，是基于人们对现实情景和关系的认知与判断，使得人们理性表达的思想未必就是内心真实的想法，所以自古就有“知人知面不知心，画龙画虎难画人”“日久见人心”“人心隔肚皮”等说法，来说明人心之难测、人思想之复杂难以把握。这里的“人心”实际上就是指人的思想。在现实中，人们反对那种以貌取人的不看本质只看表象的不理性做法，要求人们不能只凭一时而要长时间地了解与认识他人。要想真正了解一个人，就是要了解他的思想，但对他者思想的把握只能通过对其外在的行为与表达的观点进行了解、分析与把握，不可能深入到他者的思想深处去直接把握，所以把握他人的思想需要通过对他的外在表现进行较长时间的观察与把握，才能够做到基本上的了解，甚至可以有意识地通过一定情境的设定来进行了解与把握，来印证原来的印象与看法。孔子就充分认识到人心的把握要比预测天象困难得多，认为：自然界的变化往往表现出规律性的周期变化，如春夏秋冬四季轮回、白昼与黑夜的交替等，可以被人们所把握，但是人的内心与外在表现却存在着极为不一致的复杂现象。他通过九种情景的设定来有意识地、主动地了解认识人的真实思想与本质，这就是有名的识人“九征”法：“君子远使之而观其忠，近使之而观其敬，烦使之而观其能，卒然问焉而观其知，急与之期而观其信，委之以财而观其仁，告之以危而观其节，醉之以酒而观其则，杂之以处而观其色。”① 让其远离权力中心而来考察他是否保有忠心，让其待在权力身边做事来观察其是否能够保持应有的尊敬与礼仪要求，给其施加很多纷杂的事务来考察他的工作能力，以突然提问的方式观察他的应变能力与心智水平，设定仓促的约定而考察其守信的程度，安排他管理财物来看

① 《庄子·杂篇·列御寇》，中华书局2010年版，第559页。

他是否廉洁，将危难告诉他来观察其是否能够持守应有的节操，以让其喝醉酒的方式来观察其酒后的仪态，用男女混杂相处的方式来观察其对待女色的态度。后来诸葛亮在此基础上形成了识人的“七观法”，即观志识人、穷辞观变、问计观识、告难观勇、醉酒观性、以利观廉、以事观信，诸葛亮尽管被公认为料事如神、善于知人识人，但还是犯了用人不当的重要错误，致使战略重地街亭丢失，造成出师不利的不良后果。无论是“九征法”，还是“七观法”，只能是在特定情景设定之下来对人进行考察与认知，是从政治与管理的角度来进行的人才考察方式，而不是从生命全息观察的角度，所以不可能再现现实中全部的生活情景，只能大致上、基本上来了解拟任用之人才的思想与能力，做基础性的判断。究其原因，在于存乎于头脑中的思想远比外在所表达的思想与表现的行为要复杂得多，换句话说，人的思想之所以难以把握、难以揣测，就是因为思想具有复杂性与掩饰性的特征。人们往往只是理性地将他人能够接受的思想观念或者对自己有利的思想呈现在他人的面前，而将那些认为对自己不利的思想留存于心，所谓的心口两样、口是心非、阳奉阴违、言行不一等等，是生活中常会出现的现象，表现出人们所表达或呈现的思想与内在思想动机的不相符，这是人们有意识掩饰的结果。

总之，思想的内涵比认识的内涵要丰富，它既包括认知的内容，也包括认识之外的内容，是人之独有的世界——与物质世界相区别的精神世界。

## 三　小结

思想是人心中的意识活动或思维活动及结果，是内隐于大脑中的“符号反应”，是在实践基础之上大脑对外界事物的反映和构建，是人的精神世界之所在。本文研究的“思想”不是静态的、已存的观点与理论，而是现实生活中实践着的人的“思想”，是人们正在思想着的思想，它是动态的、建构的、直接指导着人们生活与实践的、鲜活的思想。

思想是人有别于动物的本质性特征，它使人具有了主观建构的能力，使人不仅生活于物质世界，也生活在丰富的精神世界之中，它使人类具有自我超越、发挥主体作用的潜在素质与能力。思想是人的主体性的确认与表现，思想形成了人的伟大，帕斯卡尔将人形容为在宇宙中微不足道的一根苇草，但他又认为人不是一般的苇草，而是“能思想的苇草”①。正是能够思想，才使人具有了尊严、变得高贵，才使人拥有了囊括宇宙的雄心与魅力。但不同人的思想又有本质的不同，人可以因为思想而伟大，也可以因为思想而卑贱，“思想由于它的本性是何等得伟大啊！思想又由于它的缺点是何等得卑贱啊”②。思想可以使人的精神世界变得丰富充盈，生活于有意义的充满正向能量的存在之中；也可能使人的精神世界变得贫瘠荒芜，生活于悲苦惨淡的现实之中。对动态思想的认知与把握，是把握人本质的需要，是认识自我的一种重要途径与方式。思想不仅有内在的逻辑性形成的规律，而且是知、情、意内在结构有机运动的过程与产物，它以人的认识为基础，包含了无意识与非理性等思想内容，“思想具有倾向于必然性、倾向于偶然性和倾向于可能性这样三种典型形态，体现在认识论、价值论、历史观、人生观等不同领域。这三种倾向性思想形态各自在不同的历史时空中占据主导，体现出一定的历史性变迁”③。这是从历史发展的角度对思想形态特征的一种把握，实际上，不仅在历史时空中思想体现这样的形态，现实的动态思想也体现这种状态。正是因为人的思想是经验与超验的有机结合、思想的历史积淀与生活现实的有机交织、思想的理性与非理性因素的交互存在，使得人们的思想出现必然性、偶然性与可能性三种形态，成为面向未来的动态性、开放性与不确定性的特殊存在。思想的流动现象是现实的常态，思想的掩饰性昭示思想的复杂性，追求相互之间的合作与理解是人与人思想交流与沟通的目的。

思想之于个人，其正向的功能主要表现为能够反观自身、反思现实、总结经验、吸取教训；能够思想引领、指导人的行动实践，使人

① ［法］帕斯卡尔：《思想录》，何兆武译，商务印书馆 1985 年版，第 157 页。
② ［法］帕斯卡尔：《思想录》，第 164 页。
③ 罗骞：《历史唯物主义：一种可能性思想》，《哲学研究》2010 年第 6 期。

具有前进的方向与动力，使人具有自我超越与价值实现的存在感。但人的思想是复杂多样的，不同的人由于人生际遇与个人发展等不同而拥有不同的思想，具有不同的价值观、人生观与世界观，必然有不同的思想选择。因此，在现实中，不同的思想会导引不同的行动实践。同样，不同的实践会影响乃至形成人们不同的思想，思想与实践则成为现实中相伴而生、相行而长的、不可分离的两种事物或一对范畴。实践产生思想，思想又会指导与深化实践，而在实践的过程中又会出现新思想的产生与原有思想的进一步发展等等。

思想之于社会，其主要的正向功能为改变现实、推动与引领社会行动、促进社会发展，尤其是意识形态中的主导性社会思想，会直接影响到制度的选择、政策的确立、法律的规定、社会的进步与和谐。社会的发展又在发展的过程中产生相应的思想与选择一定的思想，社会生活的展开实际上就是不同思想碰撞、博弈与融合的复杂的动态过程。思想对社会发展的作用以及社会发展对思想的影响作用是每一个历史唯物主义者都承认的事实。任何国家、民族，都会注重自己国家、民族的思想建设与文化建构，注重社会共识的达成与民族精神的塑造，这是社会发展的基础与前提，是形成国家、民族凝聚力与向心力的重要工具，是形成国家实力与竞争力的根本手段。

# 第二章　思想的功能

“思想的力量是无穷的”，这已成为人们的习惯话语。相比物质的力量，思想的力量是一种无形的、具有巨大潜质的能量，可以通过精神唤醒、思想教化与人心凝聚等多种方式形成强大的精神动源，进而可以转化为现实的物质力量，造成人们现实生活的改变乃至历史进程的改变。“至柔者至刚”则是对思想力量的最好诠释。弥尔顿在诗歌中描写过持守一种思想而产生的作用，其可以不因地点与时间而变更，即使在黑暗的地狱之中内心也能保持天堂般的愉悦、充满天堂般的光明，“思想全凭自己，它本身可以使天堂变地狱，也可以使地狱变天堂”①，这就是思想独有的精神力量产生的现实效果。不同的思想视角必然产生不同的现实理解与思想感受。对个体而言，思想的力量可以于无声处、于无形中转化为个体明显可见的精神风貌与现实行动，使人产生真实的变化。思想的闪电可能于一刹那间让人顿悟与脱胎换骨，也可能使人跌入万劫不复的深渊；思想的力量既可以成为社会发展的强劲推力，也可能成为社会退行与固化状态的根本原因。思想的力量源于思想的功能，当然是实践基础上的思想功能，是思想功能充分发挥的必然结果。

思想功能就是思想的作用与效能，包括对人自我与外在事物两个向度上的作用与能力。通常表现在思想对自身的内在调节上，表现在对现实处境情景的观察考量上，表现在对自我的对象性事物的认识理解与规律的把握以及人的现实行动的选择上，是现实实践活动推进的

① ［英］弥尔顿：《失乐园》，金发燊译，湖南人民出版社1987年版，第12页。

精神动力。思想功能的实质，在于认识客观世界，改造主观世界，为实践活动提供方向指引、精神动力与计划方案，从而促使人们能够有效地达致思想的预期目标。对思想功能的了解与掌握，有利于我们更好地认识、利用与发挥思想的功能，使之产生巨大的思想力量，以摆脱现实生活中物役的羁绊与思想的窠臼，使人们真实地实现自我的超越与发展、精神的充盈与内在的幸福，形成人与自我、人与社会、人与自然的和谐发展。

## 一 导引功能

### （一）导引功能的基础

导引的基本含义是指导与引领。人是“观念的总体”①，是有思想的社会存在，人的生命活动是在一定的思想观念导引之下的“有意识的生命活动”②。思想对“有意识的生命活动”的导引，是指思想通过为人们提供行动目标，规划行动蓝图，确定行动的范围、边界和选择、判断的原则来指导与引领人们的个体生活与社会实践。显然，这是由思想形成的特点与所具有的超越性所决定的。

思想建构的过程是一个复杂性的过程，它充满了矛盾、充满冲突、充满了多样性与复杂性，思想因则有不同的样态。不管思想怎样复杂多样，引发什么样的情绪波动、心理变化、观念冲突和内在矛盾，我们在历史和现实中看到，最终总会有一种机制促使大脑中形成一种主导性的思想，影响、制约、支配人们作出现实的选择与判断。因此，人的思想不是简单的、自发性的、自我生成的产物，而是外界环境影响与导入后的信息在大脑中积极建构的结果，有着自我内在的生成机制。我们把这个机制看作思想的导引功能的基础，它的核心是“合理性”和“价值性”。一般而言，一个人会依据经验、知识结构和认知水平，接受自己认为是“合理性”的某种思想，会以“合理性”理解为前提，去加工处理外界传递给自己的信息。一个社会则依

① 《马克思恩格斯文集》（第1卷），人民出版社2009年版，第188页。

② 《马克思恩格斯文集》（第1卷），人民出版社2009年版，第162页。

据历史经验、文化传统和认识水平，借鉴吸收外来文化，有选择性地建构或形成自己的思想观念体系，以“合理性”的观念体系为前提，去加工处理社会各类事物传递出来的复杂信息。或许所认识、接受的“合理性”实际上并不合理，但人们认为它是合理的，并发自内心地追求它。也就是说不管实际上是否合理，“合理性”是思想运行的中心。而人们所以认为自己的认识或接受赞同的思想是合理的，与他们的价值取向有着直接联系，即与意义、好坏、苦乐、效用相联系。

思想的导引功能是思想存在的理由，是思想的本性，“有意识的生命活动”的本性。思想支配行为，具有指示与导向人们行为的主导性，具有根据现实推测未来的预测性，具有对现实事物美好构想与筹划的超越性。正是主导性、预测性与超越性的特点，使思想能够为人们从事现实活动提供具体指导，为人们从事现实行为提供种种合理性的证明，为未来发展创造种种可能，能够为人们确立追求的理想目标并将之变为现实的可供选择的实践模式、行动方案。思想因此成为个人与社会走向未来的先导性力量。

### （二）个体思想的导引功能

个体思想是个体大脑进行信息建构与生产的过程与产物，是社会思想在个体大脑中部分地、片断地生成。思想控制着人们的现实生活，主宰着人们的行动实践。思想是思想着的人的思想，“思想观念具有抽象性、超越性、反省性，而思想着的人又是具体的、实在的、可欲的”①。在现实中，思想着的人不可避免地成为一种“双重结构”的存在，表现为：人的肉体是具体的、有限的，有着本能的欲望、冲动与需求；人的思想则是抽象的、无限性的，有着对未来无限的憧憬。思想着的人在满足自己现实的肉体需要、解决现实存在的问题时，需要思想为之进行相应的筹划；思想着的人在不能满足自身肉体需要，或解决现实问题遇到挫折时，需要思想进行相应的调适以缓解焦虑释放的心理压力，或者更正原来的预期目标与计划，或者对现实

① 武经伟、洪晓丽等：《也谈“思想之维”——“认识你自己”命题的历史哲学沉思》，《思想战线》2013 年第 4 期。

的行为做出相应的调整与改变。思想对未来的憧憬又使得人们不会满足现实、安于现状，总是趋向美好与完满，总是会有种种面向未来无限敞开的想象与展望。因此，思想总会为人们提供一定的目标，牵引着人们前进，使人具有方向感、未来的预期与希望。这个目标有长远与近期之分、直接与间接之别、普遍性与个别性的不同，有个体之间的差异，会出现层次不同的目标体系或系统。因此，思想的目标往往不是单一性的目标，而是层次不同的目标体系或系统，对人们的行为与实践产生一定的牵引力量，将人们导向实现未来目标的实践活动之中，使人们思想上有目标、行动上有方向。当然如果人们思想中缺失目标，则会在现实中缺失目标感与行动的思路方向，出现随意散漫甚至无所事事的现实状态。

从个体的角度来看，思想的导引功能表现为，思想具有支配与引领个体行为的作用。杜威认为：一切有意识的行为都是含有思想的作用，思想是应付环境的工具。这种工具性作用，实际上就是强调了思想对行为的指导作用，也是思想具有的基本性功能。个体的思想观念总会体现个体的人生观、价值观与世界观，指导个体现实的行为选择与人生追求。马克思在《1844 年经济学哲学手稿》中尖锐地指出："忧心忡忡的、贫穷的人对最美丽的景色都没有什么感觉；经营矿物的商人只看到矿物的商业价值，而看不到矿物的美和独特性；他没有矿物学的感觉。"① 正是因为贫穷的人头脑中思考的都是如何满足温饱的问题，所以尽管置身美景之中也会熟视无睹；贩卖矿物的商人只是想着如何赚取更多的金钱，这种"金钱至上"的思想使他只会关注矿物实现最大利润的商品价值，不会去感受与欣赏矿物的美。人们的思想观念不同，在现实中所关注的问题不同，自我感受与审美自然不同，其追求与行为也会有明显差别。

1. 形成信念与目标的导向

人总会立足现实指向未来，具有不满足而需要超越现实的本性，思想观念尤其是信仰会成为牵引人们追求与超越现实的强大内驱力

① 《马克思恩格斯文集》（第 1 卷），人民出版社 2009 年版，第 192 页。

量。个体的思想观念及信仰一旦形成，会保持相对的稳定性，形成一定的看待问题的视角与思维定势，并将外界的一切纳入主观世界进行构建与解读。出现由这种思想指导之下的自觉性行为，尤其当这种思想变成个人的理想与信仰之时，思想对行为的导引具有决定性作用与绝对支配性地位。法国历史学家库朗热认为："没有什么比信仰更能影响心灵的了，信仰是我们思想的产物，但我们不能随心所欲地处置它。它出自于人，而我们却以它为神。它是我们自身力量的反映，但它却比我们更有威力。人固然可以降服自然，但却总是他自己思想的奴隶。"① 人的行动总是受自我思想观念的指导与支配，人是"自己思想的奴隶"所表达的，正是人对思想观念尤其是信仰的高度遵从。因为理想信念是构成人们思想观念的核心要素，而信仰是信念的核心与最高形式，是人们高度遵从的人生理想，是思想的灵魂，具有神圣的决定性地位和影响心灵的强大威力，是思想力量的重要源泉。

有不同的信仰就会具有不同的人生目标与观念，不同的人生态度与追求，不同的现实处理方式。坚定的信仰所产生的导向作用往往具有决定性，使人目标明确、意志坚强、选择坚决、行为笃定。泰戈尔指出："为理想、为祖国、为人性的善而生活的人，生命具有广阔的意义。"② 他认为这种人看待痛苦与享受的视角与常人明显不同，他们没有仅从自我的角度看待问题，而是从道德的角度去看待与处理问题，将自我置于更为广阔的视域之中，追求自我价值的实现，他们"可以避开享乐去企求痛苦代替，死亡本身由于赋予生命一种更高的价值而受到欢迎"③。因为这种"善"的立场、崇高的理想与道义的追求，使得人们愿意做出常人无法做出与理解的现实选择，心甘情愿地知难而上甚至是赴汤蹈火、视死如归，这就是理想信仰所赋予的内在道德力量与驱动力。这种思想的力量，使之可以承受常人所无法承

① ［法］库朗热：《古代城邦》，谭立铸译，华东师范大学出版社 2006 年版，第 113 页。

② ［印度］罗宾德拉纳特·泰戈尔：《人生的亲证》，宫静译，商务印书馆 2011 年版，第 35 页。

③ ［印度］罗宾德拉纳特·泰戈尔：《人生的亲证》，第 35 页。

受的痛苦，面对常人所无法面对的严酷现实。那种安贫乐道、舍生取义的坚守，碧血丹心的慷慨，流血自我而始的豪迈，视自由的追求高于生命与爱情的决绝，都是理想与信念所带来的巨大精神力量使然，能够让人们在人生抉择的关键时刻保持应有的理性，作出从容坚定的选择。同样，当人的信念与理想是实现一种具有破坏性的目标时，也会因为“恶”的立场和目标的实现而不顾一切地选择破坏性的行为甚至选择自我毁灭的惨烈结局。当然，不排除现实中有不是因为信仰与理想，而是因为一时冲动的行为选择，但透过这样的现象实际上可以追溯到思想深处的观念问题，如弗洛伊德所认为的被压抑“本我”能量的释放。

2. 获取个体存在感

自我存在感是人们对自我存在的感觉与认知。思想直接决定个体自我的存在感，给出自我安身立命的理由与自我存在的价值。兰德曼说：“人寻求的那些可以理解人自身存在的概念，对人自身存在的自我实现起着决定性作用。人类关于自身的不同观念成了引导和形成人自己的理想。”[①] 兰德曼是对的，然而我们却不能因此停留在概念、观念本身。思想之能直接决定个体存在感的获取，以及人对象性存在为前提。人对自我存在的认知与理解，不仅是一种自我感知，更是在人群之中，从与他人的交往之中发现与了解自我，是从他人的思想观点交流中发现的“镜中我”。马克思认为：“人对自身的任何关系，只有通过人对他人的关系才得到实现和表现。”[②] 正是因为人、人的思想本身这种对象性、现实可感性的存在方式，才使得个体思想具备了获取存在感的内在机制，即个体主动寻求那些关乎自我存在的思想观念，选取、吸收并强化它们，形成包含着他人观念投射的自我意识。因此，个体存在感不是自我孤独的感觉，而是在与他人的交互关系之中产生的对自我认知与理解，是个体思想中自我认知与外界影响交互作用的结果。

不同的自我存在感会使人们有意识、有选择地接受不同思想的影

① ［德］兰德曼：《哲学人类学》，阎嘉译，贵州人民出版社 1988 年版，第 10 页。

② 《马克思恩格斯文集》（第 1 卷），人民出版社 2009 年版，第 164 页。

响，同时会在现实中产生或者强化相应的思想观念。同一种思想，具有不同自我存在感的人会有不同的解读，接受不同的思想能量。自我存在感具有积极与消极之分。积极的自我存在感，往往会使个体对那些充满正向能量的思想产生内在的共鸣，形成积极看待问题的视角，产生积极向上的自我认同与思想观念，具有明显的归属感与安全感；消极的自我存在感，会使个体关注那些具有负向能量的思想观念，且将现实遇到的问题纳入消极解读的思想范式之中，缺失归属感与安全感，相反会有挫败感与孤独感。当人具有积极的存在感与向上的思想观念，就会确立对自我发展有积极意义的目标，形成正向态度，思想外化的结果则是个体产生与出现建设性行为；相反，则产生非建设性甚至是破坏性的行为。

存在感的不同，主要来源于个体成长经历与环境的影响。个体成长过程中的重要事件会引起思想的显著变动甚至是颠覆性的改变，而成长环境中他人的思想观念会对个体产生不同程度的影响，这都会直接形成甚至改写个体的自我存在感，尤其是处于婴幼儿期与青少年期，成长具体环境中他人的思想与行为对个体存在感的形成与发展往往产生决定性的影响。马克思认为："人不仅通过思维，而且以全部感觉在对象世界中肯定自己。"① 正是因为人的这种对象性的、现实可感的存在方式，使得个体能够在与外界的交往之中产生与获得一定的存在感、形成与强化对自我的认知与解读。因此，存在感的获得是个体思想中自我认知与外界影响共同作用的现实结果，不仅决定个体对自己的评价与认知，而且直接影响个体对自己未来的期望与自我价值实现的渴望程度，形成人生存在的意义感与价值感，形成相应的人生观与价值观，出现相应的行为与追求。

3. 思想指导的选择

思想对行为的指导贯穿于人的整个生命历程，它通过不断设定和修正行为目标、分析判断现实情景、预期可能的结果等思想活动来指导与引领人的行为活动。

---

① 《马克思恩格斯文集》（第 1 卷），人民出版社 2009 年版，第 191 页。

（1）思想对行为的指导

思想对行为的指导过程就是思想通过指导行为来不断实现思想目标的过程，如果将这一过程进行具体分解可以分为以下几个步骤或环节：第一步，要明确行为的价值与意义，即我为什么要去做的问题，去行动有什么样的意义、对自己有什么益处，这种行为理由的寻求是思想指导行为的前提与基础；第二步，解决了行为的价值问题，就开始解决如何行为的问题，即我要怎么做，这也是思想所赋予的，为什么选择这样的方式而不选择其他方式？各种方法与不同行为所存在的利弊，要形成什么样的方案，需要注意什么问题等等，这是有关行为的方式方法的选择问题，或者说是行动方案的形成过程；第三步，真实行动过程，在选用了一定的方法行动时，在应对各种影响因素时，仍然需要思想寻求判断与修正应对方案，来不断根据实际情况在行动中进行思想与行为的调整，在调整过程中选取合适的行动方式。第四步，行动结束后，思想会对行动的过程、结果等进行回顾与反思，或者会进一步强化思想，或者产生新的思想与新的行动。当然思想对行为的指导过程往往并不是完全严格按照这四个步骤进行，可能在第一个步骤之中因为对行动的意义论证得不充分或者认为不合理，就可能使行为搁浅，但只要有了行动总是会涵盖这样的一些规定与环节。思想指导行为，而行为的结果可能引发新的思想，或者引发人们对现实问题或未来发展走向的进一步思考，或者引发其对行为甚至是对自己的思想进行反思，形成一种较为复杂的思想与行为交互作用的过程。但无论这样的过程有多复杂，个体思想对行为的指导一直遵循价值目标为导向、追求最佳效果的原则。

因此，思想支配行为的过程，是思想的过程也是行为的过程，边思想边行为往往是现实存在的常态，有时人们根本无法区分是思想支配行为，还是行为引发思想，因为二者是有机地结合在一起、共生共存的生命活动。其中，思想总是会支配、指导与调整着行动，行动总是与思想的变化相伴随；思想总是产生一定的原则与标准，现实的行为即会据此选择的结果。思想的坚定会表现出行为的坚持与执着，思想的举棋不定往往也会表现出行为的迟疑不决。但不可否认的是，行动很难完全展现思想的全部内容与活动过程。思想往往呈现复杂化而行为可能只是思想矛盾运动过程或结果之后的现实选择，或者是思想矛盾的偶然外显，形成复杂性思想与简单性行为的结合。行为只是思想的表征，往往是思想活动过程的外在表现，甚至只是思想活动结果的载体。

（2）思想的建构

思想对行为的支配地位与作用离不开思想的建构，行为的过程与结果又会直接影响思想的建构。建构的过程是个体从实践的需要出发进行信息选择的过程，是由思想主体、思想对象与思想方式三者矛盾运动所构成的过程。即思想是以主体建构的方式来进行的，体现出明显的主体性特点，是主体在原有的思想知识积淀基础上按一定的思想方式进行加工生产的过程。“加工生产”是对过去经验的理性总结和提升。胡适认为：“经验是向前的，不是回想的；是推理的，不是完全堆积的；是主动的，不是静止的，也不是被动的；是创造的思想活动，不是细碎的记忆账簿。”[①] 正是因为经验是对过去发生事情的有效总结，而不是细节堆积的记忆账簿，所以，经验形成的过程也是经验不断被条理化、逻辑化的理性提升过程，人们将经历与记忆沉淀为个体思想中把握现实规律与态势的有机组成部分，使之成为可以推测未来的思想基础，使人可以具有先见之明。因为经验是主体把握的、在实践中被检验的、较为成熟的思想，具有面向未来敞开性特点，从而引导人们能够从事有选择的行为。主体的思想方式是在实践中逐渐形成的、具有一定逻辑与结构的模式，在一定程度上呈现了思想活动的规律与认知理解的内在必然联系，具有将外来零散的感性信息与所习得获取的知识、观念、信息有机融合建立成有序化结构的能力。正是因为思想方式具有逻辑与结构的建构功能，才能够“加工生产”形成新的思想，进而对现实行为起到积极指导、引领与调整的作用，使得思想具有了超前性、预测性与反思性的特点，思想对行动的实施具有了计划性与调整性，对现实行为起到积极的指导、引领与调整的

① 胡适：《胡适文存》（一集），上海科学技术文献出版社 2015 年版，第 240 页。

作用；也正是因为思想是个体主体建构的过程与结果，使得思想具有明显的选择性特点。人总是根据自己的固有思想、内在偏好、现实的利害关系、需要等来对外在的事物进行有选择性的能动建构。这种选择性是在功利性原则的基础上，由个体的选择能力与思想基础所决定。人们总会对自己感兴趣的、喜欢的、有利的事情进行主动性地选择，相反会忽视甚至是无视那些自己不感兴趣与不利的事情。爱好体育的个体可能只关注体育信息，对现实中发生的各种体育信息都很敏感，平时喜欢与人交流的往往也是这些内容，而对与体育无关的其他信息的关注度低。

思想的选择建构以体现与确认人的本质力量为基础，以增强人的本质力量为目的，以个体的观念、感觉与好恶为出发点进行主动选择思想对象。正如马克思所言："只有音乐才激起人的音乐感；对于没有音乐感的耳朵来说，最美的音乐也毫无意义，不是对象，因为我的对象只能是我的一种本质力量的确证，就是说，它只能像我的本质力量作为一种主体能力自为地存在着那样才对我而存在，因为任何一个对象对我的意义（它只是对那个与它相适应的感觉来说才有意义）恰好都以我的感觉所及的程度为限。"① 思想的选择性建构也是以个体选择的能力与主体性需要所决定。不同的选择建构会产生不同的思想，相应会伴随有不同的行为发生，这是思想的指导功能发挥的必然。

### （三）社会思想的引导功能

从社会的角度来讲，思想的导引功能主要是指主导性社会思想对民众思想的指导与引领的作用。所谓的主导性思想，用马克思、恩格斯的话语表达就是"占统治地位的思想"②，是社会上"占统治地位的精神力量"③，是主流的社会意识形态。马克思、恩格斯曾从经济基础与意识形态关系的角度将意识形态形式划分了三个不同层次：一

① 《马克思恩格斯文集》（第1卷），人民出版社2009年版，第191页。
② 《马克思恩格斯选集》（第1卷），人民出版社2012年版，第178页。
③ 《马克思恩格斯选集》（第1卷），人民出版社2012年版，第178页。

是与经济基础关系密切，直接反映政治上层建筑的政治思想、法律思想，即核心层次；二是与经济基础关系不太密切，但对人们影响较大的道德与艺术形式，即中间层次；三是与经济基础相去甚远的哲学与宗教两种形式，为最外层次。政治思想与法律思想是主导思想的核心，是最能彰显统治阶级利益的思想，是统治阶级物质关系的思想表达形式。统治阶级充分发挥主流社会意识形态的功能，以普遍性的思想引导、思想合法地位的设定等多种方式来构筑主流意识形态高地，形成强大的社会舆论氛围，实现统一民众思想、达成社会共识、维护社会稳定的目的。主导性社会思想对民众思想的指导与引领往往占据绝对的现实优势甚至起决定性的作用，因为其代表着统治阶级的利益与意志，是统治阶级进行统治的思想武器，具有绝对的话语优势，可以通过相应制度的设定、法律政策的制定、主流媒体的传播、学校教育等等多种形式来形成强大的社会舆论声势，来建构思想工作体系与队伍，强化主导思想的世俗化，发挥教化功能，从而将主导思想转化为个人的追求、信仰与现实行动，实现思想的统一与合力的最大化。

1. 合法性优势的导引

与其他社会思想相比，主导性思想不仅以合理性的形态得以出现，而且具有合法性的地位，这种合理合法的优势使之对民众的思想具有决定性的影响作用。主导思想的合法性是政治与法律制度设定的结果，该设定使某种思想成为大众思想与行为的准绳，具有养成人们遵从意识与习惯的功能。我国传统社会实行“学而优则仕”的科举制度，就是以主导性社会思想导引年轻学子的一种制度的设定。科举考试的内容为四书五经，它使主导性思想为年轻学子牢记于心、外化于行成为可能。执着追求功名的年轻人就此可以“两耳不闻窗外事，一心只读圣贤书”，甚至忍受生活的种种磨难而痴心不改。以考试为强化方式与手段，以功名加利禄为个人目标的设定，增强了这些年轻人考取功名的内在动力，规定了他们的人生轨迹与追求，在其功成名就之时就已经具备了很好的思想基础。这实质上是具有激励机制的有效的思想导引，是保持君主官僚体制思想高度统一的有效方式，是君主制度能够保持长久的原因之一，尽管朝代更迭，思想根基却是丰厚的，儒家思想的主导性地位因此经久而不衰。

主导思想的合法性地位，使其在现实中的合理性更具有被认同的基础，使其在现实的推行之中具有更加顺畅的渠道与载体优势。那些符合主导思想的其他社会思想可以具有生存与发展的空间，成为丰富主导性思想的内容与有益的补充；那些与之不符的社会思想则不具有合法性的地位，被意识形态部门或系统进行排斥、声讨、批判、打击甚至封杀，以此来限制与取消其对民众的思想影响与危害。我国传统社会的主流意识形态就是以儒家思想为主线，吸纳了道、释等多方有益于统治需求的思想内容，来构建君主专制的思想上层建筑。而对那些可能危害到君主统治的思想实行“文字狱”，以严酷刑罚的极端方式来打击与排除异己分子与思想。彰显、保护与丰富主导性思想，保证主导性思想的社会影响力，巩固其在社会意识形态领域的合法性地位，形成旗帜鲜明的主流意识形态立场，形成强大的社会舆论攻势，着力建构主次分别的社会思想体系，这是统治阶级用来笼络与统治人心的基本途径，也是专门的意识形态部门的责任与使命。以合法性地位强化主导性思想对人们的思想和行为指导与统一的力度，实现统治阶级所设定的社会理想与目标。这种合法性使得主导性思想的现实导引拥有绝对的权威优势，成为现实中人们所必须遵从的思想。

2. 合理性认同基础的导引

统治阶级除了通过合法性赋予主导思想明显优于其他社会思想的合理性的方式，以代表民众普遍利益的方式，以一种真理的表现形式，使主导思想在现实中获得至高无上的地位，增强其在社会引领功能，形成民众的普遍性认同。当然，其他社会思想也都会竭力以合理性的证明来对民众思想进行引导，来争取获得主导性社会地位的机会。

马克思、恩格斯曾经分析并证明了统治阶级将主导思想获得统治地位所经常运用的三种方式，体现了思想合理性地位取得的规律与统治阶级主导思想形成过程规律的把握。第一种方式，是将统治阶级的主导思想与进行统治的个人进行有效的分离，给人造成不是统治者而是由这些思想（其中许多在马恩看来是幻想）来进行统治与自我规定的历史假象。第二种方式，是充分利用占统治地位思想之间的联系来建立统治思想的内在秩序，将这些思想界定为“概念的自我规定”，是思想自我形成的产物，是自洽的、合理的、正确的。第三种方式，是将这些特有的“概念”变成是某个人物，尤其是在历史上被崇拜的有代表性人物诸如哲学家、意识形态家的自我意识，来增强权威性。这三种方式是统治阶级让民众认同思想合理性的惯常方法，我们将其概括为普遍性与抽象性的方式、建构思想秩序的方式和增强思想权威的方式。

（1）普遍性与抽象性的方式

将统治者与主导思想分割开来，使主导思想能够保持相对的独立性，具有普遍性与抽象性的特征，使之具有指导、引领与统一民众思想，维护既得利益的工具功能。正如马克思、恩格斯所言的“赋予自己的思想以普遍性的形式，把它们描绘成唯一合乎理性的、有普遍意义的思想”①。实质上，这是统治阶级为获得统治地位所惯用的“伎俩”，尤其是在还没有获得统治地位之时以此种方式来遮蔽其真实的特殊思想与阶级利益。马克思、恩格斯揭示了统治阶级强化其统治地位思想表达的抽象性与普遍性的特点与规律，认为其会通过突出核心概念的方式来形成符合时代与民众要求的普遍性特征，如“在贵族统治时期占统治地位的概念是荣誉、忠诚，等等，而在资产阶级统治时期占统治地位的概念则是自由、平等，等等”②。贵族统治阶级与资产阶级表达的核心概念是不同的，这种不同是由其所处的历史时代与社会地位所决定的，但具有共同的特征，那就是具有普遍性与抽象性，这是统治阶级为自己所编造幻想的呈现形式。因此，统治阶级在没有获得统治地位时，其思想表达是以抽象的普遍性方式，以一种公平正义的表现形式来赢得民众的支持，来树立为民不为己的光辉形象；一旦获得了统治地位，其思想表达往往围绕着如何维护和稳固自己的统治地位而展开，主导性思想则成为统治阶级利益合法性的辩护工具与统一人们思想的手段。“国家一旦成了对社会来说是独立的力

① 《马克思恩格斯选集》（第1卷），人民出版社2012年版，第180页。

② 《马克思恩格斯选集》（第1卷），人民出版社2012年版，第180页。

量，马上就产生了另外的意识形态。”[1] 这里“另外的意识形态”就是主导性思想，其呈现的方式会以一种新的表现方式，工具性的特征更为显在。统治阶级会通过立法的方式来对根本利益进行合法性的确定，来建构所需要的法律及法律体系，与此同时，会通过相应的意识形态形式对这种合法性进行辩护。这种辩护一方面通过一种显在的灌输、宣传方式，表达与民众利益诉求的契合，展现与强化现实的合理性；另一方面采用隐性的方式，通过遮蔽委婉的方式来制造意识形态领域合理与合法性的氤氲氛围，增强主导思想现实影响的深刻性与广泛性，形成主导意识形态的显在与隐蔽工具性的有机结合。之所以采用遮掩的方式，就是为了更好地发挥主导性思想的渗透与养成民众思想观念的功能。因此，对统治阶级而言，主导性思想具有指导、引领、统一民众思想，维护既得利益的工具功能。而这一功能的发挥在于民众能够认同主导思想的合理性。

马克思、恩格斯揭示统治阶级制造“虚假的观念”与“虚假的意识”的方式与实质，指出，统治阶级会采取那些与物质经济基础相去甚远、甚高的哲学、宗教等意识形态形式，使统治阶级所倡导的思想观念与物质利益之间不是直接地勾连，更不是那么旗帜鲜明地捍卫，而是让中间之环节变得更为模糊与错综复杂，这种间接性越强其现实的辩护效果越好。马克思、恩格斯认为统治阶级除了竭力掩饰目的、制造假象之外，还充分利用意识形态家的特点，将其改造成自己的“伙计”，为主导思想鼓吹与呐喊。因为意识形态家们那种不从生活现实与实践出发，只从思维与思想材料、观念出发进行精神生产的方式，只是按照观念和思维发展的逻辑来建构与现实无涉的精神产品，符合统治阶级遮掩根本利益的要求，使之在不自知中成为统治阶级的附庸、摇旗呐喊的助威者、与直接利益无关的代言人，能够产生更好地遮蔽真实利益的目的，更好地实现利益合理化的目的，更好地让民众认同与信服。由思想合理性的证明到合法性地位的设定与辩护，到充分利用思想的合理与合法性的优势，这取决于统治阶级的统

① 《马克思恩格斯选集》（第4卷），人民出版社2012年版，第260页。

治理念与发展目标的追求，取决于其历史视野与对现实民众思想了解的程度，取决于统治的能力与水平。独裁的统治者在获得统治地位后会只强化合法性而忽视合理性的证明，具有现代民主理论知识背景的统治者则不仅强化主导思想的合法性，也会重视主导思想现实合理性的证明与具体应用，注重意识形态体系的构建。其通过普遍性与抽象性的思想来进一步引领民众对主导思想合理性的认同，从而产生其所希望出现的现实行为。

（2）建构思想秩序的方式

统治阶级会根据自己的利益要求来主动建构相应的思想秩序，以突显主导思想的独特地位，从而发挥主导思想对人们思想与行为的决定性作用。建立相应的统治思想秩序，就是要解决现实所存在的社会思想多样性与主导思想一元性的关系问题，即确定主导思想在社会思想结构中的地位问题，形成以主导思想为核心的社会思想体系。任何一个社会，特别是处在转型发展中的社会，都会有与不同的利益群体、社会阶层相对应的思想观念，以及思想价值观念多元化现实倾向，它们彼此之间相互碰撞、竞争、渗透、整合，产生广泛的乃至非线性的影响。因此，思想秩序的建构是任何阶级和利益集团都会着力去做的关乎自己生死存亡的重大事情。一方面是为了统治阶级内部思想的统一与目标的实现，代表着利益集团整体的价值追求与行为的目标。另一方面是为了适应变化了的现实，进一步完善以主导性思想为核心的意识形态体系，使之成为一种既具有明显边界又有一定包容性的主次分明的社会思想体系。思想秩序的建构能否发挥整合性功能，更好地指导、引领与影响民众思想，取决于它与现实的关系，取决于它能否满足现实需要，因此与时俱进是题中应有之义。

（3）增强思想权威的方式

主导性思想要具有被人们所认同与掌握的权威性，最好的做法就是将主导性的思想与过去的历史进行勾连，形成主导思想不是毫无历史根基的简单思想或者是毫无根据的突发之想，而是已经被历史证明了的，尤其是历史上有代表性人物思想的有机组成部分，具有让人信服的权威性。这种假借历史有代表性人物思想的做法，是为了更好地表现主导性思想的合理性，表现其对历史传统的尊重与传承，是对民众思想接受心理的准确把握。遵从传统，崇拜权威，是人类在发展过程之中不断积淀而成的习惯与心理。历史回望的意义并不是简单地再现过去的现实，而是从现时代的视角去找寻那些可以利用的思想武器与合理性证明，是为了更加彰显现实思想的深厚历史感，增强其现实的可信度与合理性，增强思想的现实权威。

因此，统治阶级往往会通过这三种方式将自己的主导思想变成是合理的、符合历史传统、符合社会发展正义趋向要求的普遍性思想，而且会竭力掩盖其维护统治的功利性目的，甚至表现出代表民众利益的方式，代表着全社会的公平与正义的方式。这种种合理性的证明就在于让主导性社会思想具有很强的说服力与公信力，成为人们从思想上高度认同与接受，在行为上自觉遵守与践履的普遍性思想。当然，如果这种合理性证明能够被人们所接受就会发挥相应的导引功能，否则可能会引发人们的信任危机和强烈的逆反心理，引起社会的动荡与不安。

3. 道德强化的引导

赋予了主导思想以道德内涵，倡导符合主导思想的社会道德风尚与观念，形成一定的社会道德评价机制，引导人们的思想与行为符合道德规范要求，是统治阶级用社会思想导引民众思想的有效方式。

道德规范既具有传统的承继性，表现为对一定传统文化习俗的尊崇与沿袭，又体现统治阶级的道德理想和要求，即是对国家、社会与个体的理想状态的期望，是现实的是非、善恶评定的标准。道德规范相对于法律的规定具有超越性，法律规定是必须遵从的底线，而道德规范则是社会发展所倡导的趋向高尚要求的思想与行为。需要什么样的道德标准，提倡什么样的道德思想与行为，不提倡甚至是禁止哪些不道德的思想与行为，要建立什么样的道德风尚，等等。这种具体的道德规范要求，既涵盖了道德理想的超然性要求，又是调节人们现实思想与行为的准则，具有操作的现实性，直接影响人们在现实中的思想与行为选择，形成一定的道德意识与追求。从社会层面来讲，道德规范的强化能够形成一定的社会道德评价与监督机制，能够发挥“道德法庭”的作用。从个体层面来讲，道德规范的强化能够形成个体的良心谴责、内心道德拷问等自我约束机制，来规约自我言行，形成一定的道德自律意识与行为。我国传统社会通过家国情怀的培养，人伦关系处置标准的设定，忠恕、孝悌以及慎独境界的界定等等，强化道德规范的推行与道德操守的培养，形成了有效影响民众思想与行为的强大的道德文化。

统治阶级通过将主导性思想变成社会道德的有机内容，从中提炼形成一定的道德原则与规范要求，成为人们在现实生活中处理与他人、社会、国家民族关系的思想标准与行为准则，成为对自我思想与行为进行规约、对社会关系进行调节的道德机制。这种道德准则是指导人们生活的指南，对人们的思想与行为起到指导与规约的作用。道德机制与制度、法律规定等的有机结合生成了现实中刚柔并济的巨大力量，左右着人们现实的思想与行为。

4. 教化式的引导

社会思想的引领功能，表现为具有导引社会行动的作用。与行为相比，思想具有领先的特性，即思想是行为的先导，先有思想，后有行为；先有思想的深思远虑，后有行动的执行与坚持。思想具有在头脑中建构现实、形成计划与方案的独特功能，具有形成蓝图来指导行为的作用。马克思曾精辟地指出：“蜜蜂建筑蜂房的本领使人间的许多建筑师感到惭愧。但是，最蹩脚的建筑师从一开始就比最灵巧的蜜蜂高明的地方，是他在用蜂蜡建筑蜂房以前，已经在自己的头脑中把它建成了。劳动过程结束时得到的结果，在这个过程开始时就已经在劳动者的表象中存在着，即已经观念地存在着。”① 之所以最蹩脚的建筑师要比蜜蜂高明，是因为蜜蜂只是靠着本能去构筑蜂房，而建筑师具有在思想上建构的能力。思想能够将未来行动的过程与结果进行设计、筹划与预期，引领人们按照自己的设想和预期去行动与推进。但如果社会思想不能有效地影响民众，不能转化为民众所认同的思想，则无法形成民众自觉的行为，更不可能使之理解和参与社会行

① 《马克思恩格斯全集》（第44卷），人民出版社2001年版，第208页。

动，即使参与也只能是盲动。因此，组织或群体要想实现自己的目标，必须注重思想领先与教化。

统治阶级通过对民众进行主导思想的宣传与教育，促使主导思想的普遍化与“世俗化”，发挥其对民众的教化功能，使之接受、认同并形成相应的思想观念，从而为转化成实际的社会行动奠定思想统一的基础。动员者一般会围绕着行动目标、意义、要求、预期、存在问题的处置方式等进行全面的分析，尤其是与民众利益的关系会进行反复讲解与强调，让人们能够从思想上了解即将展开的社会行动的意义与必要性，自己在行动中的角色与定位，对自我成长与利益的关系等等。只有解决了思想的认知与认同问题，才能够形成有效的社会动员，才能够真正导引社会行动。如果民众不了解社会行动的目的与意义，社会行动与自己的关系，或者有关模糊的认识与理解不能得到及时的澄清，面临的问题得不到合理的回答与处理，就不会认同更不会参与相应的社会行动，甚至会产生相反的结果。中国共产党在抗日战争与解放战争时期之所以能够以“小米加步枪”的极度劣势取得最后的胜利，其中最重要的原因就是注重思想领先，注重思想教育工作，注重加强对群众思想的引导与统一，来激发群众的积极性与创造性，振奋革命精神。思想工作被认为是中国共产党克敌制胜的法宝，具有“生命线”的重要作用，成为一切工作顺利开展的保障。毛泽东同志在中国革命发展的不同历史时期，尤其是中国革命遇到艰难险阻之时，都要进行理论研究，对革命过程中出现的现实问题，尤其是对革命的何去何从、主要困难与思想误区等问题，从理论上、思想上进行有效的分析与解答，发表了《中国社会各阶级的分析》《星星之火，可以燎原》《实践论》《矛盾论》等，为中国革命的发展指明了方向，成功地从理论上与思想上解决了中国革命的发展道路、发展力量、发展阶段与发展政策等一系列现实问题，解决了现实思想之中存在的种种认识误区与现实问题，有效地运用了思想工作的教育引导作用，起到了凝心聚力的重要作用。

当然思想的导引功能，并不是只要思想领先，就一定能够转化为群众的思想，一定会转化为现实的群体行动。思想导引功能是否能够很好发挥要取决于思想的导引方式是不是能够符合民众的思想基础、利益要求，是否能够采用人们所接受的方式，思想导引的内容与现实生活是否协调一致，思想导引者的能力、水平与人格是否能够达到一定的水平并被民众所接受。思想领先工作做得好，就会取得凝心聚力、人心所向的现实效果；否则，可能会影响士气、涣散人心、缺失凝聚力。当然，不良思想的领先功能发挥得好，也会产生强大的现实破坏力。

人的思想支配人的行为。思想在人们的现实生活与实践过程中一直起到导引的作用。个体所具有的信念与人生目标、现实存在感的形成与获取、现实生活与实践活动的展开皆来自人们思想的指引，尤其是价值观念的决定性导向作用。社会的发展与运行同样取决于社会思想尤其是主导性思想的导引，不同的利益群体尤其是统治阶级总是会通过多种途径与方式主导社会意识形态，使主导思想能够转化为社会普遍认同的思想，导引民众的个体思想与行为，建构应然的社会秩序、达致一定的社会目标与理想。思想引导功能的有效发挥可以充分挖掘人们的内在潜能，引发强大的精神能量，产生明显的现实行动效果。马克思的阶级理论直接导致声势浩大的共产国际运动，形成了现实中强大的共产国际阵营，这是理论成功导引产生直接现实效果的最好证明。

理论是思想的抽象性与系统性的形态，理论的彻底表现为理论对现实规律的准确把握。理论的引导功能，就在于能够说服与掌握群众，能够凝聚人心、团结力量，能够形成现实中人们情感的相融与思想的统一，产生最大的社会合力，形成强大的精神力量，提高现实的工作效率，达致预期目标。因此，理论只要掌握了群众，即群体只要能够认同、理解与掌握理论，就可能转化为他们现实的思想与行动，甚至转化为现实强大的物质力量，否则，思想与理论的引导功能就会弱化、低效。

## 二　调控功能

调控功能是思想的基本功能之一。调控就是调节与控制。思想的调节与控制是大脑与生俱来的特性，有着大脑生理调控机制的基础，是一种以人生理活动为基础的高级生命现象。正是这样的生理性基础，才使人思想的建构与调节控制有机交融并成为现实。只要人有思想、能思想，就会有调控机制的存在。思想的调控功能是在思想反映功能的基础之上形成的高级反映能力，其贯穿于思想形成与发展的整个过程，贯穿于个体生命发展和参与社会实践活动的整个历程，起到调节与控制人们思想与行为的作用。如果没有思想的调节与控制，人无法改造自己的主观世界，无法形成与改变原有的思想，更无法将客观的外在世界变为自己的对象性存在并改造为属人的世界。思想具有调控自我观念与行为的功能，具有调控人们的社会思想与行动的功能，其中，前者主要是思想者的自我调控，后者则主要是思想的他者调控。在现实中，两种调控方式有机地、交融交互地产生着作用，影响人们现实的生活与实践。

### （一）个体思想的内在调控

从个体的角度来讲，思想的调控功能表现在思想的自我调节与控制功能，具体分为两个方面：对自我思想观念和外在表现的调控。当然对自我思想观念的调控是对外在表现调控的基础，而自我外在表现的现实反馈又会进一步影响自我思想观念的调控。人对自我思想观念的调控是一种有意识的思想活动，主要通过思考的方式。思考的方式分为两种基本形式，一种是预先的或过程中的分析判断式的思考，一种是对思想观念的反思或后思。

1. 预先与过程的思想调控

预先的思考是人在还没有行动之前的思想谋划与预判，而过程中的思考则是在行动过程之中进行的分析与判断的思想活动。前者具有预测性，后者具有即时性；前者具有可能性，后者具有现实性，皆具有控制性与生成性相结合的特点。无论是预判，还是即时性判断，都不是随意而为的简单妄想，而总是在一定的思想框架之下的思考与判断，总会受到人们已有思想观念、思想范式的限制与约束。但这种思考与判断可能会使原有思想观念得以进一步的延伸、发展与丰富；也可能在一定程度上否定甚至是颠覆原有的思想观念而生发出新的思想与观念；可能使原有的思想观念更加固化成为根深蒂固的观念与思想立场。思考的过程，是建构思想观念的复杂的动态活动过程，也是对未来行为发生与选择的思想推测与预判的过程；是在原有思想观念的基础之上，以一定的思维方式来形成相关的概念，进行分析、判断、演绎与推理的过程，也是对现实情景进行分析与判断的过程，对自己思想观念进一步澄清与论证的过程。思想调控的功能贯穿人们思想活动过程的始终，与人们的生活与实践相伴随，并不断地发挥其调节与控制的作用，影响人们思想的形成、变化与发展，以及人们对现实行为的选择、情绪情感的变化与内在的心理体验。

原有的思想观念本身就具有调控的功能，因为其已经带有一定的指向性与看待问题的视角，容易形成人们的先入之见和一定的思维定势，并以此为据来对事物进行分析、判断与推测。具体而言，人们总是会受到原有思想观念的控制而选择那些自己认为是有价值的信息，将之纳入自己的头脑中进行思考与加工，同时也会将外界信息纳入大脑以已有观念进行解读和利用。观念是一定思维方式的呈现，也是一定思维方式运动的结果，不知不觉会影响和形成人们看待问题的视角与思考问题的方式，隐含着调控机制的内在机理。思维方式则是运用观念进行思考的方式，“就是某种被人们普遍接受的对信息的反映、加工和改造的思维转换方式”[①]。思维方式就是主体所形成的某种固定的思维转换程序、思维结构及运行逻辑，对外在的感性材料在大脑中进行动态地加工、处理和控制的方式。一定思维方式的形成，就是一定思维定势的形成，意味着思维调控方式及机制的形成。人们的思维方式不同，其认知结构就有明显的差异，观察、认识、理解与解决问题的思想视角就会明显不同，所产生的思想观念自然迥异有别，如同样是对人的理解与解释，卡西尔是从形式符号的文化方面去进行解释，弗洛伊德是从人的潜意识与性等人格、心理结构方面进行理解，而马克思、恩格斯则将人纳入社会关系的结构框架与生活实践的动态

① 王小燕：《科学思维与科学方法论》，华南理工大学出版社2003年版，第41页。

过程之中去阐释。自然，不同的解释源于不同的思维方式与认识视角，不同的解释会得出不同的结论与观点。因此，思想视角、思想观念与思维方式有机结合共同构成了思想调控的内在机制，也是思想观念产生的内生机制。“思维的自我控制和自我调节能力，是主体能力自我调控中的智力因素，是由主体能力作用于客体时必须具有的自我调控能力，是主体与客体的物质、能量和信息交换过程所决定的。”① 思维的自我调控能力，是思维在人的自我意识的主导之下，在一定思想观念的指导之下，对思维的目的与目标所进行的思想分析、判断与选择的基本能力。观念的产生、更新与变化是人们在一定思想观念指导之下，运用一定的思维方式进行自我内在调节控制的结果，是人们将外界的信息纳入头脑之中内在地进行思想观念抉择的产物。

2. 反思的思想调控

反思是人们对思想观念的返回性思考，是对思想的再思与后思。这种返回性的思考往往具有反复性和后发性的特征，是多次甚至是不断地回忆、追想曾经的思想观念运用的合理性问题，会在头脑中再现所发生的事情场景、内在的体验与感受。反思是人们对自我思想与行为进行再调控的手段与途径。从理论的角度，可以将反思划分为不同的类型，如经验性的反思、观念性的反思、逻辑思维的反思甚至是哲学的反思等等，但无论是哪种类型的反思，其共同的特点都是对原有思想的再认识、再了解与再把握的过程。这种反思性过程实际上就是思想的再调节与控制的过程，是对原有思想合理性的进一步论证与思考的过程，是对原有的出发点即观念与知识、思维方式即思维逻辑及认知结构、计划与方案等等是否合理的进一步审视与确认的过程，是对事件与事实正当性的进一步确认的过程。当然，思想观念的反思并不是简单地、形而上学地只以抽象的思想观念为对象，只是进行思想逻辑上的检验与确证，而是要将抽象的思想观念、具体的实践和场景、内在的心理体验有机地结合在一起，因此，思想观念的反思，除了要对思想观念内在逻辑的自洽性进行反思之外，更多的要从当时的

① 王小燕：《科学思维与科学方法论》，第21—22页。

情景、实践过程与效果的角度出发，来对曾经是指导性的思想和现实行动等进行返回性的思考，找出存在的问题，并在此基础之上进行思想的调整，或者是观念的改变，或者是思路的调整与改变，或者是对已有观念的强化与坚持。反思一定是人们带着审视的、批判性的眼光与问题意识来对已经发生的事情进行返回性的思考，是人们思想深刻与境界提高的重要途径，也是思想固化与行为坚持的内在根源。反思的过程就是一种反思性自我思想调节与控制的过程，也是打破已有的思想范式甚至颠覆不合理思想的过程，是强化合理性思想和思想范式的过程，更是新的思想与思想方式得以形成的过程。与此同时，人们会在反思过程之中产生经验性的情绪情感并对之进行再体验与检视，可能沉淀为人们现时的心境与精神状态，从而形成一定的内在体验与情绪情感的调节和控制机制，伴随人们思想的变化而产生相应的作用，使得思想的调控功能具有了生动性与复杂性交融、调控性与生成性交织的特征。

相比预先思考与过程思考，反思性思考更具有深刻性的特点，因为预先思考可能是在直接实践的经验性基础之上的思考，或者是出于现实目的要求与自我内在需要的一种直接思量或想象；过程性的思考可能只是对当下所处情境的一种即时性的判断与思考；而反思性的思考则是对曾经发生的所有过程进行总体审视与思考，是对发生过的实践过程的追忆与思想再思的有机结合，所得出来的可能是具有丰富经验基础的规律把握与思想升华，也可能是对过去思想与行为的部分认同与强化，甚至可能批判与颠覆原有思想而形成新的思想。同样是超前性思想，预先思考所产生的超前性思想就没有反思后所产生的超前性思想深刻，因为两者的实践基础不同，反思后的超前思想更具有现实性的基础，而预先思考所产生的思想往往只是具有可能性的特点。当然，在现实中，预先思考、过程思考与反思可能是有机融合在一起的思想运动与思想联动。预先思考可能是基于反思而进行的针对未来的新的判断与预测；过程思考可能直接就伴随着反思活动，在过程中将即时性的分析、判断与反思紧密地结合在一起，形成边行动、边反思、边修正与调整的思想调控机制与行动研究机制。因此，三者共同构成思想的内在调控机制。思想内在调节与控制的机制，会不断地对思想内容与方式进行内在的纠偏、校正、调节与控制，使之保持符合个体思想实际与现实事物发展的趋向。

### （二）个体思想的综合调控

思想对个体自我的调控功能不仅表现为内在的思想调控，而且还表现在调控个体的外在表现，使外在表现与内在的自我意识、观念、思想保持协调一致。如果说思想的自我观念调控是一种思想的内化过程，是一种内在思想自我调整与控制的过程，而外在表现的调控则是思想由内而外的外化过程，是由思想所调节与控制的个体外在语言表达、情绪情感与行为外显的过程。但外在表现的思想调控不是简单的外化过程，而是与内化有机地结合起来，具有复杂性的特点。

1. 外化与内化的融合调控

从生理层面来讲，思想观念对人的外在动作控制，表现为“由大脑内抉择观念所赖以存在的皮层运动前区发生外导性运动冲动至肢体的效应器官，转化到外部的动作活动。这个控制过程，是通过思想观念影响大脑相应功能区、外导神经冲动及肢体生理功能活动，是一个由思想观念活动向生理动作过程转化的过程”①。思想观念转化为个体的外在表现，是以一定的生理调控机制为基础的，但绝不是简单的、纯粹的生理能力，而是通过生理调控机制转化为思想的自觉性调控机制，进而形成一定的思想能力。这种自觉性调控机制具有明显的超前性特征，是在人们出现外在表现之前，在思想之中已经明确了自己想做什么和如何去做等现实问题，行为的动机系统已经形成并产生一定的调节控制作用。这种超前的自觉性构成了人区别于动物所独有的一种思想力，即由思想观念直接作为转化的中介，发挥动力与指挥的控制与导向功能，使人们在头脑中已经形成了实现目标的内在动机系统，形成自我内在需要满足的轻重缓急选择与判断的调控机制，从而主导与控制个体外在表现的能力，这是人所独有的一种特殊的

① 赵言舟、王贤章、章德峰、卢士才：《思想学》，第137页。

智能。

思想的调控功能不只表现为对人外在表现的调节与控制，而且外在表现对人的思想也具有反向调节与控制的功能，构成现实中人的思想与行为之间的双向调节与控制的功能。“思想的控制功能不仅表现为思想抉择观念源源不断地转化为动作并作用于对象的正向过程中，还表现为动作中的信息内化的反向运动中。”① 也就是说，思想的调控功能，不只是由思想观念转化为外在表现，还会由外在的动作信息反向运动为思想观念的内化过程。外化的过程主要是思想对行为的指导与控制，或者说是行为对思想的外在呈现；内化的过程不仅是思想对思想的调节与控制，也是行为对思想的进一步调节，这样就会形成思想与行为不断控制与调节的校正机制，在反复内化与外化的过程中发挥着思想调节与控制的功能，即思想观念要转变为外在可感知的表现，往往不是简单的一次性完成，而是要经过多次的反复，由内而外、由外而内，不断地以校正机制来进行思想调节与校正外在行为、以外在行为过程与结果再进一步调整与反思思想，再由思想进一步调节与校正外在行为，这样循环往复的过程，才可能不断形成合目的性的外在行为与表现。当然，这只是我们对思想校正机制发挥作用过程的具体理解，而在现实中，校正机制作用的发挥往往是在无形之中，有时是人们意识不到的一种类似本能性的即时反应，是人们思想调控机制所具有的特殊能力。

2. 理性与非理性因素的交互调控

思想转化为外在行为，并不是简单的观念转化为行为、行为调整观念、再由观念转成行为的纯粹理性运动的过程，而是伴随着个体非理性的情绪情感运动的过程，是理性与非理性因素有机交织一起共同运动的过程，致使思想的调节与控制的功能更加复杂化。当然，人的情绪情感等非理性因素受人的思想观念的支配与控制，而这些非理性因素往往也会对思想观念起到一定的推动、激发与调控的作用，表现出思想者的激情、心境与相应的人格特质等。

---

① 赵言舟、王贤章、章德峰、卢士才：《思想学》，第138页。

理性因素，尤其是个体对自我的认知及自我目标的确定会直接影响思想调控功能的发挥。如果人们对自我没有客观的认知，就不能确定适合自己的目标，不仅无法有效地发挥思想的自我调控功能，而且容易受到他人与环境的左右，出现盲从的思想与行为，出现不恰当的情绪情感状态，甚至导致不理智的现实行动。如果人们对自我有一个较为客观的认知，能够理性地了解与认识自己的优势与劣势，而且追求的目标明确而坚定，往往会对追求过程中所出现的障碍与困难保持理性的认识，能够形成一定的意志品质，会从思想上主动调节与控制来自外界的一些不良影响，有效地调适自己的情绪情感，会自觉地以理智调控情绪情感，以激情激活理智，会为了目标的实现而能够甚至是主动承受一定的痛苦，显然这种痛苦是思想观念对个体预期目标所面临限制性因素的认知，以及对非理性因素调节与控制而引起的心理反应；如果有目标，但目标感不强烈，思想的自我调控能力就会减弱，容易受到外在环境与他人的左右，可能会出现无所适从的现实状态，对自我的抉择缺乏坚定的坚持，会出现思想的矛盾与冲突，产生不良情绪情感，出现懈怠消沉的现象，不能很好地追求目标，不能较好地掌控自己的情绪情感；如果无目标，缺失目标感，则意味着对自我缺乏应有的认知与自信，更无法实现思想对自我的调节与控制的功能。因此，思想对自我的调控功能，表现为个体对自我思想本身的调控，以及对自我行为、情绪情感等外在表现的调控，是理性与非理性因素有机交融、共同产生作用的调控。

对自我思想本身的调控，容易出现理性选择所带来的内在矛盾与冲突，出现不同观念之间的博弈与利害得失的权衡，伴随出现内心的纠结和情绪情感的波动，这是思想自我调控机制产生作用的必然结果，是一种正常的现象。人的思想对外在表现的调控，一定是考虑现实情景的处置问题，考虑与他人关系的处理问题，会采用那种个体认为是合理的符合一定情境要求的外在表现，所以，在现实中常常会出现人们的思想与外在表现不一致的现象，所表达的语言、所表现的现实行为与内在想法可能不相一致，外在的情绪情感表露与内在的真实感受大相径庭。随着社会化的深入，人们的情绪情感不再是孩童时期喜、怒、哀、乐等基本情绪情感的简单表达与纯粹表现，而是形成了相互交织一起的较为复杂的情绪情感结构，形成五味杂陈的复杂心理体验与弥漫性的心境状态。在理性因素的作用之下，人们会对非理性因素进行有意识地控制与调整，使之达到与现实情境相适应的表现形式。同样，人们也会有意识地运用非理性表达的方式来达到理性目标，出现理性因素与非理性因素交互作用的思想调控机制。在现实生活之中，人们会有意识地控制内心的想法与情绪情感的流露，有时会竭力掩饰内心的冲突与矛盾，甚至故意表现出与内心想法完全不同的外在表现，如外在表现的波澜不惊，内心深处却是暗流涌动。有时人们会有意识地以强烈的情绪情感来表达自己的鲜明立场，来警示与明示他人自己的观点与态度；可能是内在想法的一种外在表达方式，如愤怒可能表示对现实的不满，但也可能是对现实满意的有意识表达方式，为的是基于现实考量而有意识地掩饰自我内心的真实想法；高兴可能来自于对现实的不屑，也可能是内心喜悦的真实表达；平静可能代表着自己的驾轻就熟，也可能是为了故意表现的从容与淡定……有时会出现竭力掩饰但又无力掩饰的现实状态，甚至表现一种隐晦的、暧昧的、模棱两可的外在表现……这些都是理性与非理性因素交织而带来的思想自我调控复杂化的具体表现。这种复杂化的自我思想行为调控机制一直伴随着人们的生活与实践，时时刻刻在发挥其独特的调控功能。

### （三）思想的他者调控功能

思想的他者调控功能，就是利用一定的思想观念去影响乃至直接调整与控制他者的思想与行为，让之接受并形成甚至是养成他者一定的思想范式与行为习惯，从而达到对他者思想调控的作用。福柯在《规训与惩罚》中谈到愚蠢的暴君与真正政治家的区别就在于：暴君用的是外在的、有形的铁链去束缚奴隶，使他们在现实中失去自由，但是真正的政治家运用的却是奴隶们自己无形的思想枷锁，来掌控他们的思想，使之失去思想自由。真正政治家的成功是对他者思想控制的成功，是以个人的政治理念去影响与控制他者的思想，从而转化为他者思想的有机组成部分和现实行动。实际上，思想的他者调控在现实中随时可见。

1. 思想的他者调控方式

思想的他者调控是运用一定的思想内容、采用一定方式去调整与控制他者思想与行为的方式，是以外在的思想观念去影响与调整控制他者内在思想观念与外在行为的方式。表现为要求他者对所要求的思想与行为要高度遵从，采用的是绝对强势与控制的方式。这种调控方式只能在特定条件下才能充分发挥其决定性的作用，尤其是在缺乏外界信息流入的封闭性环境之中，这种简单的、单向度的、居高临下的绝对命令会产生决定性影响，成为一种有效的调控方式。但在开放性的环境中，这种强制性的调控方式会受到外界多元思想与信息的冲击与影响，容易使人们产生逆反心理，产生不好的效果。有效的思想调控方式往往会采用复杂性的调控方式与手段，以刚柔并济的方式尤其要使用他者能够接受的方式去影响他们的思想与行为，表现为交互性的沟通与交流、多重视角的观察与判断，及对主体间性的关注与考量。

思想的调控方式具有其他外在强力的方式所无法企及的功能与作用，更能有效地影响人们的思想和行为。拿破仑认为："世界上只有两种强大的力量，即刀枪和思想；从长远来看，刀枪总是被思想战胜的。"[①] 所以他强调将思想和刀枪的控制结合起来，使臣民心悦诚服地俯首听命，他自觉地运用了思想的调控方式，注重战前的思想动员与思想领先，其战前的演讲往往极大地鼓舞了士气，为即将开始的战争取得胜利奠定了思想的前提与基础。我国古代兵法强调：攻城为下，攻心为上。那种不战而屈人之兵的战争是效果最好的战争，兵不血刃、让人心悦诚服地归顺才是真正的战争胜利，是攻心的成功，是思想调控的成功。以外在强力的方式进行控制，也许可以控制人们的言行，但是不能也无法真正控制人们的思想。思想具有隐蔽性和复杂性，人们行为的动机是内在思想复杂运动产生的结果。由动机转化为

① ［法］勒费弗尔：《拿破仑时代》（下卷），陈太先译，商务印书馆 2011 年版，第 519 页。

行为一定是经过现实考量之后、以功利性原则而进行的现实选择，人们真实的想法与动机可以有多种外在表达方式，可以隐而不发、秘而不宣、声东击西，因此，对行为控制易而对思想控制难。1966—1976年的“只准老老实实，不准乱说乱动”的外在强力的要求，只能是对人外在行为的规范与控制，无法从根本上彻底控制与遏制人们的所思所想。人们的不言不行并不代表人们的不想与不怒，当这种敢怒而不敢言的状态超出人们所能够承受的极限时，容易出现两种极端的结果，即鲁迅先生所说的“不在沉默中爆发，就在沉默中灭亡”，这两种结果都是抗争的极端表达，不过一种是积极方式、一种是消极方式而已。所以，那种以外在强力的方式来进行的控制，尤其是想通过行为控制达到思想控制的目的，往往效果不太好。人们可能会因为恐惧或者心生顾虑而不得不接受一定的行为方式，会表达一些违心的话语，但这并不是从思想上的真正接受与认同。卡特曾经说过：如果父母或者监护人教育年轻人的时候，不是通过外在的威严强制他们屈从，而是通过对其思想进行调控，就可以轻而易举地取得成功。的确，对思想的调控是对行为进行规范的前提与基础。当人们真正明白了为什么要遵从这些规范，当这些规范真正取得了人们思想的认同，行为的调整与规范则是顺理成章、自然而然的事情。

2. 思想的他者调控功能

思想的他者调控作用的发挥，是通过思想引发他者自我思想的内在调控机制来完成的。如果一定的思想能够切合人们内在的需要，能够引起人们内在的思想共鸣，能够对人们现有的思想以一定的启迪，能够对人们的内心困惑以一定的解答，那么，这种思想就会以合理性的特点为人们所接受与认同，就能够引发人们思想的内在调控机制，从而接受这种思想对自己思想与行为的调节与控制，出现符合施加影响思想所要求的观念与行为。换言之，如果所施加的思想被他者认为是正确的、合理的，就能够使他者认同与理解，就可能使他者接受这种思想，从而对他者自我的思想观念与行为产生一定的调控作用。反之，如果离开了他者的思想认同，就无法调动他者自我内在的调控机制，思想只能是外在于他者而无法对其产生真实影响的存在，会产生对这种思想不同程度的排斥甚至是批判。

思想的他者调控取决于施加思想影响的一方是否具有同理心，是否具有一定的共情能力，是否能够站在他者的角度考虑问题，是否能够使他者产生心理上的共鸣与情感上的接纳。这种心理的相融与情感的相洽是思想他者调控作用得以较好发挥的前提与基础。如果能够表现出较好的同理心，具有较强的共情能力，对他者的思想与行为就能够起到较好的调控作用，能够让他者认同、理解甚至是接受一定的思想观念，产生相应的行为。但如果从感情上无法接受，从心理上无法接纳，即使所施加的思想是正确的、合理的，也会引起他者的质问与怀疑，拒绝接受甚至产生逆反心理、反其道而行之。即调控他者的思想，一定是能够站在他者的角度去思考问题，能够了解他者的思想基础与心理需求，寻求与他者的谐振点才能够有效地引发他者个体思想内在的调控机制，产生较好的实效。否则，不会为他者所关注与接受。

个体思想对他者思想产生有效的调控功能，在不同的时代、不同的社会结构与组织结构中表现不同。在差序格局的中国传统社会，个体在宗族中的地位决定其个人的权威与思想的影响力，这种权力性人物的思想对血缘宗亲的思想与行为能够产生决定性的影响。在科层制的社会结构当中，个体在科层体制中的位置将决定其思想影响力的大小。一般而言，上级的思想对下级思想往往能够产生决定性影响。在扁平化的现代组织结构之中，个体对他者思想的影响往往取决于其思想的合理性与平等的沟通方式。在自媒体时代，信息传播的即时性与便捷性，网络自组织的发达，人们线上、线下的互动增强，个体思想对他者思想的影响完全不同于其他时代，可能现实中的弱关系比强关系对人的思想更有影响力，个体思想对他者思想影响的范围扩大，影响的随机性与偶然性也大大增强。总之，在尊崇权力地位的传统社会中，具有权力地位个体的思想对他者思想会有很强的调控功能；在具有较强平等观点的现代社会之中，个体思想对他者思想的调控功能，往往取决于个体思想是否能够符合、代表与实现群体利益，是否能够被群体成员从心理上、情感上所接纳与认可，是否在群体中具有权威性的地位。

思想还具有调节人与人之间关系的功能。思想的这种调节功能的发挥，一定是以相互之间的思想交流与沟通为手段，使双方能够站在对方的角度看待与考虑问题，而不只是强化自己的视角与观点。这种思想观点的分享与交流，会使双方在一定程度上理解他人的思想与行为，会考虑自己思想与行为的适切性问题，在一定程度上来调整自己的思想与行为。当然思想的交流可能也是思想碰撞与相互冲突的过程，而这一过程正是思想与思想之间交互影响与作用的过程。思想之间的对立、冲突，并不是简单的不相融，而是思想观点与立场的进一步澄清与确认，是不同思想观点与立场相互之间的充分展示，是对各自合理性的进一步论证与说明，如有共同之处，则会求同存异；如无共同之处，则会形成观点并存的现实状态。不同思想观点的争论与共存也是思想调控功能发挥作用的表现形式，更是相互了解与理解的契机，是达到一致与统一的前奏。

### （四）思想的社会调控功能

思想的社会调控功能的发挥往往是一定的共同体尤其是统治阶级所高度重视的社会整合方法，是通过主导思想来主导、控制与规范人们的思想与行为，来发挥主流社会意识形态对社会整体的调控功能。其表现为对统治阶级内部是以思想协调的方式为主，对社会民众则主要是以思想控制为主。在科层式的官僚体制的封闭式社会，思想的社会调控主要是以社会思想的控制为主；而在现代民主制的开放式社会，思想的社会调控功能则要同时发挥协调与控制的功能。

1. 思想的社会调控本质

思想的社会控制，主要是以政治思想为核心，以实现政治目标为目的而进行的、有意识的意识形态控制，这是人类社会产生阶级以来社会思想控制的本质。冯友兰先生在其《中国哲学史》中将先秦至西汉的《淮南子》这一时期称为“子学时代”，将从董仲舒至康有为之间的时期称为“经学时代”。他认为子学即是私学，属于个人话语，呈现出思想解放和学术自由的文化气象，具有显著的原创性和多元性；经学则为官学，属于统治阶级主导的意识形态话语，受制于权威的经典原著，有明显的政治功利性和思想原则性。当然从文化发展的角度来讲，确实是有这样的不同特点，但是，如果从思想的社会控制角度来看两者具有共同的性质。无论是子学时代还是经学时代，思想的社会控制功能都表现得较为明显，只不过子学时代的诸多思想更多是为不同的统治者服务而已，是这些思想为了取得社会控制的核心地位而进行竞争所带来的纷呈结果。诸子包括孔子本人都在为自己的政治思想是否能够成为某一统治者的主导思想而奔走与游说。当然，取得统治地位的主流意识形态就具有更为明显的社会调控功能，具有调节统治阶级内部思想的作用，具有控制社会民众思想的重要社会职能，思想的社会控制职能更为突出。

2. 社会调控的主要方式

纵观历史可以发现：为了进一步强化主流意识形态的社会控制地位，统治阶级皆会采用一定的外在强化措施甚至是强力手段来确立主导思想的控制地位与现实的权威，具体地表现为立法，形成以法制为保障的社会统治。在中国传统社会之中，历朝历代都有关于思想与言论犯罪的法律设定，这是实现思想控制的外在强制方法，是以法的规定来确立主导思想的社会权威与控制地位。纵观历朝各代，有关思想言论的犯罪规定就有五种类型："其一是动机犯罪。不管是否有犯罪行为或预备行为，只要有犯罪的表示或推定有犯罪的预计，均可定罪处刑。……其二是心理犯罪，这也就是所谓的'腹诽罪'，即不需言语或行为证据，只需推定心理活动，便可据以定罪。……其三是语言连带犯罪。有些语言并非恶意诽谤或明确表示其他的犯罪意图，只是间接触及不应触及的内容或被间接推定含有犯罪内容，均可治罪。……其四是言论方式犯罪。不论言论内容如何，只要方式不当，也构成犯罪。……其五是言论内容犯罪。只要言论内容影响或可能影响到帝王或王朝利益，便可据以定罪。"① 当然，这五种犯罪的类型是以法的形式来规定，但体现了非常明显的人治色彩。与其说是为了

① 齐涛：《中国传统政治检讨》，南海出版公司 2012 年版，第 152—154 页。

体现思想的高度控制，倒不如说是为了强化统治者的至尊地位。也正如此，才必须要确立统治阶级主导思想的绝对统治地位，这是统治阶级为了保证思想高度统一而采用的极端专制的控制措施。

思想的社会控制功能的充分发挥要求主导思想的合理性与合法性的彰显，使之具有绝对崇高、不容侵犯的神圣地位。我国古代就以“天命”和祖先崇拜的思想来发挥社会意识形态的调控功能，构成了中国传统社会家国同构的社会格局与文化传统。封建传统思想中的最高存在和绝对意志是“天”和“道”。奉天承运的皇帝被称之为天子，是“道”的绝对垄断者和最具权威的阐释者。“唯天子受命于天，天下受命于天子。”① 天子就是天的代表，具有与代表天的意志的功能，自然能够替天行道，从而使皇帝天然占据了统治民众的绝对合理性与合法性地位，拥有绝对的权威与至高无上的地位。“溥天之下，莫非王土；率土之滨，莫非王臣。”天子派官吏到各地是去“牧民”，地方官吏被称为“父母官”，以此形成严整、系统的封建统治体系，使“天命”思想具有了足够的权威性和正统性。封建统治秩序就是在这样的社会思想指导之下而进行的设计。董仲舒对这种由“天命”思想构成的统治秩序有非常明确的阐释：“天子受命于天，诸侯受命于天子，子受命于父，臣妾受命于君，妻受命于夫，诸所受命者，其尊皆天也，虽谓受命于天亦可。”② 这种上下分明的统治秩序和人际关系之间的规范、协调，皆来自于对“天命”思想的遵从。“天命”是不以人的意志为转移必须服从的“天”的意志。而社会运行的秩序与所需要的道德规范皆是“天命”思想的具体落实与呈现。历史学家的研究充分证实了这种思想控制与统治的事实，其认为西周初期的“德”主要包含三个方面的内容。“第一是敬天，即虔诚地崇奉上帝。第二是孝祖，即继承先王、先公的功业。第三是保民，即巩固对人民大众的统治。合乎这样的标准的贵族，就是有‘德’；相反，就是失‘德’。由此可见，‘天命’和‘德’这两个观念是有宗

① 董仲舒：《春秋繁露·为人者天》，台湾商务印书馆 1984 年版，第 282 页。

② 董仲舒：《春秋繁露·顺命》，台湾商务印书馆 1984 年版，第 384 页。

教的兼伦理的联系的。”[1]“天命”与“德”这两个观念具有社会调控的重要职能，“天命”具有控制人们思想的神秘性与无上性，具有让民众敬畏的作用；“德”是天命思想的具体落实，具有调节现实社会关系的重要职能，表现为人们平时需要遵从的礼仪与礼节。周朝就建构了现实的礼节要求，作为“德”的规范，被称之为周礼。周礼“是在周初确定的一整套的典章、制度、规矩、仪节”，“是原始巫术礼仪基础上的晚期氏族统治体系的规范化和系统化”[2]。周礼在当时具有调节、组织与控制社会成员与群体，按照一定的秩序和规范进行生产和生活，维系社会正常运转的社会功能和政治作用，表现出强大的强制力和约束力。所以，周礼既是周朝的政治上层建筑，也是强有力的社会意识形态。在当时，音乐也是要与“德”相匹配的高雅音乐，认为最高层次的乐是“上德之音”，可以涵养心性、陶冶情操、增进道德。礼乐互动、礼外乐内，构成相得益彰的“德”的社会氛围。当然这种礼乐的方式是周朝进行思想社会控制的一种柔性或隐性方式。

因此，思想的社会控制，并非简单地以思想教化来实现，而是体现于社会制度的设定、社会运行秩序的建构、社会舆论氛围的制造等多种有利于形成主导性社会思想控制功能的方方面面。

思想调控功能的发挥，主要在于使用思想观念的群体与个体，或者主动去接受一定的思想观念，或者主动利用自己已有的思想观念去影响与控制他人。当思想观念不被人们认知时，思想观念只能是一种静态的存在而无法发挥对人的调控作用；只有当思想观念被人们所认知与认同时，它才具有了调控人们思想与行为的可能。当思想观念被人们接受并认同，或者主动运用思想观念去进行社会实践时，思想的调控功能就能够得到发挥，但是发挥的程度取决于思想使用的群体与个体的社会地位与驾驭使用思想的能力。不同的思想在人们使用过程中会发挥不同的调控作用，会成为规约人们思想与行为的调控资源，如生态思想，当人们接受了生态观念，就可能出现注重保护生态资源

① 侯外庐：《中国思想史纲》，上海书店出版社 2004 年版，第 25 页。
② 李泽厚：《中国古代思想史论》，安徽文艺出版社 1994 年版，第 12 页。

与环境的意识和行动，这种生态思想就具有调控人们思想与行为的功能。当然并不一定有生态思想观念就一定会有符合生态观念的行为，这与生态观念被接受的程度和内在思想调控机制有着直接的关系，也是这种观点在社会上被认同的程度与现实发展有着密切的关系。

对任何一个群体或社会而言，都会注重群体或社会思想的灌输，都会注重在日益分化的意识形态之中群体文化或主流意识形态的建构与弘扬，其根本目的就在于用这些思想来调控群体或社会成员思想与行为，从而形成群体或社会的凝聚力与向心力，提升群体或社会的实力与优势。统治阶级更是利用自身的统治地位注重主导社会思想的灌输，有意识地通过多种途径与方式来发挥主导思想的调控功能，主动形成相应的调控机制，来达到统一人们的思想与行动、维护社会意识形态安全、稳固自己统治的目的。

## 三 动力功能

思想具有转化为强大物质力量的动力功能，这不仅是马克思揭示的真理，而且已被实践所证实。“思想是人类应付环境的唯一工具，是人类创造未来新天地的工具，所以当得起‘创造的智慧’这个尊号。”① 思想是“创造的智慧”，是人们进行创造的不竭的动源，具有动力的功能，表现为能够调动个体的内在潜能、发挥群体的整体作用，调动人们的积极性、焕发精神、提振心气，形成强大的精神力量，进而通过人们的社会实践活动转化为现实的物质力量。思想既可以成为建设性的动力，也可以成为破坏性的推力。对个体发展而言，思想既可能是个体发展的动力，也可能是个体发展的阻力；对社会发展来讲，思想既可能是社会发展的强大推动力量，也可能是社会固化与退行的原因，甚至成为社会发展破坏与阻碍的力量。

### （一）思想动力的界定

思想动力是推动人们实现预期目标与理想的内在驱动力量。思想

① 胡适：《胡适文存》（一集），第241—242页。

的内生动力是指思想内在自生的精神力量，是由思想目标追求的强烈动机和内在需要而产生与引发的内驱力量；外生动力是指外界所确定的目标对个体产生的外在压力所引发的内在驱动力量。思想的直接动力是指个体思想直接引发的内驱力量；间接动力是指通过一定的中介而转化的内驱力量；主导动力是思想对人们行为产生的主要驱动力量；辅助动力是指思想所产生的次要驱动力量。显然，内生动力往往是直接动力，外生动力则是间接动力；内生动力可能直接就是主导动力，也可能由辅助动力引发转化为主导动力。

从系统理论的角度来看，思想的动力是一个系统，是由主导动力和辅助动力共同形成的思想动力系统的运动而产生的整合精神力量。思想的动力功能是指思想具有形成人们内在与外在动力机制、调动个体身心力量与整合群体意志行为的作用，使人们具有前行的内在心理动力与精神能源。这种动力功能可以贯穿于人们社会生活实践的整个过程、贯穿于整个社会发展的历史进程。

### （二）思想动力的主体性确认

弗洛姆曾认为：人作为存在物，如果丧失了动力性，那么在丰满与忙碌的外表之下，不过成为一个缺失核心的“洋葱人”，不再具有生存的意义。“如果一个人无所作为，如果他处于接受的、被动的状态，那么他就什么也不是，他死了。通过有所作为的过程，人实现自己的本质，用宗教的语言来说，无非就是回归到了上帝。”[①] 人只有有所作为、处于一种主动而不是被动的状态，才可能实现自己的本质，成为具有生存意义的个体与主体。弗洛姆认为人的动力机制表现为生产性。生产性表现一种态度，即人们对外在、自我的反应及取向模式。他认为人与世界是分离的、孤独的，因而不得不与他人建构一体的关系，人的本质力量的实现是在与人交往的过程中展现的，是源于人们排解无法忍受孤独的内在需要。这种展现自己的力量就是生产性的力量，包括爱、理性与生产性的工作。爱不仅能够消除分离与孤

① ［美］弗洛姆：《马克思论人》，陈世夫、张世广译，陕西人民出版社 1991 年版，第 172 页。

独之感，而且使人具有了再次融合的力量，具有人际间融合的能力；理性具有透过现象把握事物本质的力量；“生产性是人运用他之力量的能力，是实现内在于他之潜能的能力”①。生产性的工作即社会实践，是实现人潜能的创造性活动。具有生产性的个体必然具有正确使用爱和理性的能力，具有挖掘与实现自我潜能、很好地与外界进行生产性地联系的能力。显然，弗洛姆所认为的有关人的生产性特点，是人的思想所赋予的动力使然。思想的动力性使人具有生产性的特征，成为人具有存在意义的根本性理由。

从马克思主义的视角来解释，思想的动力功能来源于人的主体性。这种主体性与实践性密切相连，即人们在实践过程中发挥主体的能动作用，发挥思想所带来的驱动作用，这种能动作用是有生命的自然存在物的人所具有的生命力量。主体性在实践过程中具体表现为主动性、自觉性、为我性与创造性的特点。以自我为中心、满足个体欲望的本能使人具有一定的主动性与为我性，但人的欲望满足不可能是随心所欲的，要受到外在条件的制约与限制，人们会在所处的现实条件与情景之下来考虑自我欲望的满足问题，趋利避害是人的本能；所具有的自觉性是指人们在实践过程中不断探索规律而形成的遵循规律的自觉，这种自觉首先是思想意识的自觉，然后才会是行动的自觉；创造性也不是人们随意地创造，而是遵循一定原则与规范的创造，是具有认知基础的创造，是在实践中以一定的思想观念为指导的创造，是体现人的本质力量的创造。人就是这样，在一定思想的指导之下，依靠自身的能动性，成为拥有发展潜能、富有生机与活力的、历史的、现实的人，具有面向未来的开放性，具有发展的诸多可能性。恩格斯指出：“就单个人来说，他的行动的一切动力，都一定要通过他的头脑，一定要转变为他的意志的动机，才能使他行动起来，同样，市民社会的一切要求（不管当时是哪一个阶级统治着），也一定要通过国家的意志，才能以法律

① ［美］弗洛姆：《为自己的人》，孙依依译，生活·读书·新知三联书店 1988 年版，第 191 页。

形式取得普遍效力。”[①] 显然，个体的行动需要个体大脑中产生的思想动力作为推力，而统治阶级的意志则是通过合法化的方式要求民众必须遵从，以此来引发与转化为人们的思想动力。人的一切活动都是大脑所形成的“感觉、思想、动机、意志，总之，成为‘理想的意图’，并且以这种形态变成‘理想的力量’”[②]，“理想的意图”是在人们头脑中建构的思想动机、意志、计划与目的，“理想的力量”也是由思想建构的意图转化而来的主体内在的精神力量，是思想意图得以实现的主体推动力，因此，主体性是由人的思想所赋予的，使人在实践中成为具有一定目的、需要、能动的主体，成为有意识、有自觉行为的发动者与主动者。

人的主体性的实现必须依赖于对象性的存在。这种对象性的存在是现实的、感性的对象，而不是非对象性的存在，不是思想所想象出来的非现实与非感性的抽象存在物。马克思指出：“他的欲望的对象是作为不依赖于他的对象而存在于他之外的；但是，这些对象是他的需要的对象；是表现和确证他的本质力量所不可缺少的、重要的对象。”[③] 人作为具有自然生命力、感性与对象性的现实存在物，只有凭借现实、感性的对象，才能表现和展现自己的生命。因此，人的思想动力既要受到自身内在需要与欲望的制约，也受到人的本质力量展现能力的制约、更要受到外在现实的、感性对象的制约。但是思想的动力会调动人们自然的生命力量，在实践行动即将展开或已经展开的过程中伴随着强烈的情绪情感活动，使人具有生机与活力，产生实现需要与目标、展现本质力量的强大内在驱动力量。正如马克思所说的：“人作为对象性的、感性的存在物，是一个受动的存在物；因为它感到自己是受动的，所以是一个有激情的存在物。激情、热情是人强烈追求自己的对象的本质力量。”[④] 人所具有的激情与热情是人进行追求的原始内驱动力，而激情与热情绝不是无缘无故产生的，一定

① 《马克思恩格斯选集》（第4卷），人民出版社2012年版，第258页。
② 《马克思恩格斯选集》（第4卷），人民出版社2012年版，第238页。
③ 《马克思恩格斯文集》（第1卷），人民出版社2009年版，第209页。
④ 《马克思恩格斯文集》（第1卷），人民出版社2009年版，第211页。

是在人的思想目标与强烈需求牵引或者激发之下散发出的激烈而奔放的情绪情感，表现出对自我本质力量确证与展现的迫切。从来就没有无缘无故的爱，也没有无缘无故的恨。人的情绪情感的产生、变化、强烈的程度是与人的内在追求与需要有着直接的关系。美国著名心理学家伯纳德·韦纳认为："情绪通常是跟随在特定的思想之后出现的。如果你认为考试失败的原因是由于他人的干扰，那你就可能作出愤怒的反应；如果把成功归因于他人的帮助，你就会表现出感激之情。"① 人的情绪情感取决于人们对现实事件的解读与归因，这种解读与归因一定是人所具有的思想观念带来的产物，这就决定了同一事件不同的人解读会有不同结果，有不同的情绪反应，因此，人的思想观念直接决定人的情绪情感表现，通过情绪情感也能直接折射出思想所产生动力的强与弱。激情与热情这种高昂的精神振奋状态是较强的思想动力功能在情绪情感上的现实显现，当然激情与热情也是思想动力功能发挥的最大情感推力。

马克思认为，人是自为存在着的类存在物，总是在自己的存在或所拥有的知识之中来表现和确证自身。在自己的思想与知识中确证与表现是个体自我感知和把握本质力量的一种方式，而在人的存在中确证与表现本质力量则具有更多的方式，但是多种表现方式一定是在人的思想支配之下而完成的，是在一定的思想动机推动之下，由思想中的构想转化为现实的展现与确证的方式。"愿望是由激情或思虑来决定的。而直接决定激情或思虑的杠杆是各式各样的。"② 不同个体的愿望皆出于思想内部的动机，但是动机的产生会受到多种因素的影响，既可能是个体内在的因素，也可能是外在的因素，更可能是内外因素的结合，而动机是否能够转变为现实的行为，一定是人们反复思虑的结果，是人们根据一定情境权衡考量的产物。所以，人们在现实中不懈的追求与执着的坚守，一定具有来自思想深处的内在动力机制提供源源不断的养料支撑，具有来自于由思想观念转化而来的意志动

---

① ［美］伯纳德·韦纳：《人类动机：比喻、理论和研究》，孙煜明译，浙江教育出版社1999年版，第16页。

② 《马克思恩格斯选集》（第4卷），人民出版社2012年版，第254页。

力的强力推动，来自于人们对自我本质力量展现与确证的思想认知与理解。

### （三）思想动力的特征

思想的动力功能在于能够为人们提供精神动力与能源，形成人们现实追求的强大内在推动力，从而更好地实现思想目标。与思想动力相比，物质动力是一种易耗性的动力，只能在单位时间内产生一定的动力作用。物质动力的时效性较为明显，其动力作用往往会随着时间的流逝而势微，因此，物质动力是可以计量的、具有一定限度的能量，是无意识的、盲目的、被动的能量，明显缺乏目的性与能动性，其动力作用的发挥只能依赖于人类的应用。但思想动力则不同，思想动力具有独特的特征。

1. 持久性与易变性

所谓的持久性是指思想动力的功能发挥可以持续进行而不间断，甚至可以伴随人的一生，成为人们一生追求的动力。思想被称为是永远的力量源泉，强调的就是思想动力功能的持久性。思想动力一旦形成，尤其是理想、信念这样较高的思想动力要素得以真正的确立，就会产生强大的、无形的内生动力，表现出非常明确的目的性与指向性，促使人们进一步明确前进的方向；具有较强的牵引作用，促使人们不断追求与趋近所要达到的目标，成为人们实践活动的持久性动源。这种来自于信念或信仰的精神动力会调动与激发人们内在所有的潜能，形成人们追求的激情与热忱，形成一种持久的、强大的精神推动力量，直接影响与作用于人们的社会实践之中，并表现出高度的自觉性与主动性，使人敢于迎接现实面临的各种挑战，排除追求过程中不良影响因素的干扰，形成良好的意志品质，坚定自己的目标追求。有如宁愿被烈火烧死也不改变对“日心说”理论坚持的布鲁诺，忍腐刑之辱、集十三年之心血著成《史记》的司马迁，不辞跋涉、尝遍百草、集二十七年之经验写成《本草纲目》的李时珍，被囚困于冰天雪地十九载而不改初心、不辱使命的苏武，忍受颠沛生活的贫苦而执着于全人类解放事业研究的马克思等等，他们都有坚定的信仰与追求，具有强大思想动力与百折不挠的意志，所以才能在绝境中坚持，在死亡面前凛然，在贫困中坚守。当然，如果人们没有确立一定的理想与信念，或者理想与信念不坚定，就会在现实中缺失目标感与方向性，缺失应有的意志与动机，其行动与执行力就会减弱，更无法实现原有的目标，思想动力则不可持续。现实中也存在有一定的目标感，一度有理想与信念的个体，但由于在现实中遭遇种种困难与挫折，可能出现思想动摇或意志薄弱的现象。当出现这种现象后，人们可能做出不同的选择，思想动力功能会发生不同的作用，或者重新反思自我，调整或坚定方向，重新燃起激情之火、激发思想之动力；或者偃旗息鼓、思想动力消失；或者表现为意志的坚持力不够、思想的动力不足等，出现思想动力的短暂性与变动性的特点。因此，思想动力的持久性不是一种直线运动，而是有起伏、有变动的特点，有时可能动力充足、有时则动力不足甚至丧失。这固然与人的理想信念是否坚定有关，但也与现实环境的变化、人生际遇有着直接的关系，同时还取决于个体的思想观念、意志品质、对自我的要求、自身能力等等因素的制约，还可能因为个人的性格特征与行事习惯等原因出现朝令夕改、见异思迁、见利忘义等现象，表现出易变性的特征。

2. 重复性与拓展性

重复性是指思想的动力功能可以在人们的社会实践过程中不断重复产生作用，使人被反复鼓舞与激励。尤其是当人们面临现实困境之时，可以通过回顾或重新强化那些能够产生激励作用的思想（格言警句等真理）的方式，重新燃起希望之火，激发思想之动力，强化面对挑战的信心与决心，这种方式可以反复发挥思想之动力功能。这不仅是可行的，也是有效的，其有效性已被历史与现实生活所证明。中国共产党在艰苦卓绝的革命斗争之中，就是在困难之时，以共产主义信念、以当家做主的主人翁观念、三大纪律八项注意的规范要求等来不断提高共产党人及革命战士的战斗力，强化他们参与革命的热忱与自我约束的纪律观念，才使中国革命的燎原之势与最终的胜利得以保证。当然思想动力功能的重复应用主要表现为三种情况：一是人们已经形成了一定的信念、信仰，或对信念、信仰高度认同，会在现实之中自觉地应用信念与信仰的动力功能；二是通过不断地重复性习得一定的观念，从而自动转化为人们应对困难和挑战、寻求发展与成长的内在思想动力；三是以真理性的思想观念来解读、判断现实问题，寻求解决现实问题的方法，增强人们看待与解决现实问题的信心与决心。因此，思想动力的重复性特征，在于一定的思想观念能够反复唤醒、激发、强化原有的思想动力之功能。

拓展性主要是伴随时代变化、社会发展不断注入或者催生出新思想、新观念，从而使人们追求的过程中不断产生作用、不断被强化而出现的新的思想动力。显然，这些新思想与新观念是对传统思想的更新与发展，或者说是在传统思想之上加入了符合时代发展要求的新内容与要素，形成更为丰富的新的思想动力，从而使思想增值。显然重复性与拓展性有机地结合在了一起，重复绝不是简单地重复，简单地重复容易消解思想动力功能，重复一定是结合现实情势灵活地重复应用，与新思想动力有机融合一起的应用，如是，在重复的过程之中会拓展甚至再生新的思想动力，从而使思想动力功能得以持续、更新、反复地发挥。

3. 个体性与整体性

思想动力往往呈现为个体性与群体性思想动力的有机统一。个体性思想动力功能不是个体思想产生动力、发挥作用的简单问题，而是因为个体是社会关系的总和，往往会受到他者或群体思想动力的影响。因此，无论个体思想动力，还是群体思想动力都具有群体性。从个体而言，思想的动力是内在与外在因素的整合力量；从群体而言，思想动力是不同个体思想动力及外在因素等有机综合的整合力量。这种整合的精神力量是一个变量。恩格斯从历史创造的角度提出了“社会合力”概念，他认为：“无论历史的结局如何，人们总是通过每一个人追求他自己的、自觉预期的目的来创造他们的历史，而这许多按不同方向活动的愿望及其对外部世界的各种各样作用的合力，就是历史。”[①] 认为历史的创造“最终的结果总是从许

① 《马克思恩格斯选集》（第4卷），人民出版社2012年版，第254页。

多单个的意志的相互冲突中产生出来的，而其中每一个意志，又是由于许多特殊的生活条件，才成为它所成为的那样。这样就有无数互相交错的力量，有无数个力的平行四边形，由此就产生出一个合力，即历史结果，而这个结果又可以看做一个作为整体的、不自觉地和不自主地起着作用的力量的产物”①。由此可见，恩格斯所认为的社会合力，不只是无数个人意志力量相互作用的合力，而且是在此基础之上影响无数个人意志的各种因素相互作用而形成的合力，是一种综合性的、整体性的社会合力。即社会思想动力是由无数个体、群体思想动力交互作用共同形成的合力。当然，合力的形成具有复杂性的特点，是由各种思想动力及影响要素交互影响的结果。这种综合性的动力效应不是个体与群体思想动力的简单相加，而是由在不同的现实情景之下，不同个体与群体思想动力交互影响形成的整体动力所产生的整合性力量与动力效应。这种效应可能大于或小于部分动力相加之和，即可能会出现正向动力或负向动力，动力变异或者增量动力等等，关键取决于群体中个体对群体主导思想的认同程度，取决于个体思想动力的方向与大小，以及相互之间的博弈与融合。

思想的动力功能具有一定的整合作用，具有综合性的动力效应，不仅能够产生强大的精神力量，且能够转化为强大的物质力量。马克思指出：“批判的武器当然不能代替武器的批判，物质力量只能用物质力量来摧毁；但是理论一经掌握群众，也会变成物质力量。理论只要说服人，就能掌握群众；而理论只要彻底，就能说服人。所谓彻底，就是抓住事物的根本。而人的根本就是人本身。”② 理论就是系统化的思想，是在社会发展过程中形成的系统的主导性社会思想。理论掌握群众，就是追求与实现最大社会合力的过程，期望通过理论的灌输与强化来形成“心往一处想、劲往一处使”的综合动力效应。马克思强调的理论对实践的能动作用，尤其是强大物质力量的生成，就是将思想与理论转化为思想动力后的现实效果，是一种群体最大合力的追寻与呈现。理论灌输转化为群众的思想动力需要两个要件：一

① 《马克思恩格斯选集》（第4卷），人民出版社2012年版，第605页。

② 《马克思恩格斯选集》（第1卷），人民出版社2012年版，第9—10页。

是思想理论必须体现对事物发展规律即本质的把握，二是通过说服的方式能够被群众所接受。理论掌握群众的前提是理论自身的合理性，且能够体现群众的利益诉求。当满足了这样的条件，群众就会主动去掌握理论并内化为自己思想观念的有机组成部分，自觉地形成内在的思想动力，其积极性与主动性大大提高、群体的凝聚力与整合力明显增强，人们在生产中的创造热情高涨、生产效率明显提高，从而可以实现强大物质力量的转换。否则，当理论的灌输转化无法满足这样的条件，理论只能是外在于群众的思想观念，无法引起群众内在的心理感应，更无法转化为群众的积极性与主动性，无法产生现实的思想动力，社会的整体合力就会大大地消解。

因此，思想动力不是一种恒定的动力，也不是可以衡量的动力，更不是一种消极的被动性的动力，而是具有复杂性与弹性的动力，是具有极大潜在能量的动力，也是具有变动性与不确定性的精神动力。

### （四）思想动力的来源和机制

思想动力来源于两个方面，一是来自于人们内在的思想观念及构成，包括目标、需要、意志、情绪情感等等，形成内在动力，或内生动力；二是来自于外在环境的影响与压力，产生外在动力，或外生动力。

1. 内在动力

马克思认为人类心理结构最根本的东西就是需要。需要是人类个体与整体发展的原动力，没有需要就没有生产，就没有社会的变更与发展。需要是人有意识活动的根本动因，是人的活动动机形成与目标确定的内在根据，是行为的源泉。具体表现为，需要是人们产生行为动机的基础，其在外在条件允许的情况之下产生满足需要的计划、打算等行动方案，形成一定的动机，产生一定的思想动力，驱使或推动个体去从事满足需要的行为。但需要是具有多样性和层次性的系统，不同个体具有不同的需要系统与结构，而且在不同的时间与空间之下需要系统的结构会产生相应的调整与变动，与此同时形成的动机系统也会产生变化，构成人们思想内在的复杂运动，思想动力也必然处于波动的状态，但人们的思想动力往往由主要需要引发，由满足需要的强烈欲求与情绪情感所推动与激发，总会驱动个体产生满足需要的行为。个体思想的内在动力充足，只要外在条件允许，立马会产生满足需要的行为；如果外在条件不允许，个体也会想尽办法将满足需要的行动付诸实际，尽管可能会出现行为的偏差，甚至可能产生不好的效果。由需要诱发动机，由动机产生思想动力，由动力驱动而产生行动，这是个体思想内在动力机制运动的一般规律。

因此，思想的内在动力机制是以人们的内在需要为出发点与基本驱动，通过考虑外在条件与需要满足的层次差别，来建构需要实现的目标体系，形成实现目标的计划，产生想要行动的主次分明的动机系统，形成思想动力系统。思想动力功能的实质就在于思想是否能够转化为人们内在的意志与动机，以及转化的程度。如果没有内化为意志动机，就会缺失思想动力，就不可能有相应的现实行动；而只有内化为一定的意志动机，才会形成一定的思想动力，才可能出现相应的现实行动。这种意志动机决定了思想内在动力的强弱与取向，从根本上来讲，它取决于人们对理想与目标的认同程度，取决于人们的现实需求与追求，取决于人的本质力量实现的迫切程度。

2. 外在动力

外在动力，或被称为外在压力，往往是一种强加的、不得不按照规范要求去做的外在强制力，如个体所在群体规定的目标与要求，这是对群体成员的一致性与普遍性要求，往往很少考虑个体的差异；或者是来自于现实中他人如父母、教师等的强制性要求与较高的期望，也许这些他人考虑到其实现的基础，也许没有考虑到。这种来自外界所确定的目标要求与人们内在的思想要求可能相契合，也可能不相契合甚至是完全不一致，但是这是个体融入群体被群体接受所必须完成的目标与要求，也是个体实现社会化所必须实现的社会期待与要求，个体就不得不将之转化为自我追求的内在目标，将这种外在的压力转化为内在的思想动力，可能由一种不得已的压力逐渐转化与被认同，进而转变为真正的自我认同；也可能引发逆反心理，不愿将这样强加的外在压力转变为思想动力，而出现种种不合作的言语与行为，产生明显的抵触情绪。

外在环境中的思想对个体的影响也是如此，并不是所有的外在思想都能够被个体所接受与认同，并不是只要有一种思想存在都会转化为个体的内在思想动力，而这些思想是否能够转化为个体的内在思想动力，主要在于是否被个体选择与认同，以及认同的程度。但是群体与组织一般都会强加灌输那些需要个体接受的主导性思想，这种外在的强制灌输只有经过内化成为个体的思想观念与信念理想之后，才能形成带有明显指向性的心理力量，将外在思想的压力或推力转化为个体内在的思想动力，从而使群体思想与行为保持一致成为可能。这样的个体如果占群体的绝大多数，由不同个体一致性的思想动力融汇为群体的思想动力，群体的凝聚力与合力就强，群体目标就容易达成。但如果外在强化的思想不被个体所接受，就不可能成为个体思想的有机组成部分，也无法产生内在的思想动力，更无法具有群体所要求的思想与行动，这样的个体就会在群体之中产生离心力，群体的整体思想合力必然在一定程度上消解或减弱，群体内在凝聚力的形成则面临着极大的挑战。如果群体中这样的个体占绝大多数，群体思想动力的合力明显减弱甚至消失，群体也到了人心涣散与解体的边缘。所以外在动力的推力作用往往是强制性的，它只能通过转化为个体的内在认同，才能产生实质性思想动力。但也不排除在强制性的同时通过激励和支持关系构建等多种手段与方式，来加强对人内在利益诉求与本质力量展现需要的激发，以增强人们的思想动力。

3. 思想动力机制

思想的动力机制是指思想动力要素之间相互作用的机理与方式，是外在动力与内在动力交互作用、有机转化的方式，是对外在条件与内在根据相互激发、交互作用与整体协调的动态把握的方式。具体地讲，思想的动力机制主要产生于个体需要所引发的目标追求，是思想对目标追求的内化机理，其产生与发展需要“化”的过程。一般被认为是由“外化”转向“内化”两个阶段构成。美国社会心理学家凯尔曼将思想观念内化的过程分为三个阶段：第一为服从阶段，这种服从是人们为了获取物质与精神的奖励与报酬或者避免相应的惩罚而采取的、表面的顺从行为；第二为同化阶段，即人们自愿接受他人或者群体的观点与意见，使自己的态度、追求与他人和群体的要求相一致；第三是内化阶段，这是行为主体真正从内心深处相信并接受他人和群体的观点，将之纳入到思想内在价值体系中，转化为思想观念的组成部分。显然，服从阶段就是外在强力所造成的被动性接受一定思想的过程，同化阶段是对他者或群体思想进行吸收与认同的过程，而内化阶段则是将这种思想转化为自我内在思想的有机组成部分的过程。思想的动力是由服从阶段的潜在状态逐渐发展到内化阶段的显在状态，也是由潜在较弱的力量转化为内化阶段较强的自我内在力量，这是外界思想对人的影响而产生思想动力机制的一般性规律。思想动力产生的过程是一个由潜在动力转向显在动力的过程，具有明显的过渡性。这种过渡性主要体现在同化阶段，即对所要求思想保持一致性与吸收的过程，这为内化成显在的思想动力奠定了基础。正如“才能在没有发挥出来以前只是潜能，发挥出来才是现实力量”①。思想的这种动力机制所产生的力量亦如是，开始只能是人们内在的潜在力量，或者说是思想动力的潜在形式，而只有将这种潜在的思想动力加以应用，运用于人们的生活与生产实践之中，才会将潜在的思想动力转化为现实的思想力量，思想动力的功能才能得以发挥，从而转变成现实的力量。

因此，个体思想动力机制的形成往往要经过外在压力转化为内在动力的过程。通过外在强化要求其服从开始，到转化为个体内在的思想认同，再内化为个体思想观念的有机组成部分，形成内在的需要，产生动机，形成真正的、自觉的思想动力。但并不一定所有的外在压力都会转化为个体的内在动力，只有外在的影响要素与个体需要、动机等内在要素的有机结合，即外在要素引发人们的内在需要和动机才会产生思想动力，而动力的大小强弱和方向性质取决于个体内在需求的迫切程度、意志品质与理想目标。

对个体而言，思想动力功能表现为思想具有激发人们内在潜能、

---

① 鲁鹏：《制度与发展关系研究》，人民出版社 2002 年版，第 177 页。

调动人们的积极性、激发热情与激情，形成意志品质与精神力量的作用，使人们会主动参与到现实的生产与生活实践之中，实现个体的成长与发展。对群体而言，思想动力功能表现为具有形成群体的凝聚力与向心力、使人们具有共同的目标感与奋斗精神，达致群体目标。如果群体成员个体的思想动力一致性明显，则会出现最大的合力，否则合力会大大减弱。思想的动力是变量，其既可以持续、重复与持久性地发挥作用，也可能发生短暂的、间歇性的影响，更可能不断产生再生性的激励力量。思想的动力功能主要解决的是人们的思想转化为现实实践行为的驱动力量问题，以及思想动力形成的机制、规律及作用的发挥。但思想动力功能作用的发挥并不是简单的理论问题，而是现实中如何充分遵循这样的规律更好地发挥人们的思想动力作用。思想动力功能的发挥是非常复杂的问题，并不如人们的自我预期一样，正如恩格斯所言："在历史上活动的许多单个愿望在大多数场合下所得到的完全不是预期的结果，往往是恰恰相反的结果，因而它们的动机对全部结果来说同样地只有从属的意义。"[①] 恩格斯从社会历史发展的角度来探讨社会发展过程中行动者的动机与动力，一是因为历史发展的社会合力不是单个人活动愿望与努力的简单相加，现实的发展并不会按照个体自我的思想逻辑来进行，而是交互作用、影响的必然结果；二是任何持久性的重要历史变迁的社会行动，的确是一定的思想尤其是伟大人物或领袖的思想转化为群体普遍性内在思想动力的结果。外在的思想压力如果不能转化为个体内在的思想动力，则无法引起个体主动与自觉的行动，更无法将精神力量转化为物质力量。任何群体要想实现一定的目标，必须将一定的思想观念转化为群体成员的内在动力，成为绝大多数成员的共同追求与努力。

## 四　小结

本章探讨了思想导引、调控与动力三个方面的功能。三个方面的

① 《马克思恩格斯选集》（第4卷），人民出版社2012年版，第254页。

功能是由思想的特殊性质及人性的基本性要求所决定，思想导引功能主要源于思想观念所具有的超越性、预测性与抽象性，调控功能源于思想内在运动的复杂性与矛盾性，动力功能主要源于人们内在需求的迫切性与人本质力量展现的必然性。导引功能主要是思想观念对人们内在思想目标与活动的指导与引领的作用，是方向性的保障与目标吸引；调控功能主要是思想的自我调节与控制，以及对他者思想与行为的调节与控制，是对思想活动过程的动态性把握与掌控；动力功能主要是对人们内在需要动机的激发与潜在能量的挖掘，以及对群体整体合力最大化的追寻和利用。思想的运动是在一定的现实情景之下，人们按照特有的思想逻辑与内在运行机制来动态性地进行思想建构的过程，也是三大功能共同发挥作用与展现能量的过程，形成一种有机整合性的思想功能与力量，指导、支配、调整与推动人们的现实行动。当然，对群体或社会而言，思想功能取决于群体成员之间思想的整体合力，为了能够实现群体目标，必然会以群体思想对成员思想与行为进行规约、调节与统一。

# 第三章　思想的选择

选择性是思想内在调控机制的本质，是人具有主体性的重要表征。思想的选择往往是人们基于自我生存与发展的现实情景所作出的主观性判断，这种选择可能是习惯使然，可能是迫于外界压力，可能是刹那间的决断，也可能是深思熟虑的结果，更可能是由社会环境中的偶发因素所引起。“我们以为自己的选择是自由、自主、独立的，然而却无可奈何地受到各种因素的迷惑、摆布、戏弄，我们的生活因此充满了各种变数。”① 这是对选择过程及结果复杂性的生动表述。选择尽管是人们的主观决定，但往往受多种因素的影响。人们就是生活在不确定的现实之中，最终选择的很可能不是自己想要的现实与结果，却是必须要做出的决断与选择。因此，思想的选择是人们在社会实践与生活之中不断进行的处理与决断，选择过程具有主动性、能动性、复杂性的特征，有时会伴随着内在矛盾冲突的权衡痛苦，处于左右为难、进退维谷甚至茫然不知所措的现实困境之中。选择了一种思想可能就选择了一种人生态度与追求，选择了一种生活方式与行为轨迹，选择了一种人生的命运与结局。同样，透过不同的思想与行为选择，也可以在一定程度上分辨出人们不同的思想观念与视界。

## 一　思想选择的界定

选择包含着从众多事物之中进行挑选、筛选、判断与决定等意

---

① ［美］希娜·艾扬格：《选择的艺术：为什么我选的不是我要的?》，林雅婷译，中信出版社2011年版，封底。

蕴。个体的生活与实践几乎无一例外都是思想选择的结果，这是由人的类本质所决定的，人具有决定与选择的基本能力。人们的兴趣、爱好、工作、朋友、衣、食、住、行等等，都是人们有意识与无意识选择的结果。我们就是生活在一个需要不断进行选择的世界之中。“to be or not to be”不只是哈姆雷特所必须面对的生死抉择，实际上是每个人每天甚至每时都会面临的判断与决定，都会在多种可能之间进行筛查与选取。思想的选择就如同一条永不停歇的河流，一直在人们的脑海之中涌动，有时奔腾、有时舒缓、有时澎湃、有时叮咚……选择成为人们与生俱来就具备的并不断得以发展的自我能力，也是现实中人们无可逃避的自然现象，是人们在现实生活中生存与生活的正常状态，只是有的选择是人们从未意识到的存在而已。

### （一）思想选择的特征

思想选择具有一定的预先设定性，是自由能动的选择，总是会带有一定的主动性，是人们考量现实情景或者受到情景触动而产生的判断与决定。只是有的选择留存于人们的思想之中，有的选择外显于现实的行为表现；有的选择是无心插柳的结果，有的选择则是有心栽花的成果；有的选择是心向往之的坚定持守，有的选择是无可奈何的被迫之举……“选择可能是在屈从或不安中进行的，它可以是一种逃避，它可以在自欺中得以实现。我们可以自我选择为逃遁的、不可把握的、犹豫不决的等等；我们甚至能选择不进行自我选择；在这些不同的情况下，目的就在事实的处境之外提出来了，而对这些目的的责任就落到了我们身上：不论我们的存在是什么，它都是选择；把我们选择为‘伟大’和‘高贵’或‘低贱’和‘受辱’的人，这是取决于我们自己的。”① 思想的选择并不全是心甘情愿的，可能是不选择，或是在不愉快、矛盾与压抑之中进行的不得已的选择，但人们无疑都是选择的责任主体。为什么选择、选择什么、怎么选择，即选择的动因、内容、方式取决于人们的自我理解、自我判断与自我处置，即取

① ［法］让-保罗·萨特：《存在与虚无》，陈宣良等译，安徽文艺出版社 1998 年版，第 602 页。

决于人们的价值取向与自我选择的能力。

思想的选择具有自由性，体现人的主体性。斯多噶学派哲学家塞内尔曾说："认为奴隶被完全占有的想法是错误的，因为人的内心是不能被奴役的，尽管身体被奴役，但一个人的思想是任何人都无法控制的，它是自由的、奔放的，身体的奴役并不能阻碍思想的自由。"① 当然，当约束了人们的现实行动会同时使人们的思想受到一定程度上的禁锢，但人的思想具有隐蔽性与自由奔放性的特征，外在行动不能做的选择，可以在思想上、在想象之中进行随意性的选择与有意识的选择，可以进行应对现实问题相应方案的选择、超越现实的想象选择、任由思绪飞扬的自由选择，……其可以不受现实处境的限制而进行思想上的想象、建构与描画，展现现实中不能或无法展现的情景，伴随着人们内在不同程度体验与感受的发生，形成思想选择的内在驰骋与现实的共生现象，即在人头脑中进行的思想选择不一定要付诸现实行为，而现实行为的选择一定是经过头脑中思想选择之后的行动选择。

思想的选择具有较强的主观意愿色彩，只是在现实中人们更多地关注于选择的外在表现，习惯于从外在的选择行为来推测其内在的动机与需要，缺失对其所形成的内在思想选择进行探究与讨论。所以，人们所惯常认为与理解的选择往往只是以人为主体的外显性选择，是具有明确现实对象与指向的选择行为，如针对某人、某物、某事、某时等的选择，是人们可以直接观察到的现实性选择，而不包含内隐于思想之中的选择。但从选择行为发生的角度来看，任何一种外在的选择行为，都不是自发产生的，而是有着内隐于思想之中的先在选择，行为不过是选择的逻辑结果或外在显现而已，即使是现实中的即时性选择亦如此。人们现实的所有选择皆是思想导向的结果，皆是思想选择的外在表现。思想的选择既可以是在人们思想之中进行的与其具体行为无涉的选择；也可以是直接转化为现实行动的选择。

因此，思想选择是受选择欲望驱动，因一定现实情势的刺激而做

---

① 转引自［美］希娜·艾扬格《选择的艺术：为什么我选的不是我要的?》，第19页。

出的有关观念、行动等的取舍、判断与决定。思想选择既体现为过程，也表现为结果。具有动态性的特征，是在动态的思想活动之中不断进行选择的过程；又具有目的性的特征，有时是内隐于心的隐蔽活动，有时是行之于外的现实表现，更多是内在与外在选择的有机统一。

### （二）思想选择的分类

思想活动的隐蔽性决定了思想选择的复杂性与变动性，但并不是完全不可认识与把握的现象。从不同的角度可以划分为不同的类型。

1. 无意识选择与有意识选择

从人们是否意识到的角度，可以将思想选择划分为无意识选择与有意识选择。无意识选择是人们在现实生活中不经意间自然而然地接受或选取一定的思想、观念与行为，是人们没有意识到的、不由自主的、难以控制的思想选择，具有明显的潜在性、不自觉性与跳跃性的特征。可能是人们先天性的无意识选择倾向的一种表现，也可能是有意识选择转化而成的一种习惯性的选择，因为意识经过长期的强化和积淀，有可能转化为无意识，而无意识反过来又在不经意间影响甚至支配人的意识和行为；前者是人们以一种本能的内在驱力形成的主动性的自觉选择，后者是有意识的实践形成的习惯性思维模式与行为规范所导致的自觉选择。

有意识选择是指人们在现实中有目的性地接受、吸收或选取一定的思想观念与行为，是一种具有明显指向性的显在的、自觉的思想与行为选择。可能是主动性的选择，也可能是被动性的选择。主动性的选择一般是具有较为明显的内生动力选择，至少选择者内在需求动机相对强烈、目标方向较为明晰，在现实选择中表现出明显的主体性。被动性的选择是人们在外界强化性甚至是强制性要求之下做出的选择，开始往往缺失内生动力，迫于外界的压力而不得不接受或遵循一定的要求与原则来进行的现实选择。这种被动性选择可能会随着时间的推移与现实实践的发展被其他选择所代替，或者被放弃，或者直接转化为人们的主动性选择。

2. 随机性选择与规律性选择

从选择方式的角度，可以将思想选择分为随机性选择与规律性选择。随机性选择是人们在现实生活之中所进行的随时、随性、随意的选择，具有一定的偶然性与变动性的特征。可以分为有意识与无意识的随机选择两种。有意识的随机选择是人们在一定目的与动机的驱动之下有意识地、随心所欲地进行选择；无意识的随机选择是人们没有意识到的因内在偏好、倾向与意识的自然流动而进行的选择。

规律性选择是人们在一定理念指导之下，遵循一定原则与方法在多种可能性之中进行的有目的性的思想选择，其具有程序化与规范化的特征。规律性的选择取决于个体在一定制度规定与文化传统背景之下所形成的价值观、理性思维模式等，具有普遍性、确定性与规律性的特征。

3. 非理性选择与理性选择

从性质的角度可以将思想选择分为非理性选择与理性选择。非理性选择是由人的非理性因素诸如欲望、兴趣、爱好、情绪情感、直觉、下意识、灵感、想象、顿悟等起决定性作用的判断与决定。主要特征为：非逻辑性、瞬时性、随机性、突发性、直觉性、情感性与本能性。非理性选择往往表现为直观性的把握、瞬时性的决定、随机性的判断、内在偏好倾向的坚持、习惯性选择的遵从、情景触动的突发性选择等。非理性选择的典型表现就是跟着感觉走，而人们的感觉在特定的情景下，可能正确，可能错误。

理性选择是指人们根据现实情景与一定的理论、原则等依据，经过反复权衡比较而做出的判断与决定。主要特征为：目的性、逻辑性、程式化、反复性、复杂性、过程性等。理性选择是有意识、有目的性的选择，是反直观性的选择，对直观得来的信息会进行筛选、确认、分析、推理与判断，且不会马上作出决定，而是需要进行相对较长时间的思考与观察，经过深思与熟虑才能作出最终的选择。

当然，还可以根据选择目标取向的角度将思想的选择分为为我性选择和为他性选择；根据选择主体可以分为个人选择、群体选择、社会选择；根据选择主动性的角度可以分为主动性选择、替代性选择和被动性选择；根据选择特征的角度分为兼得性选择和两难性选择。每一组分类都不是简单地彼此相区分，而是有意识选择与无意识选择、随机性选择与规律性选择、理性选择与无意识选择等的有机统一，共同构成现实中人们思想选择的复杂过程。

## 二　影响思想选择的主要因素

对个体而言，思想选择是自由的，也是不自由的，会受多种因素限制和约束。“至于你们作为具有独自性的人没有‘摆脱’掉的东西，这就是‘你们的选择和你们的意愿’，……如果他要进行选择，他也总是必须在他的生活范围里面、在绝不由他的独自性所造成的一定的事物中间去进行选择的。例如作为一个爱尔兰的农民，他只能选择：或者吃马铃薯或者饿死，而在这种选择中，他并不永远是自由的。”① 个体的思想选择是有根据的、有限制性的选择，总是存在于一定的阈限之内，即使是个体思想的信马由缰，也一定是在其现实生活经历形成的意象的基础之上而展开的，这是由人所具有的类本质与特性所决定的。马克思指出：“人作为自然存在物，而且作为有生命的自然存在物，一方面具有自然力、生命力，是能动的自然存在物；这些力量作为天赋和才能、作为欲望存在于人身上；另一方面，人作为自然的、肉体的、感性的、对象性的存在物，同动植物一样，是受动的、受制约的和受限制的存在物，就是说，他的欲望的对象是作为不依赖于他的对象而存在于他之外的；但是，这些对象是他的需要的对象；是表现和确证他的本质力量所不可缺少的、重要的对象。”② 因此，人是能动的、也是受动的、有生命的自然存在物。能动的生命个体会根据自己的欲求使主动性的思想选择成为可能，受动的生命个体会受到其所处的现实境况的限制与约束，思想的选择必然受到现实的限定与约束，也必然形成思想选择的有限与无限、自由与不自由的统一，形成现实具体选择的有限性与思想内在选择的无限性、现实具体选择的不自由与思想内在选择自由之间的矛盾，

① 《马克思恩格斯全集》（第3卷），人民出版社1960年版，第355—356页。

② ［德］马克思：《1844年经济学哲学手稿》，人民出版社2000年版，第105页。

形成人们现实思想选择的内在矛盾、冲突的困境。正如马克思所认为的，个体不是想象中的，而是从事活动和物质生产的现实个体，所以是在一定的自己无可改变的物质前提与条件之下而生存。个体现实的生存限阈决定了其思想选择的可能性与现实性。因此，思想的选择是有条件、有限度的选择。因为选择总是有原因与根据的，受到个体所处的现实情景的影响及内在的欲求、倾向与选择能力等等的制约，受到内外重要因素的交互影响。

### （一）内在重要因素

1. 内生性驱动因素：需要

思想的选择是人在主观上所进行的判断与决定。排除外在性因素的影响，主体的内在性驱动因素具有启动与形成思想选择机制的作用，成为选择的内在驱动力。需要被认为是个体所具有的个性倾向性的核心，是个体思想选择的直接内驱动力，决定个体的思想选择及结果。“需要是人的一切行为活动及其目的的原始根据和原初动力，也是人们衡量一切行为活动及其结果是否有价值以及价值大小的最终尺度。”① 从某种意义上来讲，需要是人某种缺失满足的内在欲求，即缺失性需要是由于自我感知的现实匮乏感而产生的，选择就是满足缺失感需要的活动，或者是由缺失需要而引发的思想与行为活动。马克思认为，人总是受到某种需要的驱动，需要是人的一种内在的必然性，是追求自己对象的本质力量，“在现实世界中，个人有许多需要”②。人的需要具有丰富性、全面性与层次性。多种需要决定了个体的多种选择取向与可能。马斯洛最初将人的需要划分为五个层次，认为人的需要满足是从基础的生理与安全需要逐渐向高层级的精神需要跃进的过程，最后达到自我价值实现需要的满足。从发生学的角度来看，这种需要的选择无疑是有道理的，也具有一定的规律性，因为作为人们维持生存的需要是本能性的基本需要，离开此种需求则谈不上发展需求的满足；但从现实与发展的角度来看，人们的需要结构绝

① 杨鲜兰：《论马克思的需要动力思想》，《哲学研究》2011 年第 5 期。

② 《马克思恩格斯全集》（第 3 卷），人民出版社 1960 年版，第 326 页。

不是简单链条式递进形成的金字塔结构，而是在现实的情势之下，因个体的不同处境与内在需要的变化，具有复杂的、不同的结构状态，呈现出一定时空之下不同个体的不同需要结构体系。

（1）需要的类型

需要可分为生存性、发展性与享受性三大类型需要。生存性需要是人取得生存的最基本或最原始的需要，马克思称之为“必需的需要”或“必要的需要”，这种需要是其他一切需要的基础。马克思认为人们必须首先满足了吃、喝、穿、住等这些最基本的维持有机体生命的需要，才能谈得上从事更高层次的政治、经济等精神性需要欲求的满足活动。生存性需要是具有一定生理基础即通过人的感觉器官产生的感觉性或感受性需要，是人自身生理反应机制产生的本能性需要，如饿了会产生获取食物的需要，渴了会出现补充水分的需要等等。这种需要是求得生存的本能性选择。

发展性需要是人们为了能够更好地生存、取得较好发展机会与地位而产生的需要，表现为对有关知识的渴求、技能获取与能力展现的愿望、与人交往的需要及其现实选择等。发展性需要具有很强的社会性，是人在生活与实践过程中不断被激发与修正的现实需要，是在社会化过程中不断被确认与强化的社会性需要。所以，发展性需要不仅包含人们在生活与社会实践过程中主动建构的内在需要，还包含被动甚至被迫强加形成的内在需要。这种强加的需要是人们在外在任务与情景压力之下不得不形成的需要，往往是人们不情愿、不快乐甚至是不被接纳的需要，伴随着与本能愿望的矛盾冲突。马克思曾经揭示了工人劳动异化的本质，认为劳动是外在强加的东西而不是工人内在的需要，在劳动的过程中，工人被动地不得不发挥自己的体力与智力，他们感到身心的折磨、摧残与不舒畅，这种强制性一旦停止，他们就如同逃避瘟疫似的立刻逃避，因为这种劳动不是他们心甘情愿的，而且是被迫进行的强制性劳动，所以“这种劳动不是满足一种需要，而只是满足劳动以外的那些需要的一种手段”①。作为手段的需要显然

① 《马克思恩格斯文集》（第1卷），人民出版社2009年版，第159页。

不是人们发自内心的需要，是为了维持生命本然需要而不是从事的劳动，是为了获得赖以延续生命的生存资料而迫不得已产生的需要，具有外在性、强制性特征。当然，随着时间的推移与生活、生产实践的深入，这种外在强制的需要可能会转化为人们内在的自觉自愿的需要或无意识需要，可能仍然是痛苦的、不得不接受的强制性需要。

发展性需要同时也是人的类本质再现的需要，体现人的本质力量的需要。正如马克思所认为的："动物只生产它自己或它的幼仔所直接需要的东西；动物的生产是片面的，而人的生产是全面的；动物只是在直接的肉体需要的支配下生产，而人甚至不受肉体需要的影响也进行生产，并且只有不受这种需要的影响才进行真正的生产。"[①] 这是由人的类本质所决定的，使得人的需要具有超越肉体需要的丰富性与多彩性的特征，因为人类所关注的不仅是自身的生存与肉体需要的满足，而且是人的本质力量的实现，其能够能动地将外在自然界改造为属人的世界，具有从思想上使自我二重化的能力，具有在他者关系之中确认自我的能力，具有从外在事物中展示与体现自我本质力量的能力，使得发展性的需要包含了超越基础物质性需要的精神性需要，从而使人们具有了不断提升自我的内在精神欲求及需要的满足活动。

享受性需要是人们在生存与发展过程中，从自我内在心理满足的角度而衍生的需要。这种需要可能是物质的需要，可能是精神的需要，可能是二者兼具的需要。享受性需要也是人的本能性需要，却是超越人基本生存需要的较为高级的本能性需要，是对人生存与发展过程中生命活动质量与品质的追求，是人的本质力量得以确证后的欢欣与喜悦，这种需要的满足表现为人们身心的愉悦与满足之感。享受性需要取决于人们对人生幸福与享受的认识与理解，取决于人们的人生观与价值观。享受需要可能是物质的需求，可能是精神的神往；可能是发自内心的渴求，可能是与他人攀比的欲求。不同的人对享受的认知与理解不同，对享受的需要、选择与追求有别。

生存性需要、发展性需要与享受性需要构成人类生命活动的三大

① 《马克思恩格斯文集》（第1卷），人民出版社2009年版，第162页。

需要类别。其中，生存性需要是基础性需要，是人们维持自我生命与活动的必需，是产生其他两种类别需要的基础；发展性需要是人们为了能够立足于社会不断增强社会适应能力而产生的需要，是为生存性需要与享受性需要提供相应保障的需要类别；享受性需要是人们对生存意义的追寻与理解、求得自我满足与幸福而引发的需要，其会促进与催生人们的生存性需要和发展性需要，同时对生存性需要与发展性需要又起到一定的牵引作用，即追求什么样的享受就会有什么样的生存与发展需要的产生。因此，三者是有机地交织在一起，构成了人们现实需要结构的动态开放系统，形成复杂的思想选择活动，伴随生活、生产实践的展开不断趋向多样与丰富。“人在什么样的需要的驱使下去从事活动，在活动中又满足何种需要，决定了人的发展程度和人生境界，同时，正是因为需要内在地激发着人对自己本质的创造和实现。”① 因此，需要看起来是人们主观上的欲望，但是却是在一定的社会实践条件之下而形成的，人们在不同的实践条件与生活环境中会有不同的需要与欲望，随着生产实践的发展会产生出新的需要，马克思指出，不同的产品会引发人们的需要，创造出不同的消费者，艺术的对象会创造出懂得艺术和会鉴赏的大众。实践成为需要产生与实现的基本途径与方式，正是因为实践，使人们的需要得到满足，同时又能催生新的需要，促进需要的变化、发展与丰富。

（2）需要引发的选择本质

马克思认为，人们在不同的社会历史条件之下会产生不同的需要，如肉体、物质利益、精神、社会、自然、奢侈、利己、文明、交往等需要，这些需要有的正当、合理，有的不正当、不合理；有的是能够得以实现的有效需要，有的是不能实现的无效需要。但人的需要总会随着社会现实的变化而不断发展变化，人们的需要满足是没有止境的，人的需要和满足需要的手段同时得以发展，需要的丰富表明人的本质得以新的充实、人的发展趋向全面。

需要总会引发人们的选择，但并不是所有的需要都会转化为选

① 杨鲜兰：《论马克思的需要动力思想》，《哲学研究》2011 年第 5 期。

择。即需要只是选择的基础与基本诱因，只有具备相应的条件才能引发满足需要的动机，思想选择才可能发生。但从本质上看，需要具有为我性，是个体自我的内在需要，不论这种需要是内生性的，还是外在强加或外在生发的，必须转化成为个体内在的诉求，才能谈得上指向满足需要的选择。马克思认为，在任何情况之下，个人总是要从自己出发的；人类总是为了满足需要而去生产劳动。以自我的角度出发去看待问题与进行选择成为基础、成为必然，而站在他者的角度不过是自我建立起来的同感而已，使人具有了建构同理之心、感同身受的能力。“我用我的视觉来判断你的视觉，用我的听觉来判断你的听觉，用我的理智来判断你的理智，用我的愤恨来判断你的愤恨，用我的爱来判断你的爱。我没有、也不可能有任何其他的方法来判断它们。”① 站在他者角度选择的前提是自我对这种选择的理解与判断、自我对内在需要渴望的程度与满足方式的现实考量，这是一种相对理性的选择，其表现出个体所拥有的多维度视角，其中的核心还是个体自我的认识与理解。同时还有一种只是出于自我内在的原因而做出的感性选择，这种选择可能不需要有太多的理由，是简单的内在偏好与厌恶驱动的结果，“如果一个抉择比其他的有各个抉择都多得多地受到偏爱（或者因它太好了，或者因为其他所有各个抉择都太可怕了），选择者就不是一个自由行动者。他作出的选择，其原因‘太强有力’了，使他毫无自由可言”②。这种“太强有力”的原因取决于个体的内在好恶，是一种个体本能强力驱动的结果。显然，功利性原则是人们满足需要进行选择的基础性标准，其以对自我是否有利或有益为选择的标准与尺度。马克思指出：“当一个人的需要得不到满足时，他就对自己的需要、因而也是对自己本身，处于一种不满意的状态。”③ 需要得不到满足的沮丧，尤其是生存性需要得不到满足的不满意，不只是对自我，而且会引发对他人、对社会现实的不满意。因他人的需要

① ［英］亚当·斯密：《道德情操论》，蒋自强译，商务印书馆 1998 年版，第 18 页。

② ［英］安东尼·德·雅赛：《重申自由主义：选择·契约·协议》，陈茅等译，中国社会科学出版社 1997 年版，第 32 页。

③ 《马克思恩格斯全集》（第 19 卷），人民出版社 1963 年版，第 406 页。

而引发自我的需要是一种常态现象，当这种引发的需要得不到满足之时会出现相对剥夺感，必然会引发或激化人际矛盾与社会矛盾。因为人们处于一定的人群之中，这种社会性要求会成为他们进行需要选择考量的重要参考变量。

2. 内生性决定因素：价值观与科学精神

价值观与科学精神两者有机地结合在一起，共同构成思想选择的内生性决定因素，没有价值观指引的思想选择会失去动力与方向，而缺失科学精神支撑的思想选择会使人们陷入盲动的误区。

（1）价值观

伯格森认为，社会选择的任何一种方法都含有价值判断，尽管这种判断是不明确的。苏格拉底认为，所有道德上的错误都是来自于错误的观念。价值观是主体所认同与理解的有关有用性与有意义的观念与信念体系，是思想选择的内生决定性因素。有什么样的价值观就会有什么样的价值尺度与标准，就会有什么样的人生需要与价值取向，就会产生相应的思想与行为选择。价值观之所以具有决定作用，是因为它可以为人们提供内在与外在的价值尺度，形成判别现实事物是否有价值的标准，从而形成人们现实的价值判断、价值认同、价值选择、价值目标与价值追求。

价值尺度就是价值规则与标准，是对价值事实的一种衡量标准，它明确规定了应该与不应该如何的规范性要求，对人们的思想与行为起到规约与导引的作用，决定人们的选择。马克思充分肯定了人比动物在运用尺度进行生产的明显优越性，能够依据任何尺度进行选择与生产，且将自我的内在尺度运用于对象之上，按照其所认为的美的规律进行创造。马克思所说的内在尺度就是价值尺度，其决定了人们现实思想与行为的选择，决定了现实存在的状态。人的存在不是简单的存在，而是在思想支配之下的现实存在和价值存在，是由处于互动中的人在共在的现实中所创造的“事的世界”中生存，“在通常意义上，应在和存在是两个不能还原的问题，就像平等线不相交，但在事的世界这个不寻常语境中，人必须决定何事存在，于是存在变成了应在的结果。这种以何种价值去做的创世问题，是一个道义化存在论的问题"[①]。这种"道义化存在"就是符合人们道义观念与要实现这种道义观念的现实存在，是由人所主导的符合现实道德与正义需要的存在。以何种价值去做、应该如何去做、去做的正当性与合理性问题、去做的效果预期等等都直接关涉到人们思想的价值尺度，甚至可以说正是在一定价值尺度推动之下必然会出现相应的思想选择与现实行动。

价值尺度是人们在经验世界中习得、在生活实践中逐渐形成的价值标准与原则，并成为人们对现实事物进行判断与选择的基本依据，也成为人们建构思想的基本原则，具有建构思想与导向行为的选择功能。利己主义者与利他主义者的思想选择不同，其本质区别就在于思想价值尺度的不同。利己主义者的价值尺度就是自私与其自我所认为利己的最大化，尽管事实上不一定能够实现真正自我利益的最大化，但是其对他人与现实事物的评判是从"我"的单向度视角出发，将个人利益放在考量现实一切价值的第一位甚至是唯一的因素，这种价值尺度决定了利己主义者的思想选择，决定了现实的思想与行为。其看待问题的视界、现实的行动选择与价值追求等等都是以自我为中心的自我选择标准来确定。对他人思想与行为的解读必然会纳入到自我中心的价值尺度范围进行衡量与对照，坚守"人不为己、天诛地灭"的利己主义信条，无法去真正理解利他思想与行为。对他人的利他思想与行为可能会表示怀疑，甚至进行背后或深层利己动因的推测；也可能会表示轻蔑与不屑，认为利他思想与行为则是愚人或庸人的不明智选择。在现实的行为选择中，与自己利益有关的才会引起关注，无关的则会表现为观望；有利于自己利益的事情就会积极地争取，否则会不闻不问，甚至退避三舍。在这种利己的价值尺度指导之下，利己主义者就会形成斤斤计较、功利世俗的"夏洛克"式的人格特质，形成狭隘的思想观念与行为特征。

利他主义者的价值尺度将他人或群体的利益放在第一位，对他人与现实事物的评判是从他者或群体的角度出发，具有大局意识与视

① 赵汀阳：《共在存在论：人际与心际》，《哲学研究》2009 年第 8 期。

角，至少是他者视角与自我视角的结合，这就决定了其在现实中能够站在更宽阔的视野中看待问题，理解他人思想的多样性，正视自己与他人之间的差异，表现出对他人或群体利益的关切，具有一定的包容性，能够有自我牺牲的奉献精神，以为他人或群体付出而感到快乐与幸福，将群体利益的实现与群体发展视为己任。马克思、恩格斯是利他主义者的典范，他们将人类的解放作为己任，强调自己选择职业时的价值标准是要追求人类的幸福与自身的完美，而自身的完美并不是简单的自我修养与内在完善，认为"人们只有为同时代人的完美、为他们的幸福而工作，才能使自己也达到完美"①。这种幸福他人才能完美自己的利他思想，呈现了利他主义者的现实视觉、价值标准与行为选择。

因此，不同的价值尺度会形成不同的思想选择，表现出思想与行为表现的差异，形成多元价值观的现实。"人类在创造自己的历史中，价值的多元和一元永远不可分割地联系在一起，从而在价值创造的过程中，不仅不断地形成关于社会价值观念之间的差异，同时也在追求价值一致的基础上，不断地形成关于社会价值观念之间的共识。"②这是从社会价值共识达成的角度对价值观念多元与一元关系的表述。不同的社群总会有社群所倡导的价值观，即共识性价值观或主导性的价值观，成为规约群体成员思想与行为的标准，在很大程度上会转化为个体的价值尺度，但因为不同个体的现实处境与自我预期的不同，可能会形成与共识性价值尺度有一定差异的价值尺度。但在一定的社群中总会追求价值观念上的一致或统一价值观念的认同。

价值尺度一旦形成就具有一定的稳定性，成为人们日常思想与行为选择的标准与指南，形成一定的思想方式，形成对自我与其他事物的认识、理解与选择。当人们在现实中通过接受社群的意识形态而形成一定的思想价值尺度时，就会自然而然地遵循这样的尺度思考问题与行事，就会据此进行判断与选择，形成一定的思想视角、思维定势与行为习惯，甚至形成具有特色的社群文化与意识形态。这时的思想

① 《马克思恩格斯全集》（第40卷），人民出版社1982年版，第7页。
② 陈新汉：《哲学视域中社会价值观念的共识机制》，《哲学动态》2014年第4期。

价值尺度具有刚性的特征，成为人们必须遵守的现实标准与尺度，直接决定人们现实的思想选择。对个体自身而言，这种价值尺度成为对自我思想与行为进行评判的标准，成为自我反思的度量衡，成为对自我思想与行为选择的直接依据。当不符合这样的价值尺度时就会产生内在的羞耻感与负向评价，出现个体内心的痛苦与挣扎，出现自责、后悔等等一系列内在自我批判的方式，甚至表现出对自我的不认同与不接纳。这种尺度就成为个体对自我道德价值要求的内在尺度、自我审视的内在杠杆、自我价值追求的内在动力。运用弗洛伊德的观点来表述，就是以理想尺度为标准的“超我”向以快乐为原则的“本我”宣战，表现出对“本我”原始欲求的压抑，于是人们就有内在的自我挣扎、矛盾与冲突，形成自我防御机制。内在的价值尺度发挥这种对自我规约的功能，形成了人们自我约束、控制、管理与追求的内在机制。反思或后思就是运用内在价值尺度进行思考的方式，是将已经发生了的事情或自己的思想作为对象或客体，运用内在的价值尺度进行思想的衡量与评判。“慎独”的状态就是思想价值尺度对个体自我充分发挥作用的现实结果，是个体对自我思想与行为进行检视与要求所达到的最高境界，是内在价值尺度作用充分发挥的最佳效果。

价值尺度同样也是评价与理解他人思想与行为的标准，成为对他人赞赏与批评、接纳与排斥的尺度，成为思想价值评价的标准。所谓的“君子求诸己，小人求诸人”①，这是儒家划分君子还是小人的价值尺度与标准。在遇到困难与问题时，是自我检视而注重自我能力的提升，还是不思己过而怨天尤人？孔子反复强调这种“求诸己”的价值尺度及现实应用的表现，认为这是君子自我修养的标准与现实行为的必然选择，如“君子病无能焉，不病人之不己知也”②，君子担心自己没有能力不能做到自立而担当大任，而不是担心别人对自己的不了解；“不患人之不己知，患其不能也”③；“不患无位，患所以立；

① 《论语》，岳麓书社 2000 年版，第 192 页。

② 《论语》，第 192 页。

③ 《论语》，第 177 页。

不患莫己知，求为可知也”[1]，不担心自己没有职位，而是担心自己没有任职的本领与才能；不担心人家不了解自己，而是要具有可以为别人所知道的才能与本领。所以君子具有“人不知而不愠”[2]的坦荡荡的现实品格与胸怀。“求诸己”既是君子修身的一种方式，更是衡量是否是君子的一种现实尺度。孟子将这种价值尺度做了更进一步的阐释：“爱人不亲，反其仁；治人不治，反其智；礼人不答，反其敬；行有不得者皆反求诸己，其身正而天下归之。”[3]孟子要求在现实中遇到问题首先就要“反之于己”，要先检视自己的不足，自己是否做到了仁爱，是否足够明智，是否足够敬重他人，只有做到身正，才能达到人心所向的局面，这既是修身之道，更是成功之道。因此思想的价值尺度并不是头脑中抽象的、模糊的标准，而是具有现实种种要求与表现的具体尺度，会对人们的思想与行为产生直接而决定性的影响。

价值本质上是一个关系属性，通常随着主客体关系的变化而不断发展变化。因此，价值尺度虽然是具有相对稳固性的标准，但并不是固定不变不可更改的尺度，它会伴随着人们社会实践的发展、个体现实际遇的不同而产生变化，带有个体理想追求的色彩。当人们在现实中运用一定的价值尺度去衡量人与事物时，可能因为偶然的某一个事件、人物甚至是细节，引发人们对已有的价值尺度进行反思、怀疑甚至是颠覆，即出现思想的批判性与反思性，通过对原有价值尺度进行批判、检视与分析使自己从思想的束缚中解放，主动矫正已有的价值尺度而形成新的尺度，产生新的思想观念与行为。鲁迅先生曾经认为当时的中国之所以处于水深火热的受侵略与被压迫的现实中，是因为中国人的体质羸弱，所以东渡日本立志学医以拯救国家民族于水火之中，当他在偶然中看到了一些中国“看客”麻木的愚昧，痛心疾首，依然决然地重新进行了自我人生的选择而弃医从文，以文化来唤醒、改变民众思想为自己的人生使命与追求。如果没有“看客”事件的

① 《论语》，第41页。
② 《论语》，第1页。
③ 杨伯峻：《孟子译注》，中华书局1960年版，第167页。

发生，中国可能只是多了一名医术高超的医生而少了一名以笔为犀利武器的新文化运动旗手。因此，思想价值尺度的改变不是随意的，一定是受到现实事件触动而带来反思的直接结果。人们的现实思考是在一定的价值尺度下进行的有系统的、有条理的思想活动，这种思考的逻辑方式是价值尺度赋予的；思考的内容是现实存在所赋予的。所以价值尺度具有明显的现实性特点，具有规约与决定人们行为选择的功能。同时，价值尺度具有超越的理想目标功能，导引着人们的实践选择。这取决于人的本质特性与存在方式。“做事是人的存在方式，所以人有历史有未来。未来不是现实的单调延续，而是事的预先概念：对于人的存在，未来先于现实，现实是实现了的未来或是破产了未来；甚至，未来先于历史，历史是根据未来的概念而不断重新书写的。”①“做事”就是人们的社会实践，就是人所存在的价值事实。尽管这种表述有种元哲学研究的意味，却道出了更为深层的哲理，那就是人们总是会指向未来，总有对未来的种种设想与想象，人们会带着对未来的预期而努力，这种理想对现实、对人们的行为具有导引的作用。更为进一步的理解，就是人们在创造自我的价值世界时，会以理想的价值尺度进行预设，这种理想的价值尺度就成为人们追求的现实罗盘，构成人们现实追求的内生动力与目标，对现实的选择起到决定性的作用。

（2）科学精神

科学精神不只是科学家在进行科学研究之中要坚持求真务实、创新探索、批判超越的精神，更是一般个体所要遵循的理性精神，主要包括存疑、求是与创新的精神。科学精神的昌明，会使人们注重工具理性与价值理性的有机结合，使人们的价值观念具有理性的色彩，带来思想选择的理性化，带来人们选择自信心的提高与能力的增强，带来自我的超越与人类整体发展的可持续。相反，不仅无法超越自我，而且会出现发展的不可持续现象。

科学精神会使人们具备求真的意志与理想，具有胡适所言的“不

---

① 赵汀阳：《共在存在论：人际与心际》，《哲学研究》2009 年第 8 期。

受人惑”的独立精神，在选择时会忠于事实而不是主观臆断，尤其当现实权威观点与事实相悖时，会作出忠于事实的相对客观的选择，而不是盲从权威的观点或者简单运用替代式选择。胡适在新文化运动当中提出要具有新思潮运动的共同精神——评判的态度，即不盲从、重新评估确定一切价值的态度。倡导要养成独立思想的习惯，成为特立独行之士。独立思想就是独立选择、理性选择，具有完全自主性特征，“一是独立思想，不肯把别人的耳朵当耳朵，不肯把别人的眼睛当眼睛，不肯把别人的脑力当自己的脑力；二是个人对于自己思想信仰的结果要负完全责任，不怕权威，不怕监禁杀身，只认得真理，不认得个人的利害”①。这是科学精神在日常生活之中的具体表现，以及转化为人们价值追求与信仰的阐释。当科学精神内化为个体特立独行的品质时，会使人具有自我选择的自由与应有的担当！当然，科学精神缺失与不足时，会出现缺失主体性的非理性选择，盲从他人的观点尤其容易被人权威化，成为东风西倒的墙头草、人云亦云的学舌者，缺失辨别、分析与判断的意识与能力。

科学精神会使人们具有存疑的意识与能力，在面临选择时保持应有的理性，去成见、不武断，能够根据现实情势做出相符的、明智的判断与决定，甚至可能产生创新性的思想和现实成果。存疑的问题导向，使人具有面向一切可能的敞开性，是形成一定创新能力与理性选择思维范式的基础。“一切有用的思想，都起于一个疑问符号，一切科学的发明，都起于实际上或思想界里的疑惑困难。”② 显然，存疑不仅会导致科学的发明，而且是人们日常思想选择趋向理性的基础，是新思想得以产生的前提，是思想走向深刻的重要途径。但只是存疑而不去探索，会陷入简单的怀疑主义泥潭。存疑不能只是在头脑中抽象地设问、怀疑，更不是纯粹理论的思辨与推理，而必须与实践尝试、实践活动有机地结合，才能保持理性选择的可行性与现实性。爱因斯坦认为自己的科学发现就是在实践中存疑的结果，他说过：“这

① 胡适：《非个人主义的新生活》，载耿云志编《胡适论争集》，中国社会科学出版社1998年版，第423页。

② 胡适：《胡适文选》，台北远流出版事业股份有限公司1986年版，第16页。

种经验引起我对所有权威的怀疑，对任何社会环境里都会存在的信念完全持一种怀疑态度，这种态度再也没有离开过我。”① 这种存疑的态度，是在科学发现有所建构的基础，但没有实践经验的积累，就缺失对权威观点验证与存疑的基础；没有这种敢于挑战权威、大胆存疑的精神，不仅在科学领域无法有建树，而且在社会活动与日常生活领域皆不可能具有应对挑战、创新发展的能力。

拥有科学精神会使人们具有理性、科学的思维范式，为理性的选择提供思维范式基础。当然，科学精神总会与现实的价值观与文化有机地结合在一起，共同构成熏染人们选择能力的文化氛围，形成一定的规范来约束人们的选择。在科学发展的现代化社会当中，会有意识地培养人们符合科学精神的选择能力，增进人们对科学常识的认知与理解，为科学精神的形成奠定基础。任鸿隽认为：“科学精神就是常识训练，……常识训练，是说这种训练不专属于某科科学，而为一切科学所应有。不但如此，这种精神，不但是为一切科学所应有，即是平常处事，……也应该如是。”② 缺失起码的科学常识，谈不上在现实之中做出符合科学的判断，不仅会做出与科学相悖的决定，而且会出现招致现实行动负向结果而不自知的现象，那种违反自然规律的“人定胜天”即是缺失科学精神的盲目自大，那种“先发展后治理”的观点招致的只能是生态环境的破坏与现实发展的不可持续。尤其对我国来讲，这种科学的思维范式训练与培养尤其重要，其可以弥补我们传统思维范式的不足。与那种逻辑性、分析性与精确性的科学思维范式不同，我国传统文化形成了人们直观性、模糊性与整体性为特征的思维范式传统，使我们形成了以感性把握为基础的思维范式，形成了我们所特有的重视道德建构而忽视科学精神培养的传统。从对他人的评价方面即可窥见一斑，主要表现为以下两点。

第一，重视动机甚于行动结果的考量。如果动机纯正，结果不

① ［美］爱因斯坦：《爱因斯坦文集》（第1卷），许良英、范岱年等译，商务印书馆1979年版，第2页。

② 任鸿隽：《科学救国之梦——任鸿隽文存》，上海科技教育出版社、上海科学技术出版社2002年版，第351页。

好也会得到人们的谅解；如果动机不纯正，结果好也会受到人们的诟病。或者，如果对他人形成了一定的成见，即使行动结果好，也会怀疑与追究其真正的动机。动机具有隐蔽性的特点，动机是否纯正的把握无疑是困难的，人们往往是出于对他人是否符合传统道德要求印象的简单判断，或者从生活经验出发而进行大致的推测来得出相应的结论。第二，重视面子情感甚于其他方面的考量。人情社会中的一切是以维系个体在社会上的声誉与地位、相互之间关系的和谐为根本，决定了面子情感成为对他人评价与自我选择的首要原则。传统的习俗与评价，作为对他人判断与评价的尺度；他人的眼光与评价，作为自己思想与行为选择的标准。凡在现实中需要选择，人们首先要考虑他人的眼光与想法、自己的面子与现实情感的维系，而不是忠实于自己内心的想法与决定，更不会考虑当事人的意愿与情感。在这样的文化氛围之中，能够考虑面子情感、不从自己的角度出发考虑问题往往被称为是理性的、明智的选择，是一种符合道德规约与情义要求的现实选择。这种道德绑架式的选择，并不是真正意义上的理性选择。同样，对待事物的判断，往往重视感觉等表象的把握甚于科学的论证，更多注重“大致”“可能”“或许”等模糊性的感觉与判断；重视权威的观点甚于理性的判断与决定，表现为对权威意见与观点的遵从、权威观点合理性的论证与传播甚至是膜拜，而缺失相应的怀疑与否定的批判精神；重视道德作用的发挥甚于理性的判断与把握，更多关注于事物、事件对现实道德上意义的建构，往往忽视对事物发展机理与未来发展可能性影响的充分考量。当然，传统的思维范式并不是一无是处的思维模式，模糊理论证明了这种思维范式直观性把握的可行与可能，其具有突破理性思维范式局限的优势。

科学精神注重动机更注重行动的结果，往往会将行动的结果作为衡量是否是科学的、理性的选择标准，认为理性选择一定是具有现实性的思想选择，“一方面，人并不是停留于内心生活中，一个人的愿望再好，如果不借行为及其后果来表现，将显得毫无意义；另一方面，行为的后果并非自然而然地产生的，它在很大程度上是人选择的，受制于自我并体现了自我”①。理性选择取决于个体自我的科学精神与选择能力。当然，理性选择也一定是道德的选择，其总是与人们的现实生活密切相连，与人们所追求的善有机地结合在一起。科学精神并不是对道德选择的摒弃，而是使道德选择趋向科学理性与善的要求。杜威认为人的行为和现实情境相关，“一个人越有良知，就越关心其行为的道德性质，就会越意识到发现何为善这一问题的复杂性”②。善这一问题不能简单地只从道德的层面进行衡量，也不能只从科学的层面进行判断，应该将道德与科学两种维度的有机结合，才能趋向真正的善，才可能有既符合道德规范，又符合科学精神要求的真正理性选择。因此，科学精神的培养与训练，可以使我国传统的道德建构与科学精神所要求的理性选择有机地结合，形成优势互补型的思维范式，能够较好地应对现实的变化并进行合理、科学的理性选择。

科学精神会赋予人们价值追求以应有的理性，价值观念也会直接影响人们对科学精神的理解与接纳，两者在现实中形成一种同构共生的关系，影响着人们的思想选择。

3. 内生性的激发因素：非理性因素

兴趣、爱好、情绪、情感、直觉、意志等非理性因素，是一种渗透到人们现实实践与生活之中一种精神性力量，可以说是一种心理形式或者是不自觉的本体意识与能力，其使人具有了完整性、丰富性与生动性，是人们思想选择的内在激发因素，具有诱导、推动、调节等重要作用。

西蒙将人的注意力称为是选择行为的主要决定因素，而注意的视线与焦点无疑与人们的经验与经历密切相关，更与人们的兴趣与爱好密不可分。兴趣、爱好表现为明显的个体内在倾向性，总会将人们的视线引向感兴趣或爱好的事物或事件之中，具有诱导人们意向的作

---

① 汪家堂：《道德自我、道德情境与道德判断——试析杜威道德哲学的一个侧面》，《江苏社会科学》2005 年第 5 期。

② John Dewey, *The later Works*, *1899 - 1924*, Carbondale: Southern Illinois University Press, 2008, Vol. 5, p. 279.

用，从而引发与提高人们的注意力，直接导向人们的思想与行为选择。当然，兴趣、爱好往往是基础性非理性因素，可能是人们具有的先天本然存在的倾向，也可能是后天培养熏陶形成的感觉倾向，但都是人们的内在偏好倾向。这种偏好性，往往会形成不需要其他理由的思想选择，同时会伴随人们相应的情绪情感。而这种情感性的因素又会成为思想与行为选择的直接推力与动力因素。爱因斯坦将情感和愿望尤其是激情看成是人们所有努力创造的背后动力；列宁认为人的感情是追求真理的激发性动力，没有感情就谈不上真理的追求；马克思则直接界定人是富有激情的存在物，人的激情与热情就是人们追求本质力量实现的强烈表现。有人在研究鲁迅时得出的结论是，作为思想家的鲁迅是一个极端感性的人，认为极端感性是真正思想家所具备的品质，只有做到至性至情才能最深沉地探讨民族的希望与人类的前途，因为这种对民族与人类命运的深切关注，自然会关注与选择这样的研究内容。“对于个体的人来说，更能左右自己选择的往往是感情，思想的悖论一方面在影响着个体的感情方向和性格特征，另一方面，感情较之理性更有韧性和弹性地左右个体的思想选择，只有在感情那里，思想的悖论才可以集于一身。”① 情感具有一定的主观倾向性，强烈的情感表明主观倾向性更为明显与迫切，这种倾向性直接引向或导致思想选择，因此，情感对思想选择的影响是直接且显在的，既可能成为选择的直接动因，也可能是选择的直接推力。情感也是形成人们意志力的基础与源泉，热情、激情与坚韧的意志品质有机地联系在一起，会使人们处于一种积极主动的现实状态，形成与坚定自己的选择，并且能够面对现实严峻的挑战与考验，成为坚持选择的内在推动力。同样如果人们处于一种消极的情绪情感状态，也会直接导致人们的消极性思想与行为的选择。

直觉的判断与选择是经常性发生的现象，其省去了内在逻辑的推理与演绎的繁杂过程，是人们认知事物与看待问题的一种直截了当的方式，具有直接性、即时性、简单性、灵活性的特征。直觉，就是直

① 郑欣淼等：《鲁迅研究年鉴》，河南文艺出版社 2006 年版，第 230 页。

接的知觉与感觉，是人们对事物的第一感，是人们形成的对事物整体性与综合性的直接把握，会形成人们的即时性判断与选择，表现出明显的意向性。这种直觉的判断与选择往往是人们长期经验累积的结果，不能简单地认为直觉缺失理性基础，实际上恰恰是在长期理性基础之上而形成的一种整体性的快速把握事物的能力，“正如亚当·斯密所论，对正确与错误的‘第一感’，‘绝不是推理的对象，而是直接的知觉和感觉’，但即使是这些本能性的评价也必须依赖于——如果只是隐含地——我们对‘各种不同情况下’行动和结果的紧密联系的推理和理解。此外，第一感也会根据批判性的检视而发生改变”①。显然，所谓的第一感实际上并不是单纯的第一感，而是在经验基础之上所形成的第一感，当然，作为第一感的直觉可能是准确的，也可能是不准确的，人们会通过实践不断运用和修正自己的直觉判断与选择。需要注意的是，直觉会对人们形成强大的心理暗示，形成对事物对象等的第一印象甚至产生首因效应，使人们倾向于直觉的感悟、体验与认识，从而直接导向与控制人们的选择。

非理性因素就是这样一直伴随于人们的现实生活与实践之中，对人们的思想选择起到诱导、助推的作用，以至于我们很难严格区分到底是人们的理性判断起决定性作用，还是人们丰富的感性因素在起决定性作用。

### （二）外在重要因素

人的思想选择总是发生在自己的生活与实践范围之内，是内在的意向性和外在现实情境有机结合的产物，它不仅包含简单的认知选择，更包括生活与实践过程中的种种选择。个体的思想选择，绝不只是个体内在的选择，而是基于外在条件的内在判断与决定，包括内化式选择与外化式选择。内化式选择是指个体思想建构过程之中内在所发生的选择，是隐于人们脑海之中不外显的思想选择；外化式选择是外显表现为个体外部行为的思想选择。抛开个体所生活的宏大社会环

① ［印度］阿马蒂亚·森：《理性与自由》，李风华译，中国人民大学出版社 2015 年版，第 34 页。

境与社会意识形态的决定性影响因素不谈，对个体思想选择的外在直接影响因素为个体所处的具体环境，包括家庭、学校、社区等，是多种外在因素的有机结合。家庭氛围、学校教育手段与水平、社群文化等都对个体的思想选择产生直接影响，其通过习惯养成、观念浸染与舆论导向等途径在有形与无形之中影响个体的思想选择，使个体的思想与行为具有某种特定文化的烙印与特征。这是从外在的视角来看待个体思想选择的一种表述，个体的思想选择更需要以个体为核心的反身性视角来看待、审视与确定对个体思想选择产生直接影响的外在因素。具体如下：

1. 外在激发性因素：现时情境

情境性是人类存在结构的重要构成部分。[①] 人们的认知活动，不是一种个人的心灵活动，可以看作是一种关系，关乎一个情境中的能动者。[②] 现时情境是个体所置身其中的当下具体情势与场景。人们会受到此时此境的激发产生或进行相应的思想选择，可能改变原有的思想选择而出现新的替代选择，或衍生出新的思想选择。个体往往会考虑在场者的感受、评价以及现场的氛围与情势，因为对在场者的尊重和意愿的照顾和考虑，可能改变原来的思想选择，也许是真正的发自内心的根本性改变，也许只是一时的应付性或权宜性的改变，照顾所谓的面子与情感使然，形成一种在场与不在场的明显区别。个体可能会受到现实情境的刺激与他人观点的影响，在一定程度上接受他人暗示与观点而产生新的选择，也可能进一步澄清了原有的思想矛盾进行重新判断与决定，或者取消原来的思想选择产生新的选择，或者更加坚定原有的思想选择，或者增加新的思想选择，形成多种选择并存的现象。

现时情境触动而引发的思想选择，具有即时性，是立即作出的判断与决定。看起来是具有一定偶发性的判断与决定，却是个体在短时

① Shaun Gallagher, *Philosophical Antecendents to Situated Cognition*, *Cambridge Handbook of Situated Cognition*, Cambridge University Press, 2009, pp. 50 – 51.

② James G. Greeno, "A Perspective on Thinking", *American Psychologist*, 44 (2), 1989, p. 134.

间内综合性考量的过程与结果。个体会启动固有的思想价值观念、思维方式等内在选择机制，对当下的情势进行快速地判断与决定。原有的内在选择机制构成当下判断的基础，对个体的思想选择依然起到至关重要的作用，会促使人们在现时情势之下，从自我观念、认知与理解等出发而作出一定的判断与决定。因此，现实情境触动下的思想选择，形成决定性影响的实际上仍然是个体所固有的价值观念、思维方式等构成的内在机制，现时情境不过是一种激发性的因素而已，或者说是个体在现时进行思想选择的一个现实的场域与平台、一个引发原来所具有的内在倾向与意念的导火索与点燃器。由此看来，个体当下所进行的思想选择具有发生和结果出现的必然性，绝不是简单的偶然性决定。当然，个体价值观念的决定性作用是相对的。

现时情境更容易触动与强化非理性因素在思想选择过程中的作用，它通过引起人们的同情与同理感，激发人们的喜悦、愤怒、悲伤等相应的情绪，甚至会使人们处于一种临时的应激状态，形成此在强大的选择压力，可能使个体做出有悖于自己原有价值观与内在意向的思想选择，做出自己都无法想到的选择。同时，也可能带来时过境迁之后对思想选择的反悔与后思，带来选择的重新调整。所以，现时情境引发的思想选择具有不确定性，受情势所迫可能只是应激性做出的判断和决定，有时会产生让人意想不到的非线性的现实结果。

2. 外在权威性影响因素：重要他人

重要他人，特指那些在个体社会化过程中有重要影响作用的人物，如父母、老师、同学、朋友、偶像等等。个体总是处于一定的人际关系之中，在与他者的来往、交流与沟通过程中来认知与确证自我、习得一定的观念与行为，形成自我的目标与追求。个体的思想选择必然会受到与之相连结的他人影响，形成一种关系中的自我选择，即他人观点投射的自我选择。米德在自我发展理论中对自我的形成受他人的影响进行过阐释，认为人的自我意识是在社会化过程之中以个体为中心受他者影响同时也影响他人的结果，“他自己那作为一种自我经验，是他通过他影响他人的过程而获得的（而且，这一点正是我所一直在强调的）。只要他能够采取另一个人的态度，并且像其他人所做的那样来影响他自己，他就可以变成一个自我”[①]。米德尽管谈的是与他人交互影响的自我认同过程，但从个体思想选择的角度来理解，他实际上也道出了自我发展、自我选择与他人影响之间的关系，他人对自我选择的影响直接表现在自我扮演他人的角色与语言运用过程中他人态度的强化，通过模仿与体验转化为自我的态度与观点，这是对他人态度与观点产生认同的方式与过程，也是选择应用与接受他人态度与观点的过程。米德强调，构成自我意识的过程就是感受其他人态度与观点的过程。他人的态度与观点会通过自我的选择应用而内化，从而产生自我认同。因此，个体的思想选择必然受到来自其生活与实践过程之中他人的影响，他人的思想选择在个体社会化过程之中逐渐潜入而转化为自我选择。

个体思想选择的他人影响中，重要他人的影响无疑具有直接甚至决定作用。按照社会化发展的过程，个体的重要他人具有不同阶段性的普遍特征，个体在不同阶段的最为重要的他人是不同的。按照发展的顺序依次是父母、教师、同伴群体（朋友）、偶像、伴侣、子女、同事、敌手等。学龄前的重要他人是父母或者其他直接陪伴长大的成人；上学之后教师成为最为重要的他人；进入青春期，同伴群体尤其是朋友成为最为重要的他人；随着青春期自主性的发展、成人感的增强，偶像会引起青少年的崇拜，成为影响其思想与行为的最为重要的他人；当开始谈恋爱，恋人就成为生活中最为重要的他人，等等。重要他人与个体之间有一种特殊的联系纽带，会形成亲近亲密感或崇拜敬畏感，有学者将之分为亲密互动型和偶像型两种类型。亲密互动型是在日常亲密频繁的交往过程之中所认同与信赖的重要他人，偶像型是个体特别崇拜、敬佩、尊重的学习榜样、楷模等具有理想性、完美性的重要他人。但对青少年来讲，偶像型重要他人不一定是现实中的具体人物，可能会是历史上的著名人物等，具有不在场、符号化、抽象性的特征。除了上述两种，还有权威型、竞争型重要他人都会对个体的思想选择产生直接性的影响。

---

① ［美］乔治·赫伯特·米德：《心理、自我和社会》，霍桂醒译，译林出版社2014年版，第189页。

权威型重要他人是具有较高威望和一定权力的重要人物，他们对个体的思想选择起到决定性的作用。权威意味着具有一定的合法性，具有让人信服、自愿追随与顺从的威力，对个人的思想选择具有强大的暗示作用。恩格斯在《论权威》中指出：权威“是指把别人的意志强加于我们；另一方面，权威又是以服从为前提的”①。韦伯认为权威是一种合法的权力，具体分为三种类型：超人权威、传统权威与法定权威。超人权威是非凡人物所具有的那种所向披靡的个人吸引力，即由一种特殊的人格特质所形成的不寻常的影响力；传统权威是过去已经建立起来的合法化权力，如传统文化习俗与文化模式形成的一种合法化权力；法定权威是根据一定的规章条令形成的一种合法化的权力。但无论是哪种类型的权威型重要他人都具有让个体遵从的性质与威力，对个体的思想选择产生决定性的影响。超人权威与偶像的作用有些相似，但还有一定的区别。如果说偶像型的重要他人是以吸引个体通过模仿的方式影响思想的选择，那么权威型重要他人则是通过言语、行为的权威性与个体自身的影响力使个体遵从，甚至形成替代式思想选择。因为权威型人物的重要观点会引起人们的信服，容易形成迷信权威的现象，很多人往往不会进一步探究权威型人物的观点，而是直接进行替代式选择。

竞争型重要他人是指具有与个体进行抗衡与竞争能力的重要人物，即能力上旗鼓相当，优势上略胜一筹。他们的一举一动、一言一行皆可能引起个体的高度关注，成为个体进行思想选择的重要依据。对比心理是人们在现实之中普遍性存在的正常心理，人们往往通过对比来进一步确认自我，发现自己与他人的不同，发现自己的优势与不足。对个体来讲，最有价值的对比，就是与自己旗鼓相当的对手进行对比，因为对手是个体获取相应资源与地位的直接威胁，也是对个体能力构成挑战的重要他人，从其身上可以寻找与证明自我的有力参照。当然，竞争型他人的存在既形成个体内在的心理压力，也是前行的内在动力。知己知彼是与竞争型重要他人共处的前提与基础，对其

---

① 《马克思恩格斯选集》（第3卷），人民出版社2012年版，第274页。

变化与举动的观察是个体进行思想与行为考量与调整的重要依据。

当个体发展尚不独立与成熟时，重要他人的影响往往具有决定性作用，重要他人的观点会转化为个体的观点，重要他人的爱好也会成为个体的爱好，甚至重要他人的言谈举止与神情也会为个体所效法。亲密互动型的重要他人对个体的影响，具有潜移默化的特点，往往会在个体自主能力不强时的替代式选择逐渐发展转化为个体自觉选择。正是因为较强的互动性，使相互之间观念与行为的交互影响更为直接，甚至容易出现思想选择一致性的特征。也正是因为思想选择的一致性，才使得这种亲密的互动关系得以建构与强化。研究表明，人们喜欢与那些和自己观点一致的人进行交往，他人认同与自我认同的一致会使个体更为自信。

3. 外在强化性影响因素：共同体目标与规范

共同体目标是共同体存在与发展所要实现或达到的境地，它要求每个成员都要为实现这个目标而努力，并且为了保证能够形成最大的合力、有效地实现目标，会制定相应的规范、形成一定的制度来约束与导向成员的思想与行为。对个体而言，共同体的目标与规范是一种外在强化要求，对个体的思想选择起到规约与导向的作用。这种外在的规约是经过外在强化不得不进行的思想选择，即不可不选择，逐渐转向内在自觉选择的发展路径。当然个体的自觉选择开始可能只是为了避免出现违反规范的不得已选择，逐渐演化成一种习惯性的选择或无意识选择。一般而言，共同体的规范之中都有明确的个体责任、义务、权利的规定，有一定的人际关系处理、个体与共同体之间关系处理的规定与要求，有共同体发展得以遵循的价值观念、美好发展愿景的构想与规划，从而建构共同体的文化，以达成所有成员的文化认同。只要想很好地融入共同体、在共同体之中实现自我价值的个体，都会自觉选择与共同体目标一致的观点与行为、遵从规范要求，形成与共同体要求相符的思想选择。但实然的情况是，参与一定的共同体，并不一定是完全心甘情愿主动加入的结果，往往是个体发展到一定阶段不得不加入的社会化组织或共同体，如学校，被认为个体发展到一定年龄应该而且必须加入的共同体，是个体进行社会化的正式的重要场所，加入者开始只是处于一种被动的、懵懂的状态，共同体价值观念的认同则需要通过外在强化的方式来循序渐进地养成，才能转化为个体的思想选择。

个体是否按照共同体的目标与规范要求进行选择，取决于其对共同体价值观念与文化认同的程度。如果个体的认同度不高，必然会出现与之相背离的思想选择，尤其是当个体认为共同体的目标、价值观念、现有规范具有一定的偏差或不合理性时，往往会做出自己认为是合理性的思想选择；或者认为共同体的目标与现实发展无法满足个体自我利益与发展的需要，个体可能做出符合自己利益与发展需要的思想选择。当内在需求与共同体的目标、要求相矛盾的时候，个体可能会陷入矛盾的选择之中。到底会做出何种选择，取决于个体对共同体文化认同的程度、对自我要求的限度以及具体的情势。一般而言，共同体目标与相应的要求都会有一定的适用范围，个体在这个阈限之内进行的思想选择被认为是合理的、正常的。如果个体的思想与行为选择超出规定的范围，或者违背了共同体的价值观念，则会受到相应的处罚，甚至不被接纳、包容而被开除。共同体往往会在一定程度上规约个体的思想选择与形塑个体的行为选择。

思想选择受共同体对有关价值观念等文化强化范式的影响，如果这种强化符合个体的内在接受基础，会使个体较好地接受共同体价值观念的强化影响，内化成自觉的思想选择；否则，不仅对外在强化的方式排斥，而且直接影响个体对共同体价值观念的吸收与接纳，容易产生厌烦情绪甚至逆反心理，直接影响个体对共同体价值观念等的文化认同，进而影响个体的思想选择。

思想选择具有社会性与个性、历史性与现实性结合的特点。个体的思想选择一定是在长期积淀形成的思想观念、思想方式的基础之上对现实情境的判断与决定，不仅只是考虑到个体自我的感受与内在需求，而且还会在乎他人的观点，受到现实事件的发展或情势、自己对未来预期的影响等等。在与他者的交往与互动过程中，个体不断通过对照他人与自己对自我的认知，来不断了解、判断与决定，在过程中可能会出现不同选择的交替出现，如尝试性选择、验证性选择，修正性选择、替代性选择、观望性选择等等，构成由不同选择所形成的思想意识的流动与外在行为的变化。思想变动的过程，就是选择变动的过程。深思熟虑是思想选择反复进行的一种描述，当机立断则是思想选择简洁形式的一种表达。

## 三 思想选择的机制

思想选择并不是内外影响因素简单结合的产物，而是以大脑独特功能为基础，在参与社会生活与实践过程之中不断完善选择的内在机制、提高选择能力的结果。

### （一）选择系统

选择是人与生俱来的本能，有着大脑的独特功能基础，“虽然人类和动物都有前额叶皮层，但前额叶皮层在大脑中所占的比例远大于任何其他物种，从而使人类具有独一无二的能够作出合理选择的能力，而且超越了人类的其他本能”①。大脑的独特功能为人们的选择提供了生理基础，使人们具有了先天的选择欲望与能力基础。希娜·艾扬格在对有关婴儿选择行为的研究分析后得出这样的结论，“作出选择的欲望是与生俱来的，我们几乎是在会表达之前就已经具有了选择行为”②。他认为人的选择欲望强烈，不在于现实中是否获得了选择的有利条件，人虽然可以有意识地控制自己的选择欲望，但并不代表能够控制得了欲望，强烈倾向性会影响人们做出最有利的选择。“选择的力量如此强大，已经不仅仅是我们实现目标的一种手段，更是人类身上宝贵且必要的品质。”③ 选择是实现目的的手段，是人思想品质的现实投射，是自我能力的表现。不管人们是否意识到，选择与人们的生活与实践相伴随，人们一直处于选择意念与行为转换的过程之中。只是有时的选择表现得很决断，有时却很犹豫，……人们就

① ［美］希娜·艾扬格：《选择的艺术：为什么我选的不是我要的?》，第9页。
② ［美］希娜·艾扬格：《选择的艺术：为什么我选的不是我要的?》，第10页。
③ ［美］希娜·艾扬格：《选择的艺术：为什么我选的不是我要的?》，第10页。

是这样在选择中成长、在选择中发展。

希娜·艾扬格对人们选择的这种特点进行了大脑系统原因的分析后认为，人类拥有两个相互联系、相互独立的信息处理系统来协助做出最终的判断与选择。一是自动系统，它通过分析感官信息，使人类能够迅速产生相应的感知并采取行动，它能下意识地、迅速而轻松地运行。二是反射系统，它是以逻辑与理性分析为基础的运行系统。反射处理过程往往进展缓慢、耗费精力，需要有激情与坚持不懈的努力才可使选择完成。自动系统主要是基于人们的直接经验做出的即时性选择，反射系统是以分析抽象的方式来进行思考，做出复杂性的选择。如果两个系统得出的答案一致，就不会产生冲突；如果不一致，可能会根据时间是否紧迫而定。时间紧迫就由自动系统给出答案，时间充裕则由反射系统给出答案。两个系统答案不一致时，人们会处于选择的矛盾与纠结之中，最终或者一个系统占据上风，或者两者达成和解。显然，决断性的思想选择往往是自动系统作用发挥的结果，反复权衡比较做出的选择是反射系统活动的产物。两种系统有机地结合在一起，构成了人们思想选择的系统。

1. 自动系统

自动系统具有随机性，形成人们的随机性选择能力，由联想、想象、理解与判断能力等共同构成，成为人所必要的基本能力，成为自我超越的本质能力，成为创造力不竭的重要来源。不管人们处在何种的现实情景之下，总会随机地进行着想象、联想、思考、判断与选择，这是由思想活动的本质与特性所决定的。休谟认为人们把“想象推移到天际，或是一直到宇宙的尽头”① 思想这种天马行空般的自由特征使思想的随机性选择具有不受现实条件限制的特点，具有多种存在的可能且呈现为不同的状态。有的随机性选择只是一时的想法与念头，稍纵即逝；有的则会直接转化为现实的选择，甚至成为小概率事件，产生连自己也想象不到的非线性结果，这也是现实中人们经常感

① ［英］休谟：《人性论》（上册），关文运译，商务印书馆 2011 年版，第 80 页。

概事情的结果不是自己所想象的那样，是超乎想象的、不希望出现或没有想到会出现的结果；有的可能在人们脑海中直接被其他的选择所代替与改变，一个念头闪现了，另一个念头则将前一个念头给代替了，这两个念头可能都是随机性选择，也可能不全是。随机性选择总是这样在不经意间自动地在人们的脑海之中闪现与产生作用。

人们所处的现实情景及心境的变化，会直接引发自动系统的迅速反应，影响着人们的现实判断与选择，也许就是现实中某一因素、某一情境，或者只是脑海中一时的想法、情绪上一时的变化，可能都会激发人们的自动系统，引发随机性选择，从而使得选择具有偶然性与变动性。可能人们早已决定一定要选择 A，但现实中却即时性地改为选择 B。有人痛恨自己缺乏主见，后悔自己匆忙的决定，而这样的选择基本上是自动系统所带来的随机性选择结果。因为自动系统的本质就是变动，随机性选择的本质就是变化。这种随机的变动在一定程度上具有不可控性，一是选择过程随机性的不可控，二是选择结果的不可控。主要是自动系统一直在起着作用，所以人们有目的性的思想选择总会有随机性选择相伴随，增强了人们选择的不确定性与变动性。自动系统所带来的随机性选择，又具有明显的诱导性，因为有实现的可能，会引起人们对未来良好结果的满心期盼与渴望，对于不安于现状的人们来讲，随机性选择尤其具有神秘感与吸引人的魅力，如常见的赌博心态，尽管所有的选择都是无法知道结果的随机性选择，胜算是不确定但却具有可能性，这种“也许会……”“可能会……”的随机心理会不断被强化，甚至冲破人们给自己定下的心理底线，成为一种非理性的选择。

2. 反射性系统

反射系统具有规律性与确定性，形成人们的反射理性选择能力，是由概念、逻辑等形成推理与判断的抽象思维能力。对个体而言，反射性系统是一个由简单到复杂不断发展的系统，表现为人们的理性选择能力的渐进性提高的规律。儿童的反射系统更为感性化，成人的反射系统则是理性化，“儿童的思想自始至终都在感觉可及的领域内打圈子，而成人的智慧，则沿着抽象的途径前进，几乎经常超越了感觉的范围——到达所谓非感性的领域”[①]。即儿童运用的是感性的具体事物来进行思想反射活动，成人则运用从具体感性之物中的抽象物来进行反射活动。所以反射性的系统会将所感受与反映到的事物纳入个体内在的理性思维范畴来抽象地进行选择与建构。

个体反射系统的发展与建构，是在一定的社会与文化背景之下逐渐形成的，决定了其不是简单的大脑生理机制的产物，而是具有社会与文化烙印的反射系统。人们的思想选择不能总是天马行空般地不受任何的约束，当与现实生活联系在一起，想通过自己的选择和行为实现某种特定目标时，其选择的空间会受到相应的制约与限制，具有一定确定性与必然性的特征。“文化的影响远超过个人对选择的理解，对选择的渴望。文化决定了人们实际作出选择的方式，从而进一步影响整个社会。”[②] 人们在一定的制度框架下生活，在一定的文化环境中生存，就必然要符合相应的制度规范与要求，要遵从一定的文化传统与风俗，形成一定的制度化观念与文化惯习意识，形成符合制度要求、契合文化特性的思维方式、生活方式与行为方式，使人们的思想观念打上了明显的制度与文化的烙印。不同的制度和文化直接影响人们反射性系统的生成、发展与完善，形成不同的思想观念与思想选择特点。西德与东德曾经实行两种不同的制度，拥有不同的文化，人们的思想观念明显不同，思想选择具有明显的差别。东西柏林的统一，尽管实行了统一的制度，人们也能够自由地穿梭于柏林城，但人们思想选择的特点依然明显不同。有人在德国统一 20 年后进行调查，发现东德与西德人们思想理念仍然存在很大的差异，形容差异之大有如那堵厚厚的柏林墙。之所以出现这样的情况，是因为人们已经在原有的制度与文化传统之中形成了不同的反射性系统，形成了一定的思维范式与思想观念，思想选择的标准与原则出现明显的差异。当人们反射性系统成熟，就意味着思想观念与选择范式的形成，就会形成一定的思维惯性，形

① ［苏］谢切诺夫：《谢切诺夫选集》，杨汝菖译，人民卫生出版社 1957 年版，第 298 页。

② ［美］希娜·艾扬格：《选择的艺术：为什么我选的不是我要的?》，第 51 页。

成一定的传统与惯习。要想移风易俗、改变思想选择范式并不是那么简单的事情，反而需要一个长期的过程。

制度化思想观念与文化习俗观念的形成需要通过一定的方式来影响人们的反射性系统，导引人们的思想选择。前者是通过外在强制性的规范要求被塑造而成，后者则是通过传统文化的熏染而逐渐养成，这种制度化与文化性烙印的反射性系统发展到一定程度时，则使生活在一定制度与文化之中人们的思想选择具有普遍性、确定性、规律性的特征。有专家指出："中国人的社会行为的取向始终是和家长权威、道德规范、生产单位分配、血缘关系等四个因素联系在一起的。"[①]这与中国的社会传统与文化传统有着直接的关系，与中国人反射性系统的文化性有关。家国同构的社会传统、以儒家思想文化为核心的文化传统则使中国人具有相似或相同的思想选择与行为特征。中国的传统社会是熟人社会，费孝通先生将这种社会所形成的人与人之间关系的特点概括为"差序格局"，每个人都处于相互交织的关系涟漪之中，社会则由相互交集与联系的无数个人构成的人情社会。注重亲情，讲究面子情感，希望从熟人那里得到帮助与支持，希望建构帮助与被帮助、支持与被支持的互助互利关系，希望营造亲人兄弟般情谊的现实氛围，是人情社会的必然表现。"人情至上"是乡土中国的人们进行思想选择的原则；"熟人好办事"的观念成为人情社会普遍拥有的观念；"找熟人帮忙"成为人们在处理现实问题时的首要选择。但是西方则认为：人们从联系不太紧密的弱关系中可能会获得更多的机会与资源。Mark Granovetter 在 1973 年的《弱关系的力量》一文中认为，联系紧密的强关系会因同质化程度高而形成信息重复的现象，但是弱关系却可以充当沟通不同群体的"关系桥"（local bridge），往往能够传递更多有价值的信息，可以创造社会流动的机会，如提供工作介绍等。林南则从社会资源的角度，认为选择弱关系可能会更好地、更有效地整合社会资源。从熟人这种强关系中寻求帮助与支持，是人情社会思想选择的必然逻辑；从联结不紧密的弱关系之中寻找机

---

① 翟学伟：《中国人行动的逻辑》，社会科学文献出版社 2001 年版，第 279 页。

会与资源，这是西方市场经济理性选择的基本逻辑。同样，集体主义文化认同个人力量的有限性，强调个人发展对集体的依赖，人们的思想选择会表现出明显淡化个体的整体主义倾向；个人主义文化会认同并强化个人力量的重要性，人们的思想选择表现出明显的彰显个人能力与力量，以及对自我生活掌控的特征。同样取得优异成绩，集体主义文化背景的人们要感谢那些默默支持自己的人，认为没有他们的支持就没有自己的成就；个人主义文化背景的人们则会认为，成绩的取得是个人努力奋斗的结果。显然，这一切与反射系统的文化性有着直接的关系。

在日常的现实生活中，反射性系统的文化性往往使人们的思想选择处于一种无意识的状态，并不是因为文化影响的不重要或者力量微弱，恰恰由于文化传统经代际传递等已经潜移默化地积淀为人们现实必须遵循和传承的价值、惯习与规范等等，构成人们反射性系统的无意识部分，在人们察觉不到的时候影响甚至左右着思想选择。只有当反射性系统受到外来文化冲击或者选择冲突之时，这种典型的文化意蕴才得以彰显，才会被人们真切地关注与体验。所以，从来就不可能有与文化毫无关联的选择，“选择不仅体现了一个人的文化本质，也折射出一个社会的文化底蕴和基调”。[①] 思想选择的文化色彩是在任何社会中都会存在的事实，不同文化的思想选择必然会存在着规律性差别。

3. 两种系统的统一

自动系统与反射系统共同构成人们思想的选择系统，直接形成人们的思想选择。“选择通常介于极度丰富与极端匮乏之间，排除了极度丰富下的随心所欲与极度匮乏下的无能为力，选择作为现代社会人类生活的常态，似乎并不因对象、目标、范围的大小而改变其结构与过程。”[②] 显然，极度丰富与极端匮乏之间为选择提供了空间与可能，

① 杨金东：《理性的嵌入性与选择的文化性》，《内蒙古社会科学》（汉文版）2012 年第 6 期。

② 杨金东：《理性的嵌入性与选择的文化性》，《内蒙古社会科学》（汉文版）2012 年第 6 期。

选择的结构与过程不会因为现实情势的变化而不同，自动系统与反射系统同时在选择中产生联动作用，从而形成现实中人们选择的理性机制与非理性机制有机交融、随机性选择与规律性选择的有机统一。荣格认为：思想的动摇不是简单地摇摆于正确和错误之间，而是徘徊在理智与非理智之间。如果从选择系统的角度来看，思想的动摇来自于自动系统与反射系统之间的转换。当人们进行理性选择处于两难境地的时候，可能会启动自动系统采用非理性选择的方式求得矛盾的解脱。当现实的不确定性影响人们的理性判断时，可能会同时启动两种系统共同作出选择。或者会依据过去的经验直接做出选择，或者听从他人或权威者的建议后做出选择，或者有意识地以随机的方式作出选择。当人们启动自动系统采用非理性选择后发现这种选择存在着一定的问题，可能会自动启动反射系统进行现实情境与信息的评估而作出理性的选择。思想的选择实际上是人们选择系统运动的过程，是不断进行选择调整的过程，从而形成了有意识选择与无意识选择、理性选择与非理性选择互为补充、更替与重叠发生的现象。

### （二）选择的内在意向

内在意向是大脑生成的选择机制悄然产生作用的产物。思想的选择会经过人们内在意向的达成到选择结果出现这样的发展过程，这一过程实际上是外界信息刺激而带来的思想选择机制作用的结果。

意向性或倾向性是长期以来有关经验在大脑之中形成的印记或痕迹，其构成人们选择的内在需要与动机，潜在或者显在地影响着人们的现实选择。“意向是一种活动动机，它是没有分化的、没有明确意识的需要。一个体验到意向状态的人，在主观上还远远没有弄清楚客体中的什么东西在吸引着他，这种意向导引的活动目的是什么。尽管这种心理状态会常常碰到，但是它往往是暂时的，其中呈现的需要或者消失，或者转化为意图（以愿望、企图、幻想等形式）而被意识到。”① 这是对意向初始存在状态的准确描述，意向开始所呈现的是

① ［苏］彼得罗夫斯基：《普通心理学》，朱智贤、伍棠棣等译，人民教育出版社1987年版，第33页。

模糊的、隐约的倾向性，但随着实践的发展出现意向的分化，有的被转化为现实的种种意图，成为能够被人所觉察到的意识；有的只是转瞬即逝的意向，可能沉淀为内在的感觉与状态，形成不被人所觉察到的无意识。一般而言，这种意向性往往会经过潜在的无意识状态发展到显在的有意识状态的转化。当然，意向性的产生也可能是外在对象引发的结果。列维纳斯认为："不论心理主义如何描述意识，意识都不会向外投射出它自己的状态并通过对这些状态进行作用，进而构成每一个外在者。"① 但"意识却在最原初的程度上接触这些外在者"，② 意向性总会与外在有着不同程度的关联，只有当一定的外在条件出现才能够有效地激发意向发生，形成进行选择的强烈愿望。

一般而言，自动联想机制会形成人们的无意识，理性逻辑机制形成人们的有意识。无意识是那些没有被人所意识到的心理活动与状态的总和，是人所产生的不由自主、难以控制的心理活动，具有很强的潜在性、模糊性、不自觉性与跳跃性的特征，会对人们的思想选择产生悄然性的或者直接性的影响。这种无意识与弗洛伊德所认为的无意识不同。弗洛伊德认为的无意识是人内心深处的本能欲望，是人性本能的冲动，是被意识所压抑的对人心理产生决定性作用的内心体验与根本动力，这部分意识有的可以转化为人们的意识，有的永远无法转到意识层面。但我们所强调的无意识不过是意识的有机组成部分，是那部分缺乏自觉调节与控制的意识，是人们的一种自发的、不清晰的、被动性的感知与反映，是未被意识到或缺乏自我意识的认识。这种无意识会因为后天的影响转化为潜在的意向或显在的倾向，这种转换是大脑所具有的功能使然，是大脑信息存储与强化所带来意向性变化的必然结果。"我们大脑记忆库里的信息影响着我们所关注的事物的类别及其重要性——又被称为'可利用性法则'——并反过来影响我们的个人喜好。"③ "可利用性法则"使得大脑在面对外界纷纭芜杂

① Emmaunel Levinas, *Discovering Existence with Husserl*, Illinois: Northwesten University Press, 1998, p. 122.

② Emmaunel Levinas, *Discovering Existence with Husserl*, Illinois: Northwesten University Press, 1998, p. 122.

③ ［美］希娜·艾扬格：《选择的艺术：为什么我选的不是我要的?》，第53页。

的事物时，将我们的视线转向所关注的事情，这种转向是由内在的意向性所决定的，意向往往与人们的内在需要、偏好、动机密切相关，会不同程度地驱动人们关注能够满足自己需要与偏好的事情，反复关注的结果无疑带来对喜好的强化，促使人们的内在意向成为显在的偏好、内在的需要转化为现实的动机，从而直接影响到人们的现实选择。即潜在的意向性会引起大脑对某一事物的关注，出现选择的倾向性；显在的意向性会驱使人们做出选择与否的决定或产生选择行为与举措。

1. 潜在意向

潜在的意向性是由自动联想机制形成的，容易引发人们的无意识思想选择。这种选择往往是在不经意间自然而然地接受或选取一定的思想、观念与行为，是一种在不知不觉之中自发形成的不假思索的选择。或者只有选择了之后选择者才真正意识到了自己的选择，才可能明白或者反思自己为什么会做出这样的选择。一般而言，潜移默化的影响是形成潜在意向性的途径，也是无意识选择的基础与前提。人们在不经意间之所以能够接受或选择某种思想、观念与行为，形成内在的意向，有两个方面的原因：一是因为与自己内在的偏好与倾向相契合，使人感到亲切与合理，心向往之。这种偏好与倾向往往是人们的生活与成长经历在个体心理层面曾经留下的印迹，积淀于人的内心深处而不自知。二是因为人们所处的社会环境中已经充斥着这样的思想观念与行为规范，形成了一定的制度、文化与风俗，这种习以为常的规范与观念已经成为人们思想意识和观念的有机组织部分，发展为人们头脑中根深蒂固的自觉的思想意识与观念，成为不需要刻意坚持与有意识选择就可以拥有的思想观念与行为范式，有如不假思索条件反射的行为选择。如制度会为人们提供一定的观念与行为模式，一定的群体总会力图以这些观念与行为模式对成员进行塑造，群体成员则通过学习与行为来认识、实践与验证这些观念与行为模式，当他们接受了这些观念规范并付诸实践，就可能在任何相似情景中都会以这种观念和模式行事，形成制度化的观念与行为，形成无意识的思想与行为选择，因为思想的有意识选择已经达到了形成一定思维方式、生活方式与行为方式的状态，这种高度自觉性的思想选择所表现出来的往往是一种无意识选择状态。所以，思想的无意识选择尽管是潜在意向性的结果，但并不都是非理性的选择，可能包含理性选择的基础。

2. 显在意向

显在的意向性是由理性逻辑机制产生的，以引发人们有意识的思想选择。这种选择是人们根据自己的价值取向、内在需要，充分考量现实情境做出的相对理性的选择。因为理性逻辑机制往往与自动联想机制相伴随，使得这种明显意向性的选择可能是感性的选择，人们可能会因为一定情境的触动使显在意向得以转变，而不去进行更多的理性思考就做出现实的决断。也可能是现实中的从众选择，表现为盲从、迷信、缺少批判意识。别人错了自己也跟着错，时代变了还跟着过去走。当然也可能是为了与众不同故意反其道而行之的选择。那种"别人如此，我也如此""人云亦云"的从众选择，或者故意进行的反向性选择等等，在很大程度上是一种感性选择，是一种盲从选择，或是一种不真正考虑后果、意气用事的选择，显然这是由显在的意向性所决定的，是人们理性选择的结果，因为与他人保持一致，是现实中较为安全的处事方式，是人们自我保护的有效形式，是与他人融合的最好方式，这也是传统文化的"不出头""随大流"明哲保身的现实选择与理性选择。所以，显在的意向性，形成了人们现实中的有意识选择，这种选择往往是一种自觉的、清晰的、理智的感知与现实反映，是一种目的性很强的思想抉择。

3. 两种意向的统一

潜在的意向与显在的意向构成人们的感性意向或理性意向。当两者处于矛盾之中，会形成个体思想选择过程中的内在矛盾与痛苦。感性意向的本能性、自发性与理性意向的理性、自觉性之间会形成人们本能愿望与理性选择的矛盾与冲突，伴随着人们精神情感上的波动与变化。个体在选择的过程之中反复权衡、患得患失、难以决断的状态，一定是感性意向与理性意向交织发生作用的结果。因此，思想选择未必都是人们心甘情愿的或者自己认为是真正正确的选择，但肯定是自己认为必须要做出的现实选择与理性选择。其超越了感性意向性而对现实处境进行了较为客观的判断，遵循的往往是利益最大化的原则，当然，利益最大化原则取决于选择者的价值观。如果其价值取向是个人利益最大化的话，就可能只考虑个人利益而忽视他人利益进行理性选择，就会出现夏洛克式守财奴的选择；如果选择者的价值取向是利他利益最大化的话，可能只考虑他者的利益而不会更多考量自我，现实的选择可能就是雷锋式的利他选择。

### （三）内在的选择机制

思想选择的内在选择机制由大脑自动系统与反射系统形成的自动联想机制与理性逻辑推理机制共同构成，形成了思想选择的非理性与理性、随机性与规律性相结合的特点。

1. 自动联想机制

自动联想机制是由外在信息刺激大脑而引发人们的直觉、想象、联想、灵感、顿悟等非理性因素所形成的由此及彼的联动机制，是一种发散性、开放性、随机性的结构特征，是非理性选择的方式。其基础在于大脑有关信息储存的特殊形式，“思维中信息的储存方式不是按字母顺序，不是按时间顺序，也不是按杜威十进制系统，而是以信息间的关系网储存的”①。这种储存信息的方式，使信息与信息之间存在着交互的勾连，进而会形成大脑的自动性联想机制，构成人们非理性选择即时性、模糊性、直接性特点的根本原因。当人们看到了某种特定的信息或者现实中某一事件时，自然会触发大脑的自动联想信息机制，引发与之相关各种信息的涌现。这种联想机制往往是人们意识不到而自动出现与生成的机制，促成了现实中人们思想意识的自然流动与无意识选择的悄然发生。

自动联想机制在外界信息的刺激下会自动发挥作用，使大脑能够迅速地做出相应性的反应与选择，这一切往往是在无意识之中发生。约翰·巴奇指出：“日常生活中的大部分思考、感觉和行为都会自动地受到当时环境的驱使……而无须有意识选择或反应的参与。”② 这

① ［美］希娜·艾扬格：《选择的艺术：为什么我选的不是我要的?》，第147页。

② 转引自［美］希娜·艾扬格《选择的艺术：为什么我选的不是我要的?》，第146页。

是由现实事件引发大脑自动联想信息机制的直接结果，是大脑所具有的特殊功能。康德认为大脑中的“时空形式”构成了固有的感性机能，会主动对感官接受外部刺激后所形成的芜杂“现象的质料”进行整理。时空是先天就有的，时间为内感的形式，空间为外感的形式，其带有主观的形式，又总是存在于现实之中，是先天产物。没有外在对感官的刺激，无法产生“现象的质料”；没有“时空形式”的整理，无法形成人们的感性认识。从认识论的角度来理解，大脑的“时空形式”是人们能够认识与理解外在事物的基础与载体，具有将外在信息纳入其中进行内在加工整理的基本能力，感性认识由是而生。离开了时空形式，离开外在的感官刺激，感性认识则无从产生。实质上“时空形式”与信息联想机制都是人们内在的信息整理选择机制，这种机制构成了人们的信息选择能力。但这种由信息联想而发生的选择总会伴随着人们一定情绪情感的渗透和参与，有的可能表现得很微弱，让人觉察不到；有的可能表现得不是那么强烈；有的表现得非常强烈。如从外在表现来观察，表现强烈的、呈现一种明显的情绪化状态的选择，即情绪化的选择，有时称之为缺乏理智或理性的选择、过激的选择、激情的选择等等。在这种选择中，人们表现出强烈的心理反应、明显的情绪情感与行为特征，可能做出选择后马上就后悔；可能时过境迁才引起人们思想的反思；或者依然坚持选择，表现出很强的坚定性。这种选择的坚定性可能是出于理性的思考，可能还是一种非理性的决断，有如“即使我选择错了，也要错到底”“不能流芳百世，也要遗臭万年”；或者还是处于当时情绪情感的波动之中而不能自拔与释怀的任性坚持。也可能通过理性的思考与反思，对即时性的选择重新进行修正、改变甚至放弃。这种即时性选择可能会使人们在选择之后陷入对自我选择的困惑与后悔之中，甚至伴随着对自我的不满与否定，陷入自我认知失调、无力把握自己思想的迷茫状态。当然，也可能会进一步增强人们的自我认知、提高自我反思的能力与对现实问题把握处理的能力。

2. 理性逻辑机制

理性逻辑机制是将多种可能性在人大脑中进行思维加工、逻辑推理与判断的协同机制，是一种逻辑性、程式化、抽象性的结构特征，是人们进行理性选择的载体。人们往往以概念为基本单位，通过审视、分析、比较、演绎、推理等手段，来形成一定的判断与决定，形成一定的计划、方案与策略。“理性是逻辑指引下的思考，它可以被更广义地定论为问题的解决和批判的思考，但只有在强调了逻辑成分时，它才成其为有价值单独讨论的特定的思想方法。无论直觉、想象、试错法（trial and error）这类思想活动有着怎样成果，是被排除在理性之外的。”① 显然，郑也夫先生强调的“理性”实际上是作为一种思想方法——理性方法而言，这种理性方法完全不同于感性方法，而是运用逻辑去思考、判断与选择的手段，其根本要求就是合乎逻辑、抽象地完成。

理性选择就是运用理性逻辑机制，将人们得来的各种信息内在地运用概念、逻辑等进行抽象的加工与内化，以获得自己认为是最佳的选择。这种抽象思维要符合基本的逻辑范式要求，才能真正发挥作用。一般而言，要把那些特殊的信息变成具有概括性的概念，形成大脑中所独有的概念网络系统以及解决问题的相应程序和推理规则。这个概念系统是以各种知识和人们以往的经验为基础，是一个不断丰富、扩充、细密、开放的系统。洛克描述了这种概念抽象的机理：“不过在改造时，人心一定得把它们看成是心中独立的现象，同其他事物没有关系，和真正事物的一些情节，如时、空以及其他相连的观念，亦没有关系。这便是所谓抽象作用借着这种作用，由特殊事物而来的各种观念才能变成同种事物底概括代表；而且这些观念底名称——概括的名称——才可以应用于同这些抽象观念相契合的任何东西。”② 抽象的过程并不与真正事物的情节相勾连，而只是将特殊变成普遍，只是单纯地从概念到概念的过程，是一种纯粹符号抽象的过程，这是人运用概念符号进行理性思维的特点，也是人类所独有的能

① 郑也夫：《代价论——一个社会学的新视角》，生活·读书·新知三联书店 1995 年版，第 8—9 页。

② ［英］洛克：《人类理解论》（上册），关文运译，商务印书馆 1997 年版，第 125 页。

力。康德在《纯粹理性批判》中认为理性是以超验现象为对象的认识能力，是指向抽象本体的能力。“判断力，按照自然的可能的诸特殊规律，通过它的判定自然的先验原理，提供了对于超感性的基体（在我们之内一如在我们之外）通过知性能力来规定的可能性。但理性通过它的实践规律同样先验地给它以规定。这样一来，决断力就使从自然概念的领域到自由概念的领域的过渡成为可能。”① 显然，这种判断力是由理性所赋予的、由自然概念到自由概念跃迁的内在能力，也是理性选择的决断能力。

理性逻辑机制一定是以概念为基本单位进行抽象思维运动而形成的协同性机制，具有一定的规律性、顺序性、结构化。抽象思维运动是人们的思想在一定的思维模式框架下形成的规律性运动，呈现为思维范式程式化的特征。人的思维模式是一种动态的、开放性的观念系统，它符合一般系统的自组织特征，具有不同的层级结构，有人形象地称之为思维树。“根据思维模式的不同层次，思维活动把不同概念、不同层次的意义之间的内在关系联结起来，编织成一幅主次有别、渐进有序的树状思维图。”② 思维树越高，表明人的思维层次越多、结构越复杂，人探究问题的能力也就越强；思维树越茂密，表明人的思维模式越是缜密、精确与细致，考虑问题越是周到。当人们运用思维模式思考问题时，一般是从一个层次向更深层次压进，完成预定目的后会自动退出，然后回到原来层次再发展，这是思维模式的“递归结构”。不同的层次结构是相互依赖与相互作用的关系，而压进与退出往往是我们意识不到的自动递归机制的功能。不同层次结构的思维模式适合于不同的生活实践在思想上选择的需要，一般而言，较低层次的思维模式往往与人们的日常生活实践有着直接的关系，而较高层次的思维模式则是来自于对复杂问题的解决和相关的发明创造。因此，思想的选择与人们所处的现实有着密切的关系，与人们所运用的思维模式层级有直接的关系。从这种“递归结构”的角度来看，每一次的压进是思想选择的需要与开始，退出则意味着一种思想选择的完

① ［德］康德：《判断力批判》，韦卓民译，商务印书馆 1987 年版，第 35 页。

② 包霄林：《思维的模式》，浙江大学出版社 2011 年版，第 104—105 页。

成。正是在不断地启动思维模式“递归结构”机制，不断进行思考、分析、推理与判断等抽象思维运动，不断进行压进与退回、再压进再退回的思想反复性选择，才不断促进思维模式层级的逐渐提升与多元发展。当然，不同个体所具有的思维模式不同，思维模式的层级数量及构成不同，人们的理性思考能力、判断能力自然有差别。同样的事情，不同人们的理性选择存在着明显的差异性则是顺理成章的必然。

3. 两种机制的交合

自动联想机制与理性逻辑机制交互在一起，共同构成人们思想选择过程中的内在选择机制，形成非理性选择与理性选择的有机结合。一般而言，理性逻辑机制往往在选择的过程之中发挥着决定性的作用，自动联想机制具有协同性。西方理性选择理论对理性选择的认知与理解，可以让我们较好地了解自动联想机制与理性逻辑机制在选择过程之中的作用。那种充分的、无视条件限制的完全理性的假设是一种不切实际的假设，这是由自动联想机制形成的一种对目的与结果的非理性追求，其从根本上忽视了人们理性选择的过程，忽视了理性逻辑机制的实际作用。赫伯特·西蒙从个人行为的角度对“全局理性”作了如是驳斥：“单独一个人的行为，不可能达到任何较高程度的理性。由于他所必须寻找的备选方案如此纷繁，他为评价这些方案所需的信息如此之多，因此，即使是近似的客观理性，也令人难以置信。”[①] 西蒙对完全理性的不切实际进行了批评，认为不仅要实现的利益最大化目标的选择无法实现，而且选择者要想实现这一目标也需要经历一个相对长的过程，绝不可能一蹴而就马上实现。他强调要关注选择的合理性问题，认为理性选择是一个渐进的过程，其中会受到一些现实条件的制约，因为信息渠道可能出现无法预料的限制因素，使得选择成为不完全理性的过程。这是他从外在限制性的因素来认识理性选择所受到的局限，但从内在选择机制来看，理性逻辑机制作用的发挥使个体会处于理性的逻辑分析、比较与判断的过程之中，时间延长则是必然现象。他认为人的选择是“有限理性”选择，显然选

① ［美］赫伯特·西蒙：《管理行为》，杨砾、韩春立、徐立译，北京经济学院出版社1988年版，第77页。

择并不仅仅就是内在选择机制独自发生作用的结果，而是外在现实引发内在选择机制作用的结果。他提出了“过程理性”的概念，认为心理学家在运用理性这一概念之时，他们往往想到的就是“过程理性”，即行为是经过深思熟虑进行权衡的结果，是过程理性的表现。诺贝尔经济学奖获得者卡尼曼进一步认为，理性选择不可能是完备选择的过程，而是要受到人们心理与现实环境的限制，选择过程之中的心理活动是远远超出人理性思维复杂性的意识活动。显然，西蒙与卡尼曼都是关注于理性选择过程之中的心理活动，同样认识到人的理性选择与人们的心理活动相伴随、与非理性因素关联密切。理性选择是由理性逻辑机制与自动联想机制共同发挥作用的过程。

思想选择的内在机制中，理性逻辑机制处于主导性的地位。“在理性选择和感性选择的双向转化关系中，理性选择是主动的、积极的，并且承担着双向转化能否实现的主要责任。这不仅因为理性选择具有逻辑推论能力、信息处理能力和比较分析能力，因此获得了明显于感性选择的普遍化概括、预见性推测和计算性评价的优势，而且还因为只有理性选择感性化，才能引起感性选择理性化。”① 理性选择的感性化是感性选择理性化的前提与条件，实际上强调了理性逻辑机制在内在选择机制之中的决定性作用，其为自然联想机制协同作用的发挥提供了基本的导向与能力的基础，使自然联想机制不会背离理性的基本轨道导致不切实际的思想选择出现；感性选择的理性化是自然联想机制产生决定作用时理性逻辑机制能够有效地发挥导向的作用。当然，理性的感性化与感性的理性化是理性逻辑机制与自然联想机制交合协同的结果，两者可能没有绝对的先后顺序，但往往理性逻辑机制起到主导的作用。当然，我们不能简单地从理性选择的角度来谈论与看待非理性选择，不能对理性选择所起的作用完全绝对化，但毕竟理性选择是人们在思想选择过程中自觉性、主动性的选择，相比随机性、直观性的非理性选择往往占有主导性的优势，非理性选择是否能够被纳入自觉选择的轨道并加以融合运用，或者非理性选择是否会成

① 刘少杰：《中国经济转型中的理性选择与感性选择》，《天津社会科学》2004 年第 6 期。

为人们理性选择的限制性因素，皆取决于人们理性选择过程中内在选择机制作用的发挥，取决于人们运用理性逻辑机制所形成的考量、决定与坚持。

在强调理性逻辑机制的主导性地位与决定性作用时，并不是简单地否定自然联想机制的作用。自然联想机制可能会对理性逻辑机制产生一定的影响，带来相应的启发、优势与限制。可能使理性选择具有突破固有范式、超越传统思维模式的可能，使思维的逻辑由原来的单向度、直线化的发展方向转化为双向性、曲折与多元化的多向度发展，促使思维之树的不断繁茂与增高，从而使人们的理性选择水平与能力得以提高。当然，自然联想机制也可能成为人们进行理性选择的干扰性、限制性、障碍性的因素，使人们陷入进退维谷的纠结缠绕之中，使人们的选择处于无所适从的困境；也可能使理性选择背离原有轨道渐行渐远，甚至成为非理性选择的替代选择。同样，理性逻辑机制的运用，可能使非理性选择的模糊性不断得以清晰，使非理性选择的自发性逐渐走向自觉；也可能使非理性选择受到理性逻辑机制的禁锢与压抑而缺失应有的创造性与创新性，使可能出现的创新性思想火花被理性逻辑机制的无情之水所湮灭。康德在论述人们的理性思维和非理性意识关系之时指出："理性无感性则空，感性无理性则盲。"①依照这个观点，理性选择作为人为主体的选择，其过程不可能不伴随人的七情六欲、联想与想象等非理性因素构成的自然联想机制的活动，这种选择绝不是刻板、空洞与僵硬的抽象选择，而是生动的、鲜活的现实选择，是带有一定感情色彩的选择，是具有强烈文化色彩的理性选择，是追求现实中合情性、合理性、合法性有机统一的选择。而自然联想机制如果没有理性逻辑机制的导引，可能出现不切实际的盲目选择、缺乏现实基础与建设性的妄想、假想与空想。人们的理性选择需要自然联想机制的协同与激发，人们的非理性选择需要理性逻辑机制的牵引与澄明。两者往往在个体思想选择时相伴产生作用，共同构成思想选择的内在机制。

---

① ［德］康德：《纯粹理性批判》，蓝公武译，商务印书馆 1993 年版，第 71 页。

总之，大脑内在选择机制是思想选择的载体。在外界信息刺激之下，自动选择机制与理性逻辑机制共同产生作用，形成了人们潜在的选择意向到显在选择意向的转变，再到真实选择的出现。从发生的角度来看，当显在的选择意向出现，即是一种思想的选择，这种选择只是一种念头或想法，思想选择的过程就是多种选择之间比较权衡的过程，最终个体总会选择自己所认为最优的结果。从结果的角度来看，当显在的选择意向出现，则是思想选择的开始，选择的过程可能就是显在的选择意向之间权衡比较的过程，或者潜在的选择意向与显在的选择意向之间的交织过程，关键在于外来的信息对选择意向的影响程度，以及个体所具有价值观念的决定作用。

## 四　思想选择的一般原则

思想选择看起来似乎是具有自由性的选择，也是具有个体性甚至是私密性的判断与决定，具有非常明显的内隐性甚至文饰性的特征，可能使他人无从了解与把握，容易出现外在的表现与内在的选择意向不一致的现象，给我们带来对个体思想选择把握的困难，但并不是说个体思想选择毫无规律让我们无从把握，而是有着个体思想选择的一般性规律与所遵循的原则。所有的个体思想选择，无论是有意识选择还是无意识选择，无论是理性选择还是非理性选择，都不会是毫无根据的完全任意性的选择，而是受着个体内在因素与相应外在条件交互作用的影响，受到个体所遵循的一定选择原则的支配与左右。

### （一）功利性的原则

这是人们选择的基础性的原则。避免可能带来的不利因素而趋向对自己有利的功利之心，是人们在现实中普遍存在的正常性心理，也是人们在思想选择中自觉与不自觉遵从的基本原则。边沁认为：追求快乐、避免痛苦，是人行为的深层动机和终极目的。爱尔维修认为人们不会逆着利益的激流而上、总是会选择顺流而下，利益的基础是肉体的感受性，具体表现为快乐与痛苦两种状态，人的自然本性就是追求快乐而避免痛苦。当然，人并不一定就是简单地追求快乐而避免痛苦，但这种自然选择的意向性是显而易见的。的确，即使那种即时性自我选择所表现出的本能反应，也有明显的功利性特征，甚至现实的紧迫情势可能使人的潜能得以充分的激发，如当人面临危险时，人们的即时性本能反应往往是最大限度的自护性选择。深思熟虑的选择一定是反复权衡利弊得失的选择结果，个体对每一种可能都会进行相应的分析与比较，进行选择的尝试与思考，在经过多次思想选择之后，最终一定是选择了自己所认为的利益最大化而不利最小化的结果。当然，不同的个体对利益的理解不同，对利益最大化的追求也存在差异，在同样的现实情景之下所进行的选择也必然会不一样，这与个体的思想价值理念、认知能力与水平有着直接的关系。

对“利”的追求是个体思想选择的自然内驱动力，也是个体得以发展的直接推动力。卡德·达温斯通过研究动植物的选择得出这样的结论：只要是仔细研究数百万年的生物发展的事例，就会发现利己使它们能够在自然竞争之中生存并且得到进化。正是因为利己才使得动植物在生存与发展之中有效地规避了风险，取得了相应的优势。同理，对人类而言，功利性也是生存与发展的本能，但人类与动物不同，人类可以委婉含蓄地表达自己利己的心态与选择，利己的欲念也会受到有关道德观念的约束与压抑，形成特有的对“利”的看法与观点。如我国以儒家为代表的传统文化具有不言利与重义轻利的特点，使我们对“利”形成了一定心理上和话语表达中本能的排斥与忌讳，形成了不能直接言利与表达上的委婉含蓄的习惯，明明是要表达对现实利益受损的抗议，但我们仍然会说“这不是利益的问题，而是……”绕开与掩饰利益目的来表达不满，以此给人以自己不在乎利益的印象。当然，历史上也出现了对“利”的深刻认识，对人们活动本质上“利”的揭示，如“天下熙熙，皆为利来；天下攘攘，皆为利往”①。毋庸置疑，人们的一切活动基本上是一种谋利的活动，一切行为也表现出一定的趋利特征，人的思想选择更是围绕着“利”

① （汉）司马迁：《史记·货殖列传》，中华书局1959年版，第3253页。

的实现而展开，“利”即是人的本能心理和现实动机，构成了人们发展的原驱动力。

“利”具有属人的性质，是以一定主体的角度来看待的好处，不同的主体对“利”的理解会有区别，但“利”从最基础层面上可以分为物质与精神两方面的“利益”。现实中往往一提利益，很多人首先想到的是物质方面的经济利益与好处，甚至认为人是受经济利益驱动的动物，往往会忽略人们精神方面利益的考虑与追求，这与市场经济现实中理性主义盛行有着直接的关系。实际上，从不同的角度可以将利益分为：主体角度，分为个体利益、群体利益；利益归属角度，分为自我利益、他人利益，或为我利益、为他利益；法律角度，分为合法利益、非法利益；道德角度，分为正当利益、不正当利益；时间角度，分为眼前利益、未来利益，短期利益、长远利益；现实角度，分为政治利益、经济利益、文化利益、社会利益等等。狭隘的利益理解往往只是一种单向度的利益理解视角，没有将利益主体视为社会性的主体来理解，或者只是片面地将利益理解为物质利益与经济利益，所以无法真正把握利益的本质，更无法理解他人因为不同利益的追求而进行的思想选择。

对利益的认识与理解决定了个体所做出的思想选择，因为“利益的本质是追求现实与未来的好处及其机会”①。对利益的追求成为人们不断满足内在需求的重要手段。马克思主义认为，人的利益追求是以满足人的需要为目的，这是由人的类本质特征所决定的，“他的每一种本质活动和特性，他的每一种生活本能都会成为一种需要，成为一种把他的私欲变为对他身外的其他事物和其他人的癖好的需要”②。人们所做的一切努力与选择都是为了能够求得更好的生存与发展，能够最大限度地使自己的内在需要得到满足，这些需要体现了人们的利益需求，也导向了人们的利益追求，马克思认为：“人们奋斗所争取

① 孔爱国、邵平：《利益的内涵、关系与度量》，《复旦学报》（社会科学版）2007年第4期。

② 《马克思恩格斯全集》（第2卷），人民出版社1957年版，第154页。

的一切，都同他们的利益有关。”[①] 人们的社会实践就是不断实现与满足利益追求、同时又不断催生新的利益追求目标的现实活动，这些活动都是由思想选择所直接带来的结果。也即是说，个体无疑是利益的主体，其思想所进行的选择受一定利益的驱动与制约，在现实实践中个体自觉与不自觉地成为利益的追求者与捍卫者。但我们也必须清醒地认识到，在现实的各种利益之中，物质利益是最基本性的利益，也是人与人之间利益关系的最为直接与具体的体现，“人所进行的其他种种活动，诸如政治、军事、宗教、道德、艺术等等，虽然各有其特殊的规律性，其中有些活动同时兼有功利特征和超功利特征，但是归根结蒂，仍然不外是人的物质利益追求的延伸和升华”[②]。这里的功利是指物质方面的利益追求，而超功利实际上是指精神方面的利益追求，超功利的追求仍然有功利基础，而不是完全与功利无关的追求。人们的现实利益追求往往是两者交织一起的追求，很少是简单的非此即彼的追求，物质利益无疑是基础性的利益。因此，在现实生活中，与个体利益无涉的事情往往很难激发人的热情及参与的主动性，但与个体密切相关的利益总会引发追求与参与的真正热情，会更好地调动个体的积极性、发挥个体的主体性。马克思与恩格斯认为：当革命的原则并不代表群体的真正利益，其所激发的也只能是群众表面上的热潮与暂时性的热情，“‘思想’一旦离开‘利益’，就一定会使自己出丑”[③]。任何人都是为了自己的某种利益的需要和满足而做事，这符合人性的特点与发展的规律，逐利的原则是个体思想选择的基本遵循。毛泽东同志也一再强调对人民群众利益的关心是决定革命是否成功的关键，认为关切与实现群众的利益是发动群众参加革命的基础，让群众能够当家作主，是调动群众最大热忱的根本所在。当一定的实践活动对个体毫无利益可言，就很难引起关心与关注，个体往往会选择消极性的应对措施。同样，一种观念与思想如果不能使个体受

① 《马克思恩格斯全集》（第 1 卷），人民出版社 1956 年版，第 82 页。

② 肖雪：《略论利益及利益追求》，《天津师范大学学报》（社会科学版）1993 年第 1 期。

③ 《马克思恩格斯全集》（第 2 卷），人民出版社 1957 年版，第 103 页。

益，个体也会采用忽略、排斥与不接受的方式来面对与处理。功利性的原则使个体会将那些认为对自己不利的思想选择内隐于头脑之中、心灵深处，而将那些有利于个人利益的选择付诸现实的言语行为等外在表现。这是人性使然。

**（二）合理性原则**

合理性是人们进行思想选择的基本原则。合理就是合乎道理与原理，“理”包括情理、义理、事理、学理、法理等相对客观的理性标准，讲究一定的恰当性、适切性与相对正确性，具有以合乎理性要求的尺度进行评价与判断的特性。功利性是人们思想选择的基础性原则，但我们必须认识到，受利益驱动并处于利益的纠葛之中是社会的普遍性现象，利益关系的处理及利益获得的合理性是一种普遍性的社会要求，也是生活在社会之中的个体进行选择的基本性遵循，因为个体不只是独立的存在，而是与他者相互联系的社会存在，处于一种多维度利益关系的共在现实之中，显然，个体思想选择的任务就是如何恰当地处理多维利益与自我利益的关系，使自己的利益选择符合群体或社会公认的要求与标准，具有被他者认同的基础，具有现实存在与追求的合理性。

合理性原则的遵循取决于个体理性选择的能力，而能力的提高是合理性认知与理解提高的过程，是个体观念、思维等逐渐合理化的过程。这种合理化主要是接受外界有关合理性标准逐渐转化为自我内在合理性标准的过程，既是一种自我生成的过程，也是文化与社会合理性标准介入影响的过程。与启蒙主义所认为的人的理性依赖于个体把握法则与规律性秩序的能力不同，韦伯的合理性概念将人理性的思考能力拓展至外部行动领域与外部世界，是从历史与现实层面将理性化过程分为文化合理化与社会合理化两个方面，即“世界图像的合理化”与社会关系的客观化（“官僚化”）的社会合理化。他道出了人理性选择能力提高的文化与现实合理化的必然路径。无论是历史承继所形成的文化合理化的积淀，还是现实社会关系所形成的科层制等社会合理化的要求，都是个体在一定的具体现实条件之下必须习得的合理性标准，并以此作为自己思想判断与选择的依据，成为个体思想自律能力和行为控制能力形成的基础。韦伯批判了资本主义社会的合理性是一种形式上的合理性和实质上的非理性的结合，最终产生人自由与意义的丧失、价值理性的缺失。他将社会行动划分为四种类型。第一，目的理性的行动，即工具理性的行动。个体从目的出发，理性地选择一定的手段，并考虑可能出现的结果，然后权衡做出行动的选择。第二，价值理性的行动，即实质合理的行动。“价值理性的行动总是涉及一些‘命令’或‘要求’，它们在行动者看来都是必须执行的。只有在人的行动动机就是为了完成这些无条件的要求时，它才能称之为价值理性的。”① 价值理性行动是个体以自己内在的价值与信仰为导向而采取的行动。第三，情绪或情感行动，即由个体的情绪情感决定的行为选择。第四，传统行动，主要是根深蒂固的习惯所形成的思想观念所决定的行动选择。“目的——工具合理性行动，既有使行动摈弃巫术、情感的形式合理性的内容，同时也有导致人们的常规化、传统化的实质非理性一面。”② 同样，价值合理行动，“既有使行动从属于价值、理想、信念等无法用理智计算和控制的情绪、巫术的形式非理性一面，同时也有使行动打破系统、信仰藩篱，破除单一，僵化，激发创造性和革命性的实质合理性一面”③。显然，不同类型的行为皆来自于不同的思想选择，是理性选择与非理性选择带来的不同取向与表现。一般而言，四种行动类型不是单一性的存在，都具有存在的合理性，只不过有的合理性是形式上的、有的则是实质性的而已。不同的个体总会表现出不同的选择取向，具体地讲，不同的个体在不同的时期与情势下会出现不同的思想选择与行为取向，而之所以出现这样的选择而不是其他的选择，主要是因为其对合理性的认知与理解。个体总是生活在一定的历史条件之下，会受到现实情势中有关合理性标准的左右，韦伯认为资本主义社会往往过于强调工具理性，

---

① ［德］马克斯·韦伯：《经济与社会》（第一卷），阎克文译，上海人民出版社 2010 年版，第 115 页。

② 苏国勋：《理性化及其限制——韦伯思想导论》，上海人民出版社 1988 年版，第 92 页。

③ 苏国勋：《理性化及其限制——韦伯思想导论》，第 92 页。

强调形式合理性，从而带来人的异化与人的意义的真正丧失。

合理性原则是个体选择时对他者认可和理解的追寻与强调，主要表现为与他者趋同与一致的考量，形成人们相互间能够共同认同的合理性标准。如果说马克斯·韦伯主要是从社会与历史的角度来看待合理性的问题，而哈贝马斯则从两个层面来看待合理性，一是个体合理化，个体意识分化的合理性生成与成长，二是社会整体合理化，即人们认知世界的社会合理性介入。他从生活世界的合理化提出交往合理性的问题，强调个体之间的互动、沟通；生活世界和系统的协调、发展，强调合理交往结构与秩序的保障。理性个体主要以言语行为表达自己意向活动和正进行的目的性活动是否合理，他认为，合理性不只是表现为对知识的占有，更表现为具有言语行为能力的主体如何获得和使用知识，因为知识是个体合理性遵循的基础，但只有这种知识转化为人们的能力才能够使自己的思想和行为选择具有合理性。行为主体在一定的情境之下会追求交往的合理性，而不是自我的主观经验表达，要表现出一定的交往理性，“这种交往理性概念的内涵最终可以还原为论证话语在不受强制的前提下达成共识这样一种核心经验，其中，不同的参与者克服掉了他们最初的那些纯粹主观的观念，同时，为了共同的合理信念而确立起了客观世界的同一性及其生活语境的主体间性”①。显然，哈贝马斯所理解的合理性是主体间交互形成的共同合理信念，其摒弃了个体自我的主观观念这种单向度的认知与理解，而是一种多维度、交互共享共用的合理性标准。他对个体所表现出来的合理性提出了更具体的要求：“在道德——实践层面上是否可靠或明智；在评价层面上是否深思熟虑或明白易懂；在表达层面上是否真诚或具有自我批判精神；在解释学层面上是否可以理解。”② 显然，对个体而言，合理性的追求应该是多元的或多维度的，是从生活世界的视角，将自我置于一定的生活结构之中并在此基础上形成一种生活方式的合理性。这种合理性不只是表达的合理性，还有行为的合

① ［德］哈贝马斯：《交往行为理论：行为合理性与社会合理性》，曹卫东译，上海人民出版社 2004 年版，第 10 页。

② ［德］哈贝马斯：《交往行为理论：行为合理性与社会合理性》，第 43 页。

理性，交互的生活世界，为人们提供了合理性的基本遵循，正如他所指出的："对个体和集体而言，有了生活世界的结构，也就有了合理行为的指南。"① 这种合理性更多是生活世界人与人之间相互建构的合理性，往往表现为群体的规范，为生活其中的个体提供选择的基本性遵循。

因此，个体思想选择对合理性原则的遵循具有明显的特点，人们通常去寻求那种适切的、大家都能够接受与认同的方式，如我国传统文化要求个体的思想选择要讲究"中庸之道"，形成不偏不倚的折衷、适应、恰当、中和等协调性的思维方式与选择原则，在现实中则表现为追求"随大流、不出头"的明哲保身的处事原则，追求对事物适切的度的把握。与他人趋同的选择，往往不会受到来自人际间的压力；与他人之间寻求共同之处，是与他人能够和谐相处与合作共赢的前提与基础。所以，在现实的思想选择之中，合理性原则的应用就会具有一定的弹性与可通约的空间，会出现多理并用、多理并存的现象。人们往往会从合理性原则出发，站在他者的角度去看待与考虑问题，从而在解决现实问题时可以做到求同存异，达到现实的和解与共存，出现情理交融与和谐的局面。当然，现实中不乏相互之间不相融甚至人际间矛盾与冲突的现象，这是人们强化各自合理性观点与立场、缺乏相互之间建设性交流与沟通的必然结果。

合理性原则包含经过长期社会历史文化积淀的人情世故处理、风俗和习惯等，形成了现实中人们为人处事、人际关系处理与评价的传统合理性标准、规范与要求，形成具有一定文化特色的情理、事理等的处理模式与方式，成为人们思想观念形成的基本理路和思想选择的基本遵循，成为思想选择和外在评价的标准与尺度，如中国传统文化所形成的面子情结，在无形之中成为人们现实思想选择的合理性原则的内容。当面临选择时，人们总会考虑到他人的眼光与评价，总会寻找现实的合理性理由，常常会出现内在的意向选择与实际行为选择不一致的情况，致使人们往往根据现实情况不同程度地掩饰与压抑内在

① ［德］哈贝马斯：《交往行为理论：行为合理性与社会合理性》，第43页。

真实的思想选择，而不得不选择符合外界评价标准的现实表现，出现言行不一、内外矛盾的现实结果，出现“死要面子、活受罪”的现象，这是遵循了外界所认为的合理性标准而带来自我压抑的矛盾性痛苦。这种让意愿屈从于外在公共标准的选择，往往被认为是不得不做出的合理性选择，认为是必要的个人意愿、需要与利益的牺牲，是具有客观理性的选择，甚至是舍小我而选择大我的合理之举，是在痛苦之中获得了思想的升华；如果有人无视大家公认的合理性标准而进行了个人意愿的选择，则被认为是作了不通情理的、不被大家认同的、不合理的选择，在现实中需要面对他人异样的眼光、经受他人的品头论足等舆论的谴责，从而承受来自外界强大的压力。所以，面子关照与情感维系，成为人情社会之中人们进行思想选择必须遵从的合理性原则，如果不能按照相应的规则行事，则成了有失颜面和尊严的重大问题。如果个体能够做到人情练达，就意味着深谙人际相处所需要遵循的规范要求，并且善于将这些规则作为自己思想与行动的选择，其一举一动、一言一行皆符合公认的合理性原则。

合理性原则包含了现实中的法律规定与社会道德规范的内容，形成了影响个体思想选择的显在标准，具有普遍性的特点，即是一定制度框架下人们普遍遵从与认同的合理性原则。合乎法律的规定，是个体思想选择的底线要求，其解决基本的社会立足和生存资格的问题；合乎社会的道德规范，是思想选择的发展性要求，其解决的是个体社会融入与发展的问题，决定是否能够拥有较好的社会支持。这种显在的标准通过内化往往会构成人们思想选择合理性原则的有机组成部分，甚至成为思想选择的无意识部分，使得人们在面临选择时会自觉地按照已经形成的显在的合理性标准去行事与判断，具有人们思想选择合理性遵循的共性。当然，这种公共合理性的标准与原则具有一定的强制性，其向个体合理性选择原则的转化并不是一种绝对必然的关系。个体的人生际遇、成长的具体环境等都会决定个体思想选择合理性原则的生成与内容的构成。个体总会考量自我的现实处境，从自我的合理性角度去看待与处理现实问题，必然会出现不同个体对合理性原则理解的差异，出现个体思想选择的不同。“从工具角度来看，形成合理性就是可使用手段的有效性；从策略的角度来看，形式合理性则意味着，在一定的优先条件下选择手段的正确性。”① 凡是我们在现实中所看到的或认为不合理的选择，在当事人看来基本上都是合理性的选择，都是必须去实施和完成的现实选择。所以人们的思想选择往往会面临着公共合理性标准和自我内在认同的合理性标准的矛盾与冲突关系处理的问题。

因此，合理性的原则要求个体的思想选择必须符合外在公认事理的基本逻辑与要求，符合人性发展的基本规律与事物发展的常规走向，是在现实中可以被理解与认可的选择，是合乎理性的选择。

### （三）正当性的原则

思想的选择总是有理由的选择，除了合理性，个体自身所理解的正当性也是个体进行思想选择的基本准则。这种正当性不同于理论界所提出的正当性，理论界所提出的正当性主要是指社会政治秩序与政治权力的正当性，是从社会层面尤其是政治层面来探讨的正当性，包含符合一定正义与道德标准要求的内容。正当性是指个体自己所认为的符合情理的充分正当理由，是个体据此进行选择的依据。当然这种正当性的原则会受到重要他人观点的影响，受到社会普遍认同的正当性观点与理解的影响。

寻求选择的正当性理由，并以此产生选择的结果，是人具有理性使然。因为人本身具有自我立法和自觉守法、追求道义上的正当性的基本能力，正是这样的能力使人们能够根据正当性的原则来面对与解决现实问题。以正当性的理由为据进行思想选择，既是解决个体内在思想矛盾冲突的方式，也是人们处理现实矛盾冲突的选择策略。当个体面临不同选择之时，做出各种选择都会有相应的理由与可能，但最终总会权衡出最具有正当性理由的选择，如果没有足够的理由，选择的结果就会处于变化之中，反复选择就会不断地进行，极容易受到他人观点的影响出现同化现象，甚至出现盲从选择与简单的替代选择。

① ［德］哈贝马斯：《交往行为理论：行为合理性与社会合理性》，第 326 页。

同时，当个体具有选择的充足的正当性理由，则会充满自信，不仅会做出与坚持相应的思想选择，而且在与他人的矛盾冲突时更加强化自己选择的正当性。“在冲突情境中，人们越是感到彼此不一致、越是想说服对方，越会竭力将自己所认同的正当性原则表述清楚。”[①] 这是在冲突情境中解决矛盾冲突达成一致而采用的一般方式，通过强化个体的正当性理由和原则来影响与说服他人。但当这种方式无法达成共识时，个体会根据现实的情景选取其他的方式，如通过以自己正当性理由为据来批评他者的不正当性，以促使他者改变自己的观点和行为。或者通过其他途径让他者认识到自我选择的错误，如扩大自我正当性理由的认同度，通过有关舆论影响的方式等。或者主动采用换位思考的方式，反思自我的正当性立场和原则，主动去理解他者的正当性，从而进行自我思想的调节，选取有利于共识达成的途径与方式，或求同存异，或适度自我改变，或者各自坚持自己的选择互不交集。

偏好是个体内在的一种情感与心理倾向，表现为个体意愿，是个体选择正当性原则的有机组成部分。尽管有些偏好是非常明确的正当性理由，有些偏好是内隐于心的正当性理由，但是在人们进行选择的时候，总会成为影响个体决定的重要理由，会主导人们自觉与不自觉地按照偏好进行选择，尤其是在不涉及外在的道德规范与法律规定时，思想选择总会倾向于自我的偏好。遵从偏好等于遵从了自我的内在意愿，但选择并不总是能达到这样的一种理想状态——遵从内在意愿而为所欲为。当偏好与外在条件允许的理性选择一致，人们会毫不犹豫地决断；当两者冲突之时，人们会根据现实的情势进行相应的权衡，有的会遵从于理性的选择，自然会承受不舍的痛苦；有的在反复选择过程之中最终还是选择了内在偏好的遵从，自然要承受来自外界的压力。对个体而言，有的偏好是明晰的，如那些由理性观点内化而形成的看待问题的视角和观念，人们可以清楚地表达自己为什么进行这样的选择，有理而有据；有的偏好是模糊的，是隐隐约约的、没有理由的喜欢，或者说只是一种审

① 胡伟、王迪：《从社会学角度建构关于“正义”的理论——读〈论正当性·价值的经济〉》，《浙江社会科学》2010 年第 10 期。

美的内在倾向，人们往往很难清楚地表达为什么进行这样的选择，理由可能是不知道或者仅仅因为喜欢。对有关自我生活方面的选择，个体往往忠于偏好；对有关公共生活与实践方面的选择，偏好会相对弱化，可能引起偏好与理性选择之间的冲突，出现个体内在的纠结与矛盾。所以，偏好构成的正当性理由是一种自然而然的内生性原则，往往在不自知的情况之下产生作用。

正当性的选择原则，看起来是个体内在遵从的选择原则，但往往是社会正当性原则的个体投射，具有明显的社会性特征。这种正当性的选择原则往往包含着社会法律、道德规范、文化惯习等等的规定和要求，使个体在社会实践之中会根据不同的情境做出符合一定社会规范要求、符合社会正义性要求的思想选择。这种思想选择的原则往往通过社会规范的外在强化内化为个体思想选择的内在原则，或者经过文化的浸染而逐渐养成的习惯性选择原则。正当性的选择原则，同样包含有个体对自由本身的追求，具有明显的为我性特点。这种自我的本能与自由的向往使个体容易从自我的角度去看待问题，根据自我的感受、体验与过去的种种经验进行思想选择，并且运用已经形成的思维方式，将自我的一些想法与选择进一步合理化、正当化，从而能够在现实中理直气壮地付诸实施。一般而言，凡是个体坚持去做的事情，一定是有去做的正当理由，尽管在他者看来可能不是一种明智的选择，但对实施个体而言是理由充分的选择，是不得不进行的选择，是相对正确的选择。现实中个体所做出的有悖于社会与群体规范的选择，都会有自己所认为的合理与正当的理由，如果理由不充分就不足以转化为个体的现实选择，也许自己可能也认识到了选择的不良后果，但在个体看来，这样做是无奈的选择、不得不进行的选择或必须坚持的选择，是个体所认为的正当性选择。“凡我所作所为，我都以我的见解和我的自信为一个主要原则。但如果单独根据这一原则来替我的一切自由行为作辩护，那就会陷于诡辩，会推翻一切的伦理原理。”① 显然，自我的正当性理由是个体进行选择的主要原则，但仅

① ［德］黑格尔：《小逻辑》，贺麟译，商务印书馆 1980 年版，第 177—178 页。

以自我的正当性选择原则而无视社会性的原则，往往会做出背离现实伦理规范的选择，产生相应的负向效果。

个体正当性选择的原则既包含了社会的正当性要求，也包含自我本能所认为的正当性要求，使得人们在现实中出现正当性原则遵循的游移现象，即有时按照社会的正当性要求进行选择，有时按照本能的自我正当性进行选择，有时可能使个体陷入选择的困惑与矛盾之中，在无所适从时可能做出随机性的选择，出现非理性选择与行为的发生。当然，对于具有较强的社会道德意识或自律意识的人来讲，正当性选择的原则表现出明显的自我正当性与社会正当性要求的一致性，而当不一致时会自觉地压抑那些不符合社会规范要求的本能性愿望与欲求。但是对于那些社会道德意识或自律意识不强的人来讲，当自我的正当性要求与社会正当性要求不匹配时，会根据自我的正当性甚至无视社会正当性的要求来进行思想的选择。个体在不同的情境之下都会有自己选择的正当性理由，所以，思想的选择尽管是个体的选择，但并不一定是个体内心所愿意做出的思想选择，而个体所做出的选择也未必都是符合社会正当性原则的选择。

正当性与合理性往往有机地交织在一起，形成合理正当的原则，共同影响人们的思想选择。只是正当性原则更加突显的是人思想选择为我性理由的遵循与强化，体现选择含有公平与正义的意蕴，是对个体思想选择立场的坚持和强调。合理性突出的是思想选择的理由是否切合事物发展的规律与公认的理性要求。因此，正当性原则更加强化的是个体思想选择的本体立场，合理性原则强化的是个体思想选择他者的接受、认同和理解；正当性原则往往强调思想选择的合法性，合理性原则突显的是文化性。

总之，思想选择不是随意性的、完全自由性的选择，个体基本上会遵循功利性、合理性与正当性的原则，讲究合情、合理与合法的有机统一。人们会考量不同选择的利弊得失与相应的理由，然后做出自我最优化的选择。当然这种选择可能是即时性的选择，也可能是深思熟虑的反复选择，但都会经过这样相对理性的方式来进行选择。当个体无法预测不同选择可能带来的结果时，个体对自我的选择往往会缺失一定的自信与把握，这时可能使用非理性的方式来随机做出选择；当意识到不同选择结果的利弊相当，个体往往也会以非理性的方式来随机性地处理。合理性原则具有明显的理性选择特征，人们会更多地考虑到选择的现实适切性，追求公共、自我与他人选择合理性标准的一致。正当性并不一定都是显在的原则，还有隐含于人们内心的潜在性偏好和倾向，会被现实情景所激发影响乃至决定人们的选择。人们在现实选择之中往往会充分考量选择的利弊得失，并进一步强调选择的正当合理性，从而获得他人的认可与支持。

## 五　思想选择的博弈

思想选择的过程不只是内外重要影响因素通过思想选择机制发挥作用的过程，也不是对一般性原则的简单遵循，而是充满了思想博弈的过程。

### （一）思想博弈

思想选择的过程与结果亦是思想博弈的过程与结果。思想博弈是指不同主体的不同思想观念之间，或同一主体不同思想观念之间的对抗和竞争，目的是选择出主体所认为的最优化解决相应问题的策略、方案和行动。显然，其不仅是主体交往过程中所形成的思想博弈，更是个体内在的思想博弈。思想博弈就是思想选择过程中思想矛盾冲突的动态再现，博弈境遇是人们常处的现实状态。

### （二）思想选择的内在博弈

个体所置身的环境存在着多元思想观念，之所以选择其中的某一种思想观念而不选择其他，是因为个体认为这种观念能够较好地解释与解决自己所面对的现实问题，是必须选择的思想观念和现实行为。尽管可能个体内在并不认同这样的观点，但为了减缓来自外界的舆论压力或者为了顾全大局而不得不作出这样的理性选择；或者尽管外界并不认同这样的思想观念与行为方式，自己也面临较大的外界舆论压力，但是为了能够满足自己的某种需要还是作了忠于内心的选择。这都是个体内在思想博弈所带来的直接结果。西格蒙德·弗洛伊德的“人格结构理论”将个体的人格结构分为本我、自我和超我三部分。本我是具有本能愿望与先天本质的我，自我是现实中我，超我是理想中的我。个体人格发展过程中往往充满了本我、自我与超我之间的博弈，出现内在的矛盾、痛苦甚至精神病症，自我往往通过启用心理防御机制来减轻或消除这种由内在冲突与博弈对个体带来的伤害，寻求心理上的平衡与自我保护。从社会性的角度，我们可以将个体分为肉体的我、精神的我与社会的我三个部分，个体现实的思想选择往往是肉体的我、精神的我与社会的我三者之间博弈的过程与结果，出现本能欲望、精神追求与社会认同之间的矛盾冲突，以及思想选择的波动反复现象。当个体犹豫再三、进退维谷、反复考量权衡之时，正是头脑中三种不同的我各持已见激烈博弈的时刻，并伴随人们不同程度的情绪情感表现。当个体的内在愿望与社会认同方面出现矛盾时，往往会处于纠结矛盾的博弈困境，会在头脑之中不断比较权衡实现自我愿望与追求社会认同之间的利弊得失；当个体的本能欲望和精神层面的追求出现矛盾之时，也会在头脑之中反复权衡、比较孰重孰轻、选择何去何从。其结果就是取决于哪一方面的思想最终占据了博弈的上风，举棋不定的现实状态就是不同思想观念之间反复博弈无法选择的外在表现。休谟曾认为：人性的弱点在现实利益的呈现上表现为舍远图近，即急功近利、缺乏长远眼光，容易使人们经受不住现实的诱惑陷入博弈困境。个体可能通过外在比较的方式来求得心理平衡，或者产生心理失衡，个体会将自己纳入到现实社会关系的比较之中，使自己陷入博弈的困境或者从困境的痛苦之中解脱，为了自己不成为“呆子”，那就与他人保持一致，这是对个体内在欲望进行合理强化的方式，是人性弱点在博弈中胜利所采用的策略。个体就是这样通过反复权衡的内在博弈方式来寻求和选择自己认为最优化解决问题的策略与方式，当然，博弈会遵循一般性思想选择的原则并通过内在选择机制来进行，一般围绕着应然要求与实然存在、本能愿望与社会期望之间的关系处理而进行。当个体做出决定之时，就是内在博弈结果出现之时，也是内在思想选择完成之时。个体可能会重新否定自我的选择，或者再进行新的选择，这都是大脑中观念再次博弈的结果，由此形成大脑中思想观念的博弈和选择、再博弈和再选择的不断发展过程。

### （三）思想选择的外在博弈

个体在与他者进行交往之时，也是不同思想观念博弈的过程。个体总会强化自己的观点并希望他者能够认同并接受，同时在了解他者观念的过程之中思考如何应对和处置。个体与他者思想之间的博弈一般通过语言交流与行为表现的方式来呈现，可能是双方对问题的商讨，可能是彼此的秘而不宣，可能是唇枪舌剑般的争论，可能是相互之间的无言以对，甚至是交往的不再继续等等。这种外显性的思想博弈困境必然带来个体内在思想博弈的变化和调整，人们会根据外在思想博弈的情况来考量是否或者如何与他者保持交往，自己应该选择何种方式和策略来实现这样的目的。是保持合而不同的友好交往，做到求同存异？是改变方式渗透自己的观念和想法、潜移默化地影响他人？抑或是更加强化自己的观点，对他者不断施加心理上的压力？还是采取一定的行动？或者经过一段时间让其看到现实结果的有力证明？个体总会根据现实的情势来对博弈困境进行考量，选取自己所认为是最优的解决策略。

一般而言，个体对那些与自己思想观念大致相同的他者能够保持较好的沟通关系，形成相互之间的友谊，即使有时出现了观念分歧，也会选择谅解或沟通等积极性的方式来解决。对那些和自己思想观念不一致的他者，也许能够保持一定的沟通，可能是出于了解和增进知识的需要，或者是出于自我包容度提升的要求，或者是出于对现实关系维系的考虑。也许和他者保持一定的距离，敬而远之，回避思想上的直接交锋与博弈。也许不进行对话和沟通，更不互相往来，内心有着“道，不同，不相为谋”的原则与界限要求，当然也可能是对他者的不了解而不得已的做法。博弈交锋的结果，可能是合作或者不合作。个体与他者的思想博弈是正常的社会现象，因为每个人所处的现实情景与成长经历不同，其立场、考虑问题和处理问题的角度与方式自然不同。对合作式的思想博弈而言，思想博弈既是达成一致的方式，也是解决矛盾的途径，更是相互沟通的主要内容，思想博弈具有达成双方相互理解与合作的建设性特征。对非合作式的思想博弈而言，思想博弈是强化各自立场攻击他人的方式，是旗帜鲜明地强化对立的途径，是不可通约的外在对立方式，甚至是以现实的双方行为冲突为表现。这种博弈具有非合作的破坏性特征。当然，可能由合作式的思想博弈转化为不合作的思想博弈，也可能由非合作式的思想博弈转化为合作的思想博弈。

个体总是置身于一定的群体之中，必然存在个体思想与群体思想之间的博弈，存在着个体内在的需求和群体规范要求之间的选择博弈问题，具体地讲，存在着个体内在需求、个体所处的同辈群体的要求、群体规范之间的选择博弈问题。一般而言，具有绝对权力地位的社群主导思想往往处于博弈的优势。因为社群主导思想是社群整体价值观为主导的选择，表现出一定社群整体选择意向与偏好。这种“为社群”倾向或社群中心化的属性，使社群思想具有博弈的现实影响威力，形成了社群思想对个体思想的决定性影响。社群思想往往包含一定的思想与行为规则，这种规则系统是在长期发展过程之中不断博弈选择带来的直接结果，正如哈耶克所认为的是许多代人行为的产物，而不是某个人设计的结果。在社群选择中占据生存优势和具有竞争能力的规则体系不是任何个体理性设计的结果，而是在社群发展推进的过程之中被不断选择的产物。或者更准确地讲，是经过思想博弈优胜劣汰演化而成的规则，包括价值观念、道德准则、法律秩序等等，从而形成一种规则系统和自发性的生成演化机制，直接影响社群的思想选择，形成一定社群共有的思维范式与行动模式、共享的价值观念与文化惯习，从而使个体受之熏染转化为个体的思想选择，甚至成为个体内在思想博弈的原则遵循。尤其在专制型的社会中，主导社群思想保持着绝对的博弈优势和权威，个体的思想选择只能且必须归属于群体的思想选择，异质性的个体思想往往不会被群体所接纳，除非被群体认为是对群体有益的思想。在实现群体目标的过程中，往往会带来对个体思想和利益关注的缺失，甚至无视或损害部分个体的利益来实现群体利益的最大化，强调个体利益对群体利益的服从，个体的思想选择对群体思想选择的归依，必然带来群体思想与个体思想之间的博弈，以及个体思想内在博弈的加剧，可能使压抑的个体不得不屈从于群体思想，做出符合群体思想规范要求的个体选择；也可能通过外在的、公开的思想博弈且通过一定的行动做出现实的抗争，甚至引发社会的动荡与变革。在相对民主型的社会中，个体思想选择在博弈中往往占据一定的地位，甚至推动与丰富群体的思想选择，从而进一步发展与完善群体思想选择的机制与要求。需要注意的是，如果对群体发展有利的个体诉求和思想观念，在思想博弈过程中可能被接纳进而转化为群体的思想选择，甚至成为群体规范的有机组成部分，否则不会被关注，更无法影响群体的思想选择。在开放性的社会环境之中，多元思想观念并存，为个体思想带来多种选择的可能，同样也会带来个体思想选择时的博弈加剧。一般而言，外来思想会给个体的思想选择带来很强的冲击，使个体的思想选择面对着本土和外来思想文化之间的碰撞与博弈。在现实之中会面临着这样的博弈困境：遵从外来思想文化会受到来自社群舆论的排斥与抨击；拒斥外来思想文化可能会受到来自于同辈群体的不接纳与不认同的问题。不同的选择对自我是否有益的多方面考量，更使个体的思想选择处于现实博弈困境。当然，个体思想与社会多元思想之间的博弈会直接通过个体现实的观念和行为得以外显。

## 六　小结

思想选择是一种高级的生命运动，是内外影响因素交互作用的过程与结果，表现为动态的或静态的思想活动结果。具体而言，思想选择是在价值观和一定科学精神的支配下，人们根据所处的现实情势作出的自认为具有正当合理性的判断和决定。思想选择绝不是简单的利益选择，而是价值观念的选择，是价值观念对有关利益理解后的一种判断与决定。张维迎认为："人们是通过观念来理解自己的利益的，而人的认识有限，观念可能发生错误，这样的话，他们就会做出对自己不利的决策。"[①] 人的认知能力以及其所具有的科学精神会直接影响人们的思想选择。思想选择是大脑所独有的功能，由大脑所具有的内在选择机制所决定。大脑的自动系统与反射系统共同构成选择系统，而自动联想机制和理性逻辑机制的有机结合，形成交互补充的联动式、开放性的选择机制。在外界信息输入和刺激之下，大脑的内在选择机制具有不断发展与完善的功能，使人的思想选择兼具了理性与感性的特征和色彩，呈现多彩性和丰富性，具有超越理性选择的能力基础。

思想选择不是一次性完成的生命活动，而是不断地发生、变动、转换，伴随着人们因选择而带来的情绪情感等心理的变化和发展；或者说，是在一定的情绪情感等心理变化的诱导之下，受内在需要驱动而产生的判断和决定。它会带来人们心理的变化和体验，也因此带来思想选择的变动。它往往是由潜在意向转化为显在意向进而形成选择的过程。或者说，是外界因素直接刺激人们的内在选择意向产生的必然结果。思想选择是遵循功利性、合理性与正当性的原则而进行的理性选择，当然，认知水平与选择能力会决定人们对原则内涵的理解与现实的选择。

思想选择的过程是充满了博弈的过程，个体内在思想博弈存在着肉体的我、精神的我和社会的我三者交互对抗、竞争与矛盾的状态。个体与他者之间的思想博弈具有合作式和非合作式之分，博弈的同时伴随着个体内在的思想博弈。社群主导思想往往在个体思想选择中占据博弈的决定性优势，甚至成为个体思想选择的内在原则遵循。群体思想与个体思想间的博弈在专制型与民主型社会之中的表现不同。思想博弈是个体与群体发展的正常现象，也是思想选择的矛盾呈现与选择结果出现的前奏。

---

① 张维迎：《理念的力量》，西北大学出版社 2014 年版，第 3 页。

# 第四章　思想的基础

思想是人类有别于其他动物的主要特征，是人的主体性表现和类能力。在人类生存发展的过程中，作为有理性的人类出现了与其他动物不同的生存方式，他们不是像其他动物那样简单地维持本能的生存，简单地与自然界进行着能量的交换，而是主动面对与解决自我生存的基本问题，建构生存的思想和理论，寻求安身立命的根本与精神的支撑。马克思曾指出了动物与人的区别，认为两者不仅表现在生产方面的差别，更重要的是“动物只是按照它所属的那个种的尺度和需要来构造，而人却懂得按照任何一个种的尺度来进行生产，并且懂得处处都把固有的尺度运用于对象；因此，人也按照美的规律来构造”①。人的类存在的本质使人具有了对象化看待一切的能力，具有思想建构的能力，具有制定与把握价值尺度和标准的能力，具有思想指导行动的能力，具有掌握美的规律并按美的规律进行创造的能力，具有设定未来目标的能力和达致目标的可能。大脑所具有的独特功能构成思想发生的可能性基础，人们所处的文化存在成为思想形成的外在环境基础，实践则使人们思想的形成具有了现实性的行为基础。

## 一　思想发生的可能性基础

思想发生的可能性来自于大脑的功能，离开了大脑则无从产生思想。恩格斯指出：“我们的意识和思维，不论它看起来是多么超感觉

① 《马克思恩格斯选集》（第1卷），人民出版社2012年版，第57页。

的，总是物质的、肉体的器官即人脑的产物。”[①] 从本体论的角度，思想是物质的产物，不过只是物质的最高级产物而已。大脑经过劳动实践的展开而不断发展，促使人成为具有二重属性的存在物，使得思想的发生成为可能。

### （一）大脑功能的基础

大脑具有反映的功能，但绝不是一般性的反映，而是复杂性反映即建构的功能。一般反映只是对外界事物直观的、简单的、机械的反映，如同照相机或照镜子般的反映，或者倒映成像，或者直接成像，但是大脑的反映却具有复杂性。按照列宁的观点，反映是由自然界、大脑和反映形式之间共同构成的综合运动，是大脑对外界事物信息处理加工的过程。大脑的反映是所有思想形成的基础，是思想能够得到发展的基础原因，不管什么样的思想或思想形式，都是在大脑反映功能这一基础表现出来的。大脑的反映，不是简单的“白板说”“蜡板说”，任凭外界信息进行任意的书写，而是能动的反映，是个体从实践的需要出发进行信息的选择和思想建构的过程，是由思想主体、思想对象与思想方式三者在大脑之中矛盾运动所构成的过程，是思想观念之间博弈的过程。科学研究的成果证明了大脑拥有不同的功能区域：“一是从外部世界接受信息的感受区，二是将这些信息进行收集整理的储存区，三是评价收到的新信息的判断区，四是按新的方式把已有知识和新信息结合起来的想象区。”[②] 大脑的感受区与判断区主要形成人的知识观念，想象区则主管意向和抉择观念的产生。四个功能区域的协同工作，为人的思想行为活动提供了基础。还有一种观点认为：大脑的特殊性使之具有建构思想的生理性基础和基本能力，具有动物无法企及的智能和理性。智能是指智力能力，Thursteme 认为，“智能由语言理解、用词流畅、数、空间、联系性记忆、感知速度及

① 《马克思恩格斯选集》（第 4 卷），人民出版社 2012 年版，第 234 页。

② 赵言舟、王贤章、章德峰、卢士才：《思想学》，第 118 页。

思维 7 种因子组成”①，这是从其构成要素，更多是从心理学的角度进行的分解；从哲学的角度来看，智能是个体对客观事物进行分析、判断及目的性处理与行动的综合能力。理性通常被界定为一种人所具有的探索真理的能力，它是深入分析客体对象、整体把握和评估客体对象的能力，即抽象地分析与把握事物本质的能力。这两种能力实际上是有机地交融在一起，共同形成人们思想构建的基础。但是智能与理性的产生与发展不是简单的生物性建构的过程，而是在人类进化发展过程中逐渐发展提高的过程，是在实践活动中通过形成一定的心智模式（思维方式）来建构思想。恩格斯一再强调人们所有的行动都要经过大脑，就连吃喝这样的基本行为也是由大脑感觉到饥渴后产生的，大脑会根据现实的各种情况转变为意志动机，然后来决定所采用的方式。正是大脑的反映、建构等独特的功能，使人具有将自己生命活动本身转化为意志和意识对象的能力，形成一定的筹划、想象和思考等能力。显然，大脑功能不仅使思想的产生成为可能，而且直接导向人们的行动。

### （二）人存在的二重性基础

人是有生命的个体，是肉体和精神有机结合的统一体。这使得人不仅具有一般动物所普遍具有的动物性，而且具有自己生命的存在方式，有自己的生活方式和思想方式，具有精神性和思想性。人的这种二重属性，使得人既无法完全脱离动物属性与自然本性，同时又使人具有超越生物本能局限的能力，具有创造性，来建构人生存的、有意义的世界。人的自然属性使得人类形成最基本的生命本能——食欲、性欲和自我保存三种基本机能，这是人类生存的生物性前提和根本，是人性中最基础的部分，是人类思想产生的生理性基础和条件。人的机体构造和机能完全不同于其他动物，其他动物可以依靠自然赋予的特定器官和功能在自然的状态下生存，它们一出生就具有动物本能生存的能力。这种专门化的特定器官和本能，使它们被限定在一定的外

① http：//zhidao. baidu. com/link？ url = OC6sXCIfRIOGjYUreuwrA1AipOsYjyqgJbA6X9iYx5Y0r2jlcnC_ qaOEeey1 Bs3NGFyojfAezw2Pk8rhM-TQZK.

部生活环境和条件中，且只有在这种生活环境和条件中才能够生存与延续。但是人类与动物明显不同，人类出生时缺失基本的生存能力，离开成人的照顾甚至连生存都不可能，必须在成人的照顾与影响之下才逐渐形成生存和发展的能力，但人类却具有适应外部不同环境和条件的独特能力，这种能力的基础来自于大脑的发达与发展。

在经过由猿到人的进化过程中，出现了上下肢的分工与分化，直立行走解放了上肢，开阔了眼界，使得猿人使用天然工具的能力不断增强。使用天然工具则扩大和延伸了器官的不足，从而促进了大脑的不断发达，智能的不断提高，一直到具有了人的体态特征和一定程度的智能。即从人类进化的角度来看，大脑的发达与智能的提高是人类在自然界生存发展过程中不断演化的结果，也是原有器官与功能产生变化的必然产物。正是因为使用了工具，使猿人原来上肢的本能技能弱化或衰退，逐渐发展成为更有利于使用工具的人手样态，等等。人类在经常使用工具的过程中，对有关的事物和规律萌发了自觉的能动性，能够使大脑接受感官的直观形象，起初他们认为自己和外在世界是一体的，还不能将自己和其他事物区分开来，逐渐能够掌握了一些直观形象之间的简单关系，使其开始具有了由表象把握联系、由联系发现本质的初步能力，形成初步的形象思维能力，形成了简单的观念、表达所需要的手势和替代性的叫声。随着表达的不断丰富，逐渐形成了抽象思维的能力及主观活动，“这种主观活动不再是初级的形象思维，而是没有具体形象的抽象思维”①。直到语言的产生与应用，使人的主观活动逐渐变为自觉，人的智能与理性能力不断得以提高，人的思想则由原来的简单观念萌发向复杂性建构发展。

在原始的初级形象思维（即动物思维发展到抽象的逻辑思维）的过程中，语言起到了中介的作用，成为表达思想的工具和手段，也是人类智能提高的重要途径和方式。人类一开始的语言就是有声语言，所表达的是初级的、简单的观念，而有声语言丰富发展的过程就是抽象思维发展和人的智能提高的过程。有声语言形成了大脑接受与处理

① 韩民青：《当代哲学人类学》（第一卷），广西人民出版社 1998 年版，第 33 页。

一种全新的间接性信息的能力，出现了大脑运用符号来参与主观反映活动的现象，使大脑不只是对直观的感觉形象进行储存、接受与运用，而是以间接的信息符号去反映外在事物，出现了初步的想象、分析、归纳、综合、判断等思维手段，从而具有了基本的主观建构的功能，人的抽象思维得以产生与发展。人的智能和抽象思维能力的提高和人体的演化有机地交织在一起，相互促进、协同进化，使大脑接受间接的语言符号进行工作的能力不断增强，形成大脑新的反映控制系统，促成了人所特有的反映控制机能思维的出现，思维运动的过程和结果就产生了思想。

哲学人类学家兰德曼从另一个角度解释了人和其他动物的不同与区别，以及人所具有超越性功能的原因。他认为：人具有非特定化和未完善性，“人不像动物靠特定化生活那样，单纯地靠非特定化生活；相反，非特定化包含了未完成。世界如我们看到的一样，为了弥补这世界的缺陷，并且可以说是为了赶上特定化已经给予了动物的优越性。那么，在人类方面，只有非特定化和创造性一起，才弥补了动物的特定化”①。他认为人类是大自然尚未完成的动物，是大自然完成一半的作品，另一半需要人类自己去完成，人能够且必须自我塑造。这一半的未完成和不完善，恰恰为人类提供了实现和完成自我的可能性与潜在的能力。人也就成为自然中最弱的造物，也是最骄傲的造物。人的这种非专门化使人拥有了更强的适应性和开放性，成为不再受到物种本能束缚的自然造物，注定了不像其他动物那样按照既定的生存模式、在特定的环境存在，人类的生活不可能遵循一种事先确定的自然模式简单重复地进行，因为人类的存在是一种不确定的存在，它必须依靠自己去完成和完善自己，去创造性地生存和存在。人类就成为一种需要不断进行自我定位的存在，甚至是一种需要在不断自我定位中才能获得生存意义和价值的存在。

兰德曼所说的非特定化和未完善性，实际上是和其他动物的器官本能与生存方式相比较，本着完美造物的预设原则得出的结论。非特

① ［德］兰德曼：《哲学人类学》，阎嘉译，贵州人民出版社2006年版，第42页。

定化与未完善性实际上来自大脑的独特功能，即人的智能和理性所发展的精神性与思想性作为更有力的补充。这一部分看似不如动物本能的实际力量，恰恰是人类超越其他动物的生物性基础，是人类的真正优势所在，它使人类具有无限发展的潜质和能力。人的智能与理性，最初在原始社会是以形象思维为先、抽象思维为后的发展模式，随着实践的发展，逐渐形成了一定的思维模式，并以此去思考和反思，使人具有了对象化面对事物的能力，具有一定的认识世界和解决现实问题的能力，具有将外在客观对象纳入主观进行思想建构的能力。这就使人具有了自我建构和超越自我的基本能力，具有了智能和理性不断发展与提高的不确定性，具有不断将外在于自己的自然变成属人世界的能力，具有建构意义世界的能力。

原始社会人类的智能和理性的提高是在解决自己生存问题的过程中，不断应对来自外在自然界的挑战实现的，是解决基本生存矛盾的必然结果。原始社会的人们想方设法从自然界获取生活资料时，发展了自己的智能与理性，提高了自己获取生活资料的能力，不但引起自然界的变化使之变为属人的世界，而且也在改变着人自身的自然，形成人建构精神世界的能力基础。当智能与理性发展到一定的程度的时候，就出现了以大脑来自觉地支配人思想与行为的能力与特征，正如恩格斯所言："迅速前进的文明完全被归功于头脑，归功于脑的发展和活动；人们已经习惯于用他们的思维而不是用他们的需要来解释他们的行为（当然，这些需要是反映在头脑中，是进入意识的）。"① 智能与理性的发展，使得人类的行为不再是简单盲动的行为，而是在行动之前总是有一定的目标取向，经过事先的思虑和计划；在行动的过程中不断地进行思考、判断、分析、推理、想象等，来调整思路和选择行为方式；在行动结束后进行总结和反思等，这种思想的活动与人的行动有机交织在一起，只不过思想活动具有隐蔽的特点，而行动活动具有显在的特征；思想对行为的支配，可能是思想有意识的支配，也可能是无意识的惯习使然。恩格斯认为大脑的这种发展，随着时间

① 《马克思恩格斯选集》（第 3 卷），人民出版社 2012 年版，第 996 页。

的推移，必然产生唯心主义的世界观，但为什么如此，恩格斯没有给出解释和回答。实际上这种唯心主义的世界观是大脑智能和理性的发展，以及人们所面对的生存矛盾有机结合的必然产物。正是人类在解决生存矛盾的过程中充满了种种挑战和艰辛，甚至会产生无助和恐惧的心理，使其不得不借助一定想象中的神秘力量来获得精神上和心理上的支持；不得不想方设法来解决现实的困境和难题，或达成既定的目标。如原始社会的人们在早期获取生活资料的过程中，发现了现实中的某些联系多次产生同样的结果，让他们感到是一种神秘的力量所导致的，这就出现了原始社会最初的图腾崇拜。图腾开始出现时基本上是人们所见的现存事物，人们赋予它们以想象中的神秘力量，但是随着人类智能的发展，图腾开始出现了在现实中根本不存在的想象中的事物，这种事物具有超人的无穷力量。他们相信它能够给人类带来庇佑，带来安宁和幸福。中华民族“龙”的图腾就是一个现实并不存在，但积聚了多种威猛动物强悍部分的存在物。实际上图腾崇拜无非是对人本质力量的向往的一种现实投射，是人们在不确定的生活中对确定性追求的表现。这种神秘力量的崇拜形成强烈的心理暗示，构成了人精神世界中最初的信仰，使人产生一种无畏惧感、慰藉感和安全感，使人具有应对现实种种磨难的信心和勇气，从而对未来充满了希冀和无尽向往。同样，人类早期的神话也是人们以幻化的方式把握和超越自然的一种方式。这种幻想式的超越，是人类将自己的行为、自然的事物相互渗透，与大脑中有意识、有目的思想建构的巨大力量相结合的必然产物。人类早期就是这样通过幻化超越自然的方式来沟通天人的隔绝，消解生存的矛盾，寻求生命存在的寄托和希望。这种基于自然又超越自然的想象和主观建构，是大脑智能和理性发展到一定程度的产物，是产生唯心主义世界观的基础。对生存的现实问题的思考和超自然力量的想象与追求，构成了原始社会人们思想的主要内容。

因此，从原始社会人类智能和理性的发展，我们可以窥见一斑：大脑的发达是造成人和动物本质区别之所在，是人类思想产生的生理性基础与必要条件。大脑所特有的智能和理性特点，使人具有了获取与选择外界信息并在大脑中进行思想建构的能力，而且外界信息越丰富，大脑的建构能力越强，人们认识世界与改造世界的能力就越强，思想的丰富性和复杂性则明显增加。有关大脑的构造和功能有专门的脑科学探讨，在此不再赘述。

## 二　思想形成的主要环境条件

思想形成的主要环境条件是文化存在。怀海特认为，人与文化是不能分离、相互作用的关系，没有人的实践，则不会有文化的存在；同样，如果没有文化，人则一无所有。文化是由人创造的，但人的思想受文化的直接影响。文化就是属人的存在，是人类社会发展过程中所有创造物的总称。英国人类学家泰勒从人种论意义的角度认为："文化或文明是一个复杂的整体，它包括知识、信仰、艺术、道德、法律、风俗以及作为社会成员的人所具有的其他一切能力和习惯。"[①] 学术界有关文化的界定很多，但无论如何界定，我们都会认同这样的事实，那就是文化无非是人的对象化和外化的存在，无非是人的观念和思想的外在投射结果，是人内在丰富世界的外在表达和呈现。作为劳动实践的主体，人类不是只凭生命的本能在自然中生存，而是以文化的方式在自然中生存。也可以说，劳动实践是人类生存的最基本的文化方式，生产工具、简单遮蔽身体的衣物和装饰等就是早期人类在劳动实践中制造、创造出来的最早的文化作品，从这些文化作品中可以找寻到当时人们思想观念的烙印和痕迹，发现他们的思想能力与实践水平，透视到他们的思想视界与目的追求。那些被人类根据自己意图而改造的或者打上人类主观烙印的事物皆是文化的有机组成部分。文化"不仅包括物质意识活动中取得的成果，而且还包括各种社会现象、社会过程和社会事物"[②]。它具有属人的特征，是人创造的文化世界，是人的本质力量的投射与外化，体现着人的力量，表征着人的本质。它是人思想形成的主要环境条件。

① ［英］泰勒：《原始文化》，蔡江农译，浙江人民出版社1988年版，第1页。

② 韩民青：《当代哲学人类学》（第三卷），广西人民出版社1998年版，第313页。

### （一）文化存在的思想基础

文化世界的构建是人们思想发展和丰富的必然结果，是思想支配行动的能动产物。伴随着智能和理性的发展、人类改造和战胜自然能力的提高，人类将原来与自己对立的物质形态自然界的一部分改造或者创造成属人的世界，即文化世界，也称为第二自然、人化的自然或者人工自然。这个人工自然绝不是自然界物质自发演变和简单复制的结果，而是人类在实践当中运用智慧和思想有意识进行创造的产物，是能动从事实践活动的必然结果，其被打上了人类思想的深深烙印。“从文化与自然、文化与意识的相互关系看，文化本质上是自然的意识性跃迁。”[①] 的确，自然物质向文化的转变，是一种实践性的跃迁，更是意识性的跃迁、思想的跃迁。文化的创造活动是人们在一定思想观念支配下有意识的、能动实践的创造活动，是人们将大脑中所形成的想法、打算、设计、目的和审美等建构与指导实践的过程，这种创造过程是实践主体的主体性发挥过程，是以人的意识和思想为主导的实践过程，从而使人们所创造的新质存在具有和原来完全不同的特征与作用，具为“为我”所想、所用、所享的属人性质。

人类的文化活动是一种满足自我内心世界的实践活动，是将思想意愿、构想等通过外化的形式来展现的活动，是人对象化认识和改造外在世界的一种必然的行动，具有本能性和能动性的特点。之所以具有本能性，是因为它是人类的类本能，这种类本能的基础就是对象化认识事物的能力，这是人脑提供的基础性能力；之所以具有能动性，是因为人们在本能性能力的基础上，当生存的基本需要获得满足时，会有意识地在对象性世界上按照自己的思想诉求进行创造和改变，来展现与证明自我的本质力量，来形成符合自己内在思想所要求的文化事物，建构和改造“为我”的外在环境与条件。如原始社会的文化活动开始是一种狭隘的为生存而不得不为的改造性活动，是为了能够更好地获取食物、维持生存的基本目的。这种求生存的本能是文化产

① 韩民青：《当代哲学人类学》（第三卷），广西人民出版社 1998 年版，第 321 页。

生的始动力。从简单的生产工具的制造，到后来的饮食文化、居住文化、衣着文化等等都是人类最早产生的本能性文化。但随着人类进化的机体器官和智能的发展，生产力得到了提高，为人们改造自然、进行文化创造活动提供了较好的能力基础，文化创造活动就由原来的谋生手段发展成为审美、享受、愉悦等精神层面满足的活动，人们能够从创造的作品中观照到自己的本质力量，使原来的不得不从事的文化劳动变成了自觉自愿的文化创造活动。经过点滴积累，使原来的从属于人类的属体文化逐渐发展成为具有独立特点的文化存在和文化世界，形成了不同社群所特有的社群文化，使文化包含可见的人工自然，包含维护生活秩序的思想观念、思想方式、行为方式、生活方式、准则规范、制度等等。文化在历史的进程中不断发展，逐渐成为具有不同类型的、丰富的文化世界，既显现了一定的思想内涵和文化特征，同时也成为影响人们思想与行为的重要现实存在。

### （二）思想形成的文化影响

文化存在是人类实践活动历史积淀的结果，是形成人们思想与行为的主要外在条件和基础。它是一种丰富的现实存在，具有很多的类型和不同的特点，对人们思想的形成与发展具有不同的作用和影响。如果我们要把握不同个体与群体的思想，就必须对其所处的文化存在进行研究，需要从最基础层次把握现实文化的类型、内容、特点与表现。但不同的研究者对文化理解不同，对文化的界定也不同，划分的角度就会出现差异，做出的文化分类自然不同。怀特将文化分成三个亚系统，即技术、社会学和意识形态系统。技术系统由各种仪器及相关技术构成。社会学系统则由人际关系构成，以个人与集体的行为方式得以呈现。意识形态系统由信仰、知识、思想构成，以言语等符号形式呈现。[①] 马林诺斯基根据文化的功能，将文化分为四种类型：物质设备、精神方面的文化、语言和社会组织[②]。韩民青认为，所有的文化，均由意识和物质两种因素构成的，只是两种因素在文化事物中

① ［美］怀特：《文化科学》，沈原等译，浙江人民出版社 1988 年版，第 349 页。

② ［英］马林诺斯基：《文化论》，费孝通译，商务印书馆 1945 年版，第 4—8 页。

所处的地位不同而已，由此而形成了三种不同的组合，即“三种性质不同的文化形态，即意识文化、行为文化和物质文化”①。社会学领域将社会文化分为主流文化、亚文化，认为在开放型社会中具有复杂性与变动性的特点，会出现文化间的断裂和整合、思想间的碰撞与博弈。主流文化就是主流意识形态，是执政者极力宣传和推行的社会主导性思想；亚文化则是不同社群所拥有的共同的思想、行为方式与风俗习惯等等。对生活其中的个体而言，亚文化主要是个体直接生活其中的具体环境所表现的意识形态和行为、习俗，这种影响直接且具有决定作用，因为它是个体一出生就生活其中的家庭、经常出入的社区、学习的场所学校、交往密切的同辈群体等，这种具体环境中的文化对个体的思想尤其是人生观与价值观产生直接甚至是决定性的影响。所谓“蓬生麻中，不扶自直”“近朱者赤，近墨者黑”，都是强调生活的具体环境即周围环境对个体的思想与行为的决定性熏染作用与影响。艾里克森的同一性发展理论也证明了这样的观点，其将童年阶段划分了四个阶段，这四个阶段自我认同的形成主要来自具体环境中成人的影响，其信任感的获得、基本自主性的形成、主动性和勤奋的积极品质的形成，具体的环境即外界的影响起着决定性作用。青春期则会陷入同一性危机，面临着角色混乱和自我同一性获得的矛盾之中，这固然与青春期个体身心发展变化有着直接的关系，如本能冲动的高涨、本我力量的增强，但是与他人的观点和评价、外界的思想观念影响亦有着直接的关系。如果他者的评价和现实态度能够与自我认知一致就会形成积极的自我认同，就会形成良好的自我存在感，相反会引发同一性危机，产生抵抗社会环境的不良行为，甚至是自暴自弃。艾里克森强调青少年成长的同一性危机，固然有着青少年自我成长无法克服的内在原因，还与其成长的外在具体环境有着重要的关系。青少年这一群体的特殊性，必然出现一定的群体特点和亚文化。

亚文化存在着是否能够被主流文化所接受，是否能够融入主流文化的问题。如果不能被主流文化所容纳则存在着无法生存、需要进行

① 韩民青：《当代哲学人类学》（第三卷），广西人民出版社 1998 年版，第 333 页。

改变的现实问题，且主流文化可以通过各种方式来进行规范和形塑处于不同亚文化中人们的思想与行为，具有形成社会舆论氛围的强大优势。当然，亚文化既可以是主流文化的有效补充，也可以是改变和创新主流文化的异质存在。两种类型文化的交锋和融合，实际上就是人们思想选择、改变、丰富与发展的过程。因此，文化类型不同，其特征和构成不同，其对生活其中的个体所产生的思想影响自然不同。但所有类型的文化对生活其中的个体与群体的影响都不是单一性、独占性的影响，也不是均质性、平衡性的影响，而是一种综合性、复杂性的影响，所以，尽管人们处在同样的文化存在之中，但人们的思想有明显的差异性和复杂性。

文化世界一旦形成，就具有自己的独特性，对生活其中的个体产生影响甚至是决定性影响。个体与文化成为密不可分的关系，弗兰兹·博厄斯认为："我们必须把个体理解为生活于他的文化中的个体；把文化理解为由个体赋予其生命的文化。"① 文化的构建和个体的发展是一种同构的关系。文化对生活其中的个体会产生潜移默化的影响，而个体也会以自己的创造去丰富和发展文化。个体发展的过程就是一个"化"的过程，是不断接受社会文化熏陶形成社会化思想与行为的过程。"文化在静态上是观念形态，在动态上是对人的精神、知识、价值判断、技能、素质的培养和教化。"② 的确，"化"就是文化存在的本质，具有化人和养成的功能。韩民青认为，人是一种文化的存在，人类的本质就是"动物 + 文化"，人是肉体和文化的复合体，认为人一生下来就具有动物的本性但不具有文化性，还不是真正意义上的人。人的文化性是后天在一定的文化环境中通过教化逐渐形成发展的人的特质。实际上，人一生下来就为其成为文化存在提供了前提与基础，那就是对成人的生存依赖，使之不得不接受来自成人的文化影响。

相对个体来讲，文化是先于个体的社会存在，是个体要生活其中

---

① ［美］露丝·本尼迪克特：《文化模式·序》，王炜译，社会科学文献出版社 2009 年版，第 2 页。

② 鲁鹏：《制度与发展关系研究》，人民出版社 2002 年版，第 32 页。

的文化环境。文化存在对个体的影响，早被人类学家们所证实。“个体生活的历史中，首要的就是对他所属的那个社群传统上手把手传下来的那些模式和准则的适应。落地伊始，社群的习俗便开始塑造他的经验和行为。到咿呀学语时，他已是所属文化的造物，而到他长大成人并能参加该文化的活动时，社群的习惯便已是他的习惯，社群的信仰便已是他的信仰，社群的戒律亦已是他的戒律。”[①] 社群文化具有历史承继的特点，会逐渐积淀发展成为社群的风俗和习惯，形成一定的文化模式，如同机体的条件反射一样形成文化上的条件反射，发展成为集体的无意识行为。这种行为，是列维·布留尔所界定的“集体表象”的直接产物。“作为集体的东西，这些表象是硬把自己强加在个人身上，亦即它们对个人来说不是推理的产物，而是信仰的产物。”[②] 集体表象是毋庸置疑的社会存在，是无需要追根问底探讨的内心信仰，是一定社群的人们必须承载的神秘表象，使得原始社会人们的知觉“是由或多或少深厚的一层具有社会来源的表象所包围着的核心组成的”[③]，这是同一社群拥有相同的行为方式、思维模式、思想观念的根本原因所在。文化中的风俗和习惯对个体的影响就是习惯成自然，是一种人们所认为的应然规范和要求，是每一个处于该文化的个体必须遵守和承继的传统，成为他们看待一切事情的基础与前提，成为他们的先入之见，而文化传统的遵从和膜拜事物的尊崇是形成他们敬畏神秘心理与日常禁忌意识的来源，成为主导他们思想与行为的现实存在。

当人们处在一个封闭性的社会中，传统的文化存在对人的影响是决定性的，社会文化与个体文化具有一致性的特征，如同原始社会社群文化就是个体的思想观点与行为的表现一样。当人们处于开放性的社会，现实的文化存在是更加多元型的、丰富的文化世界，如时代文化、传统文化、外来文化、群体文化等。在这样的文化环

---

① ［美］露丝·本尼迪克特：《文化模式》，王炜译，社会科学文献出版社 2009 年版，第 2 页。

② ［法］列维·布留尔：《原始思维》，丁由译，商务印书馆 1981 年版，第 17—18 页。

③ ［法］列维·布留尔：《原始思维》，第 35 页。

境中生活的人们，其思想行为必然出现多元复杂性的特点。著名的人类学家马格丽特·米德认为人类生活的历史是由前喻、并喻和后喻文化三种不同模式构成的，“前喻文化，是指晚辈主要向长辈学习；并喻文化，是指晚辈和长辈的学习都发生在同辈人之间；而后喻文化，则是指长辈反过来向晚辈学习”①。马格丽特·米德是从人类发展历程的角度进行了这样的划分，她在写《文化与承诺》的时候正好是西方风起云涌的学生运动出现狂潮之后，她将关注视线引向了代沟问题，关注青年人的思想诉求表达，从两代人的角度出发提出了这三种文化模式，作为对当时学生运动原因的一种回答和解释，让人们能够认识到后喻文化是未来的趋向，晚辈对长辈的影响会越来越显在，认为那种父权主义的思想需要在新的文化模式之中有所改变。封闭性社会实际上就是前喻文化模式，长辈的经验、思想观念与行为方式对晚辈具有绝对决定性影响，长辈对晚辈的思想影响具有权威性和独占性。在开放性社会，尤其是当代自媒体时代，每个人都可以成为信息的发送者与接受者，信息传播和接受的即时性与便捷性，使得人们处于信息的海洋之中。现实社会文化影响的真实状态，不是单一的后喻文化模式，而是三种文化并存交融的文化模式，形成现实文化的复杂性状态，人们的思想也同样表现出丰富和复杂性的特点。

因此，文化就是人们所处的现实存在，是人们思想形成的主要环境条件。传统文化、外来文化和新兴文化等等形成了现实中复杂多样的文化形式，使人们生活在复杂、动态、多维的文化形态之中，尤其是社会意识形态系统，受之浸染、熏陶和教化。

从人类文化史和思想史的角度来看，任何新思想的产生都是人类文化史和思想史上的一个有机节点，客观上自觉不自觉地承接了历史的文化因子和思想因子，“沿波讨源，虽幽必显”，同时又具有面向未来的指向性。

---

① ［美］马格丽特·米德：《文化与承诺——一项有关代沟问题的研究》，周晓虹、周怡译，河北人民出版社 1987 年版，第 27 页。

# 三　思想形成的现实性基础

思想是人们在头脑中进行思考的结果或者过程，看起来是一种纯粹的主观性建构活动，但思想绝不是人们主观自动生成的产物，也不是简单的大脑对外界事物反映的结果，而是在社会实践的基础之上形成和发展的经验与超验结合的产物。其中，灵感作为思想的一种特殊形式，通常是应现实的外在机缘而激发产生的，艺术创造也大多是有感而发，但需要具有丰富深厚的现实基础。思想和实践共生同存，形成人所独有的存在方式，构成了人存在的意义世界与此岸世界。思想是人们在实践中生成、丰富与发展的结果，离开了人们的主体性实践活动，思想则无从产生，更谈不上思想的客观性和现实性。实践也是人们在思想的支配之下而从事的感性活动。实践活动受人们的思想方式、思想视界、思想观念等等的制约与影响。正是因为有思想，才使人具有追求的目标感、存在的价值感、活动的计划性、行动的自觉性、自我的超越性与发展的开放性。也正是因为实践才使人们可以客观地自我认知与反思、全面地寻找现实问题的原因、真实地改变现实困境与解决难题、现实地达成预期目标与理想，不断地生成、修正、改变与丰富人们的思想，人的全面发展与社会的进步才有实现的可能。

## （一）思想形成的现实因素

大脑是思想形成的内在基础，人们所处的文化环境是思想产生的主要外在条件，但思想的形成不是大脑对外在环境简单反映的结果，而是有着其形成的现实途径和基础，即社会实践。

1. 实践的现实性

唯物主义认为：存在决定意识。但存在是一个极具广延性的概念，其包含了不被人们所感知的世界，而马克思所重视的存在是一种属人的实践存在。因为人的介入和活动，存在才成为人们意识的现实投射，成为有意义的存在、此岸的存在。实践不仅包含着物质生产劳动，而且包含政治、道德等社会活动和人的精神活动。马克思将人的感觉分为五官感觉、精神感觉和实践感觉三个部分，这三种感觉与其说是源于属人的世界，不如说是在属人世界中实践的产物。实践就成为大脑的行为基础，成为现实中人们的感性活动。

马克思明确指出："只有当物按人的方式同人发生关系时，我才能在实践上按人的方式同物发生关系。"[①] 实践是人和物发生直接关系的方式，也是人存在的基本方式，是人从思想出发根据自己的意愿和想法与物发生关系的实际行动。只有通过实践，才使得我们周围的存在物与人有机地交融为一体，产生真实的存在而不是抽象的存在，这样的鲜活存在才能被我们所认识和理解，从而产生相应的思想。马克思认为："被抽象地孤立地理解的、被固定为与人分离的自然界，对人来说也是无。"[②] 这种没有人的实践活动介入的自然界，对人来讲，就是抽象与孤立的存在，就是在现实中不存在的自然界，因为它离开了人们的视野，是人们所触摸和感受不到的自然界，对人来讲，不是一种有意义的现实存在。当然，我们也不能否认这样的事实：人的思想可以在没有实践参与的想象空间纵情驰骋，不受现实条件的任何羁绊，"可上九天揽月，可下五洋捉鳖"，可以在想象中成为无所不能的勇士，成为万事如愿的神人……思想的这种想象功能可能是人类发明创造和文学创作的灵感来源，也可能会使人沉湎于想入非非的幻想之中而不能自拔，显然马克思反对的是后者，其注重的是人的现实存在和现实的人，注重的是人们真实的现实生活与幸福，他反对那种沉溺于虚幻之中自欺欺人的存在状态，只能给人带来鸦片般的暂时慰藉。马克思在《〈黑格尔法哲学批判〉导言》中首先对宗教进行了无情的批判，认为"宗教是人的本质在幻想中的实现，因为人的本质不具有真正的现实性"[③]。他认为这种虚幻的、精神上的慰藉，只能给人们带来暂时和片刻的快感与幸福，有如画饼充饥、望梅止渴，是痛苦灵魂的一种非现实的幻觉和暂时性的慰藉，实质上就是人们从思

---

① 《马克思恩格斯全集》（第 42 卷），人民出版社 1979 年版，第 124 页注②。

② 《马克思恩格斯全集》（第 42 卷），人民出版社 1979 年版，第 178 页。

③ 《马克思恩格斯选集》（第 1 卷），人民出版社 2012 年版，第 2 页。

想上到行动上对现实苦难的一种逃避。马克思要通过批判来砸碎宗教束缚人们内心世界的锁链、来撕碎给人们带来虚幻慰藉的美丽花朵，让人们能够摆脱其虚幻的羁绊和束缚，真实地认识到自己现实的存在，并能够通过自己的实际行动，通过积极的社会实践来构建属于自己的现实存在，实现真正的现实幸福而不是虚幻的幸福。因此，马克思所强调的存在不是人逃避现实苦难的虚幻存在，而是人们通过实际行动真正介入其中的、能够使人得到真实解放的现实存在。

青年黑格尔派简单地将人的观念、思想和概念看作是束缚人们的真正枷锁，认为要同这些意识的幻想进行斗争就足以消解其对人的束缚，所以他们就以词句反对词句的方式，尽管所采用的词句震撼世界，给人们以强烈的刺激性和新鲜感，造成了强烈“革命”的错觉，但被马克思认为是最大的保守派，其根源就在于他们所做出的批判和德国的社会现实相脱离，只是一种简单的思想上的批判，不是真正彻底的批判，从表象上看来是犀利的，但现实上却无法改变和颠覆人们存在的生活基础，只能是只闻雷声不见雨点的表象活动，这样的表象活动不可能带来直接的人的解放。马克思认为，人的解放绝不是简单的思想活动，不是将一切观念和意识消解于自我意识之中，不是简单地从词句的奴役之中得以解放，而应该是一种历史的活动，要通过真正的实践活动来改变现实以赢得人真实的解放。“只有在现实的世界中并使用现实的手段才能实现真正的解放。”① 所以，他强调共产主义者即实践的唯物主义者，要实际地反对并改变现实中存在的事物，使现存的世界革命化，主动地通过革命即通过积极的实践去改变现实存在，去追求人的真正解放。他反对费尔巴哈将人只看成“感性对象”，而不是“感性活动”；只是看到现实的一些直观现象、形成浅层的认识与观念，而无法看到现象背后的实际本质和深层的社会原因。其主要根源就在于没有把人看成是现实的、从事感性活动的人，更没有把人看成是能够积极改变现实具有无限发展潜能的人，而是将人的思想和社会现实相分离，跌落于缺乏实践视角和观点的唯心主义

① 《马克思恩格斯选集》（第1卷），人民出版社2012年版，第154页。

或机械唯物主义的深深泥潭。

现实生活的过程，是实践与生活展开的历史过程。马克思反对德国哲学那种从天国到人间的不正确的运思方式，认为其忽视了甚至无视人的现实性，而是要求从人间上升到天国的运思路径，要求从现实的角度去理解从事实际活动的人。思想观念是人们在现实生活实践过程中对现实存在反射的直接产物，是人们自己生产的直接结果，而那些存在于头脑中的模糊幻想同样也来自于人们的现实生活经验，是物质生活过程的升华物，只不过是一种扭曲的反映而已。如果没有人们的实践活动，人们的思想建构就会缺失现实的基础，人们就难以考虑现实的限制性因素的存在，不可避免地跌入模糊幻想的虚妄之中。

2. 思想发生与实践作用的追溯

物质本体论认为，物质就是意识的“源”，物质先于意识，而意识不过是物质世界发展进化到一定阶段时才开始产生的。世界的本质是物质的，意识现象是物质的产物。马克思主义也具有物质本体论的思想，也承认物质对意识的决定性作用，恩格斯说：“我们自己所属的物质的、可以感知的世界，是唯一现实的；而我们的意识和思维，不论它看起来是多么超感觉的，总是物质的、肉体的器官即人脑的产物。物质不是精神的产物，而精神本身只是物质的最高产物。”① 当然，人的思想活动、精神世界的建构，离不开客观存在的物质以及物质的运动，是现实存在以主观映像的形式呈现于大脑之中的方式；人的思想活动绝不是一种纯粹的主观精神活动，是现实存在不断在人们头脑中反射和建构的活动。但是人们的意识、思想不是客观存在和大脑之间简单结合的结果，而是需要通过现实的实践活动来实现的。马克思主义本体论与其他物质本体论不同之处，就在于其具有实践的观点，其充分认识到实践在人们意识、思想产生和形成的中介作用与决定性基础。马克思与恩格斯认为，意识并不是一开始就是“纯粹的”意识，而是与物质纠缠在一起，这种纠缠贯穿于人们的物质活动和物质交往的过程之中，与现实生活中语言的应用有机地交织在一起，形

① 《马克思恩格斯选集》（第4卷），人民出版社2012年版，第234页。

成受物质行为直接决定的思维、想象和精神交往。人们所从事的物质活动与交往无疑是实践活动，在物质行动过程中所产生的语言也是实践的产物，“语言是一种实践的、既为别人存在因而也为我自身而存在的、现实的意识”[①]。思想、意识、观念，是人们在现实生活的过程中，通过实践活动改变现实和自己的思维、进行思维的必然产物，是与人们的实践活动紧密结合在一起不断形成和丰富的伴随物与升华物；实践活动是人们维系自我生存与发展必须进行的物质性的活动，是人们思想目的与作用得以呈现的现实性行动，是人们思想活动、思想世界不断建构与丰富的过程，是主观见之于客观的现实活动，是按照人们所理解的方式和想法认识与改变存在的现实行动，实践也就成为现实存在得以改变、人的思想得以丰富与发展的现实因素，正如马克思所说的：“环境的改变和人的活动的一致，只能被看做是并合理地理解为变革的实践。”[②]

与物质本体论不同，发生认识论认识到主体与客体之间的中介作用，认为人的思想认识总是在人和现实存在的交互作用中产生与发展。皮亚杰认为：“认识既不是起因于一个有自我意识的主体，也不是起因于业已形成的（从主体角度看）、会把自己烙印在主体之上的客体；认识起因于主客体之间的相互作用，这种作用发生在主体和客体之间的中途，因而同时既包含着主体又包含着客体。”[③] 主客体之间的相互作用是通过行动进行建构的结果，行动的建构是“从作为身体本身和外界事物之间的接触点开始”的，是主体对客体的实际行动或实际活动，即我们所认为的实践活动。因此，皮亚杰一再强调物质动作是认识发生的起点，要在儿童的行动中找到一切认识的来源。儿童从开始认识上的混沌一片、主客不分，发展到后来的主客分离、对象性活动的形成，就是通过物质动作和实际活动不断建构发展的必然结果。的确，实践活动就成为连接外在文化条件和大脑的现实因素。

---

① 《马克思恩格斯选集》（第1卷），人民出版社2012年版，第161页。

② 《马克思恩格斯选集》（第1卷），人民出版社2012年版，第138页。

③ ［瑞士］皮亚杰：《发生认识论原理》，王宪钿译，商务印书馆2011年版，第21—22页。

如果没有探索性的实践活动，儿童不可能形成主客相分的对象性认识和理解，不可能形成一定的认识图式结构，不可能出现顺应和改变已有的认识图式结构的思想活动，不可能出现建构新的图式结构的变化，更不可能有认识的发展和思想的深化。皮亚杰从认识发生论的角度揭示了行为动作在儿童认识形成与发展过程中的现实作用，以及儿童认识发生、发展与变化的心理建构过程和规律。皮亚杰的观点给我们有益的启示：行动增强了个体对外在的感受、认识与理解，也促进了个体对事物的认知与理解。因此，人的思想是以实践活动为主轴的主客体不断建构的产物，离开了实践活动，就缺失了主客体相互建构的现实基础，缺失形成对象性活动的根本，人们的思想认识不可能进一步深化与发展，而现实世界更无法得以改变。实际上，无论是个体思想认识的发生与发展，还是人类的思想与认识的产生和发展，实际上都经历了由主客不分发展到主客相分的发展过程，人的“二重化”的类能力是人们在实践中形成的能力，也是人所具有的主体性的现实来源，当然，也可能形成人们思想与实践相分离的现实。

物质本体论揭示了物质与意识的本原在先问题，而没有考虑到现实实践的现实作用，缺失对意识与思想产生的现实视角和实践观点；而发生认识论认识到人的思想认识与外在之间的行动作用，认为两者之间是一种建构的实践活动，但是缺乏对个体视野之外的关注，缺乏历史和社会的向度，其关注的只是个体认知发展的渐进过程。马克思主义则不仅考虑到实践的现实作用，而且具有历史的视野和现实的眼光，具有透视人类思想意识形成的社会视角。马克思从人类意识起源的角度揭示人类意识的产生与发展的实践根源，认为思想是人们在实践活动过程中不断建构与丰富的结果，是在改造与创造对象世界的同时将自己对象化的必然结果。他们认为，意识是社会的产物，是人们在实践过程中对周围可感知的现实存在的一种意识：“意识起初只是对直接的可感知的环境的一种意识，是对处于开始意识到自身的个人之外的其他人和其他物的狭隘联系的一种意识。”① 其描述了人类早

① 《马克思恩格斯选集》（第 1 卷），人民出版社 2012 年版，第 161 页。

期由这种狭隘联系所产生的意识的根本性原因，就是由人类实践能力及与自然界之间的关系所决定的。当时的人类完全慑服于自然界的无限威力之下，只能形成一种纯粹的、动物式的意识，即畜群意识。但由于人类认识到自己必须与周围的个人进行来往才形成了不同于动物本能的社会意识。人类的群居方式是在蒙昧时代的一种不得已的选择。在原始社会，在面对来自大自然的种种威胁时，为了能够生存，人们就不得不结成一定的群体，“以群的联合力量和集体行动来弥补个体自卫能力的不足”①。人们就以群体的智慧和力量来共同获取生活资料，共同应对来自现实生存中的种种挑战，来维持肉体生存的需要。群体共同居住是满足这一需要的形式，劳动就是满足这一需要的手段。但是劳动不是单个人自己的劳动，而是群体共同协作的劳动实践。在群体协作的过程中，需要整合大家的智慧，需要群体成员相互之间的配合与合作，共识的达成和行动的一致取决于相互之间的沟通与交流。语言就是伴随着交流与沟通的需要而产生的工具，也是伴随劳动实践的展开而发展与丰富的意识形式。人们的意识经历了从一种“纯粹动物式的意识”到建立初步的对象关系意识的转变，这种转变的形成是相互协作的劳动实践带来的直接结果。恩格斯通过对人与其他动物的比较分析，认为唯一正确的解释就是“语言是从劳动中并和劳动一起产生出来的”②。语言与劳动一起共同推动了大脑的形成与感觉器官的发展，推动了人的智能和理性的发展，“脑和为它服务的感官、越来越清楚的意识以及抽象能力和推理能力的发展，又反作用于劳动和语言，为这二者的进一步发展不断提供新的推动力”③。语言与劳动这种相互推进发展并不是在人与猿分离时就停止了，而是不断地向前推进直到出现新的推进因素（社会），那么，这种发展不仅获得强劲的推动力，而且获得明确的发展方向。群体的劳动实践活动，形成了人与人之间语言的交往与行动的合作，这种共同的实践活动所形成的生产关系，形成并促进了语言的产生与发展，形成了现实

① 《马克思恩格斯选集》（第4卷），人民出版社2012年版，第42页。
② 《马克思恩格斯选集》（第3卷），人民出版社2012年版，第991页。
③ 《马克思恩格斯选集》（第3卷），人民出版社2012年版，第992页。

社会共同建构的关系，现实存在则变成属人的存在、实践的存在。

在劳动实践中进行交往，在交往实践中运用语言，这种交互发展，并不仅仅在于促进人体器官和机能的发展，使人成为有意识与思想的存在物，成为一种类存在；也不仅仅是通过劳动实践创造对象世界，建造属人的世界；更重要的是，当人类的劳动实践发展到一定的程度时，生产力水平得到了提高，人们的生活视域不断扩大，人们已经能够在一定程度上解决自我生存的问题，而且不仅能够维持基本的生存，开始出现生活资料的剩余和劳动时间的闲暇。这种现实存在条件的变化，将人们的视线由外在的自然界而转向自身，促使人们自我意识的出现与分化，由原来的自我中心的倾向发展到新的自我中心倾向，出现了自我的观念、自私的意识和想法。人类就在自我建构的属人世界中又面临着另一种基本的生存矛盾——人与群体、人与人之间关系的处理问题。人们在劳动实践中结成的生产关系已不像过去那么纯粹，而是每人都从利己的角度考虑问题，都会考虑到集体劳动中分工和分配的合理性问题，个人利益与他人利益、群体利益的关系问题；而在生活中形成的人与人之间的关系也出现了复杂化的特征。同时，人们生存的外在威胁不是简单地来自于自然，而是来自于其他的社群。为了社群的生存与发展，社群凝聚力和竞争力的提高，出现了有关氏族部落的惩戒措施、重大事情决定做出的方法、相应的分配原则等等具有共识性的规范与原则，以这些群体规则来规约群体成员的行为与思想，社会思想的雏形得以出现，这时的社会思想对个人思想起到了决定性的影响与作用。如果说人们的合作意识和协作精神，是在劳动实践中共同面对生存矛盾所形成的自发意识与精神的话，那么有关协调与处理人与群体、人与人之间关系的道德规范和观念是人类有意识建构的结果，其代表着思想由简单化到复杂化的发展，以及处理复杂化问题能力的提高。

劳动分工，使人类物质与精神劳动得以分离，出现了生产与消费、享受与劳动、物质与精神实践活动的分离。人类社会出现了不同的生活方式和生产方式，出现了脑力劳动和体力劳动、精神生产和物质生产的差别。马克思、恩格斯认为真正分工的出现，才开始出现了脱离现实的纯粹抽象理论的创造，“意识才能现实地想象：它是和现存实践的意识不同的某种东西；它不用想象某种现实的东西就能现实地想象某种东西。从这时候起，意识才能摆脱世界而去构造‘纯粹的’理论、神学、哲学、道德等等”①。这时的思想不再是简单的劳动实践过程中交往的产物，而是有意识进行精神生产的结果，虚假的意识和思想得以出现；不再是简单的直接经验性的所得，还会有间接性的感受、认知、想象、推理等形成的成果；不再需要直接从事社会实践，而可以只与思想材料打交道、追求思想的逻辑而产生；思想的形式也不是语言这种单一性的方式，而是出现了多种思想形式如舞蹈、诗歌等等，来表达人们的愿望、抒发人们的情感、表现人的本质力量、实现阶级利益。正是因为有人摆脱了生产劳动的繁重，而有闲暇时间去从事精神的生产实践，诗歌、神学、哲学、道德等不同的思想形式才得以出现。

劳动分工使人们的劳动实践和交往出现了新的特点，形成了新的所有制方式，“分工和私有制是相等的表达方式，对同一件事情，一个是就活动而言，另一个是就活动的产品而言”②。分工产生了私有制，或者私有制造成了分工的出现。私有制的出现是生产力发展、社会实践能力提高而产生的阶级分化的结果，不同民族、不同阶级出现了不同的利益诉求，人类内在的思想情感会随着自己的社会地位与分工的变化，出现不同的特点和表现形式。这时的思想往往是不同阶级利益和愿望的表达，或者对各自所处的现实际遇的再现与思考，如我国第一部诗歌总集《诗经》，就是以三大部分再现了当时的社会风貌和不同阶级的生活际遇。随着社会不同利益群体的出现，会有代表不同利益群体的思想出现，现实的利益之争往往在思想领域表现为思想的碰撞与博弈。统治阶级则会以自己优势的社会地位，来有意识地建构能够为自己的统治提供合理化论证服务的思想，形成符合统治阶级要求的意识形态与主流思想，并且通过制度的规定、教育、宣传等多种方式加强思想建设，统一和规范人们的思想与行为。这时的社会思

① 《马克思恩格斯选集》（第1卷），人民出版社2012年版，第162页。

② 《马克思恩格斯选集》（第1卷），人民出版社2012年版，第163页。

想不再像原始社会那样处于朴素自发自然的状态，而是积极主动构建的结果。

3. 思想形成与实践的现实功能

马克思将实践确立为人类社会得以存在和发展的总根基。在马克思看来，无论是对人、社会，还是自然界来说，都要从人的感性活动即实践的角度加以理解。他批判了以往所有唯物主义的缺点即只从客体或直观的形式去认知与理解对象、现实与感性，而不从主体和实践的角度进行理解。这种认识视角的偏差，使直观唯物主义者费尔巴哈只能是抽象的、孤立地理解个体的人，只能是静态地从人的自然联系的角度去认识和理解人的普遍性与类本质。马克思批评费尔巴哈只是看到抽象的人或者是感情生活中单个的、肉体的人，而没有看到现实存在的、活动着的人。费尔巴哈对人的抽象的、直观的理解显然只是简单地立足于市民社会的结果，而缺失实践的观念，缺失对市民社会生活的动态性把握所造成的，他无法捕捉到人的真正的本质，而只能是关注人的自然属性，形成狭隘的思想视野。马克思指出：“全部社会生活在本质上是实践的。凡是把理论引向神秘主义的神秘东西，都能在人的实践中以及对这种实践的理解中得到合理的解决。”① 实践是人的主体性的现实活动，是将神秘思想和理论还原并导入现实的唯一途径；实践就是我们观察、思考、分析、理解与阐释一切现象的基本维度，也是人们思想认识的现实来源和基础。尽管看起来思想是人们主观性思维活动的结果，但是人们的思想与具体实践却是有机地结合在一起，人们的愿望、想象、思考、需要等等都是从现实中生发的，受到其所处的现实存在和活动的限制与影响。马克思反对经院学家们离开实践而进行抽象理论的争论，强调人们的思维是在实践中生成、变化与发展的，也只有在现实的践履中才能使人们更为充分地认识到并真正感受到自己思维的现实力量，才能真正检验到思维的正确性与现实的可行性。思维是思想产生与发展的内在基础性条件，实践则是思想产生发展的行为基础。列宁认为：“实践高于（理论的）认

---

① 《马克思恩格斯选集》（第 1 卷），人民出版社 2012 年版，第 135—136 页。

识，因为它不仅具有普遍性的品格，而且还具有直接现实性的品格。”① 这里所谓理论的认识，包含在我们所言的思想之中。实践之所以高于思想，主要是在于人们是现实的、从事感性活动的、主体的人，是在不断地改变着环境、也在改变着自我的实践着的人，实践活动不是盲目的行动，而是人的主体性得以体现和发挥的能动行动，人所具有的主动性、创造性、能动性与目的性，人思想的力量则直接导引人们的实践活动，极可能会出现与思想预期不一致的现实结果，促使人们根据现实需要进行思想反思，或调整，或改变原来的目标、计划与活动，促使人们思想的发展与丰富。即人的思想是在实践中逐渐形成的，同时在实践中不断被检验、调整、改变、生成、发展与丰富，思想不是人们在实践中简单受动的结果，而是主动地围绕着实践活动的展开所产生的结果而不断发生变化的现实产物。实践的现实性和普遍性，就使得人们在实践的过程中逐渐将思想中不切合现实的成分或者不合理的部分进行修正和调整，形成符合实践要求、对现实能够产生直接作用的思想，从而形成思想的客观性与现实性的品质。

实践这一存在的普遍性与现实性，决定了其不仅是人们思想视阈、思想观点的现实来源与落脚之处，而且也是人们思想客观性与现实力量的明证，是人们思想是否正确、是否具有真理性的检验尺度。毛泽东指出：“只有人们的社会实践，才是人们对于外界认识的真理性的标准。”② 他认为，思想脱离社会实践是我们在现实中常会发生的事情，主要是受许多社会条件的限制，或者是科学与技术现有条件的限制，或者是事物发展的客观进程中本质尚未充分暴露的限制。他描述了革命队伍中存在的两种思想脱离实践的现象，一种是思想落后于实践的右倾机会主义者，认为他们只能站在前进的社会车轮后面开倒车，而不可能站在前面担任向导，他们企图将前进的车子向后拉，而且充满了负向情绪，会不断地怨恨车子走得太快；另一种是思想超过现实、将不能实现的幻想当作真理的“左翼空谈主义者”，或者是冒险主义者。他们的特点是离开当前的现实性，不去考虑现实的可行

① 《列宁全集》（第 55 卷），人民出版社 1990 年版，第 183 页。

② 《毛泽东选集》（第 1 卷），人民出版社 1991 年版，第 284 页。

性，而是将未来可能成为现实的理想放在当下去做，或者只说不做。他认为这两种脱离实践的思想是错误的，不管是保守主义，还是空谈主义与激进主义，都是不符合实践要求的思想，皆会招致革命的失败，而现实正确的选择应该是思想与实践的有机统一，要求做到“主观和客观、理论和实践、知和行的具体的历史的统一”①。显然毛泽东深刻认识到思想与实践、与现实情境相契合的重要性，唯有如此，才能发挥思想的现实力量，才能取得革命的胜利，实践则成为思想现实性确立的现实依据。

知识社会学认为：人类所有的知识和思想都是在一定的历史情境中得到发展、传递与维持的，人类的思想注定具有历史性，是一定的历史情境与社会情境的产物。马克思、恩格斯认为，思想、意识是由人类所处的历史发展阶段的社会本质所决定的，是由当时的现实存在所决定的，是由当时人们的生产力发展水平和实践能力所决定的。人类的畜群意识是由蒙昧时代的实践能力所决定的，意识的独立性发展则是生产力水平、生产效率得到明显提高出现劳动分工带来的现实结果。这种独立的精神生产、思想建构，表面上看来，是摆脱了现实的社会实践而进行独立的思想活动与创造，但是其无法超越人们所处的现实存在的范围，恰恰是由当时的社会实践能力与水平所决定的。正是人们的实践活动即劳动促进了生产力的提高与社会的分工、阶级的分化，也就形成了社会现实中以自我利益为中心的思想建构，形成了虚幻共同体的形式，形成一定的阶级思想，形成不同思想间的矛盾与冲突，从而在人们的社会实践中得到不同程度的显现。

马克思强调，思想观念受现实生产力、交往关系等现实存在的制约。现实存在不是静态的存在，而是由实践活动构成的动态性存在，是一种由合理性的社会实践不断取代不合理性社会实践的发展过程。“任何一种实践形态的必然性都是历史的暂时的，因而其合理性也是历史的暂时的，正在丧失历史必然性的实践是不合理的实践，代表新

① 《毛泽东选集》（第1卷），人民出版社1991年版，第296页。

的历史必然性的实践是合理的实践。"① 合理性的实践是符合现实生产力及社会关系的实践，会有效地促进社会和人的发展。变革现实存在，往往是在合理有效的主导思想推动之下，也可能在合理性实践形成与展开的过程中促使主导性思想逐渐形成广为人们所接受的普遍性思想，从而更有效地推动合理性实践的展开；不合理性的实践会带来现实的社会问题，成为阻碍社会与人发展的桎梏，带来现实的动荡和思想上的混乱，这往往是由陈旧的、不合理的主导思想所造成的，而在不合理性社会实践逐渐被合理性社会实践取代的过程中，一定会出现不同思想的博弈与不同实践活动的较量，这种博弈与较量的结果直接导致人们的现实存在与思想的改变。

实践是现实生活的本质，而人的本质是现实生活中一切社会关系的总和。社会关系不是抽象的、静止的关系，而是一种交互的、立体性的动态关系，其本身就是一种社会交往的实践和活动。社会关系是在社会实践过程中不断进行建构，同时在人与人之间交往的过程中不断地将人们的社会实践形成一种交互性进行的实践活动。这种实践活动不是简单的、重复的思想与行动过程，而是人们交互影响的过程，是不断交换思想和建构思想的矛盾运动过程。这种由交往实践而构成的现实存在，是由人们不同的思想观念与行为进行交互碰撞与交流的现实存在，构成了人们思想观念和现实行为差异性的现实基础，成为人们所处的现实存在得以改变的存在方式。马克思反对"直观的唯物主义"只是直观市民社会中的单个人，缺乏对人与人之间联系的认知，缺乏洞悉现实的视角，更缺乏历史性的眼光，其立足点只能是市民社会，不像新唯物主义立足"人类社会或社会化的人类"②。马克思所强调的现实存在实际上包含了历史传统文化积淀而生成的现实文化世界、由现实的生产力而形成的现实物质基础，及人们交互之间关系所构成的现实交往等等。这种现实存在是人们思想产生的基础性来源，但人们的思想一定是要通过实践活动来直接对现实存在进行反射

① 刘敬鲁：《"合理实践—不合理实践"：马克思实践观的深层框架及其意义》，《学术月刊》2006 年第 3 期。

② 《马克思恩格斯选集》（第 1 卷），人民出版社 2012 年版，第 140 页。

与建构来形成与发展的，并不断推动人们实践活动的展开，从而对现实存在进行实质性的变革。“环境与人的相互创造是通过实践来实现的。在实践中，人与环境的二元性关系被消解于统一的实践过程之中了。这正是马克思的实践唯物主义所期待的结论。”① 因此，实践不是简单地形成现实存在与思想的连接，而是体现着变革性的本质，体现人所具有的主体性特征，其展开的过程就是人们将自己的思想、实际的活动与环境的改变合而为一的过程，构成人们丰富多彩、变动不居的现实生活。

### （二）思想的逻辑归依

在人类社会发展到一定的阶段，即人的思想具有独立生产能力的时候，思想就会出现与实践发展完全不同的逻辑，形成自洽性逻辑，形成人们对实践把握的思想与理论根据，也就形成了思想与现实、理论与实践之间的张力。但思想无论如何自洽、在理论上如何成立，最终都要归依社会实践的逻辑，要服从实践活动展开与发展的现实需要，服从自然世界发展的逻辑。因此，马克思一再强调实践的重要，认为最为重要的问题不是解释世界，而是改变世界。对世界的解释往往是从一定的视角出发得出的对世界的认识与理解，不同的视角会形成不同的认识与理解，但是形成思想和理论不是目的，而是要更好地指导实践活动将世界改造成属人的世界，形成对人有价值、有意义的现实存在。“因为在马克思看来，人的存在及其本质乃是生成着的，这种生成性只有通过改变世界的实践本身对人的存在的塑造才能被表征出来并得到确证。”② 人的思想只有在实践中生成与发展，才会超越主客体二元分离所带来的思想误区，才会形成符合实践逻辑的思想，才会具有思想的现实力量与此岸性。

1. 思想逻辑的表征与实质

思想的逻辑具有历史性与实践性的特点，是由历史积淀而成的，来源于实践的思想范式。恩格斯强调：思想的逻辑实际上也体现着历

---

① 何中华：《重读马克思》，山东人民出版社 2009 年版，第 184 页。

② 何中华：《重读马克思》，第 193 页。

史的逻辑，因为它是对历史过程的抽象，是在历史事实的基础之上、尊重历史进程而形成的，是在现实的实践活动中得以修正的思想理路。历史的规律必然会影响思想逻辑的形成，人们的思想很多是在总结历史发展规律与实践活动规律的情况之下形成一定的逻辑与结论，有如民主人士黄炎培先生总结的历史“周期率”问题，“其兴也勃焉，其亡也忽焉”，这是对人类发展历朝历代兴衰规律的总结，因此，思想的逻辑首先来源于历史与实践经验性规律的总结。但是人们的思想不只是对历史与其所处的社会现实的简单回顾、总结与反思，还要受人们的思想立场与思想视角的影响。同样的历史不同的人会有不同的解读，同样的事情不同的人会得出不同的结论，同样的经历不同的人会产生不同的思想与情感……鲁迅先生在评价《红楼梦》时认为，读者的眼光不同就会有不同的解读，读者的眼光决定了读者对阅读内容的选择，“经学家看见《易》，道学家看见淫，才子看见缠绵，革命家看见排满，流言家看见宫闱秘事”①，实际上，任何文本的解读，都会从不同的视角得到相应的观念与结论，这与个人的思想基础、思想视角、思想观念、偏好等有着直接的关系。人们都会从自己所处的现实情境和立场出发去进行解读与理解，都会将理论上的一些观念纳入到自己现实情境中、自己的主观视阈中加以改造与运用，必然会出现与原来思想不同的认识和理解、不同的情感和审美。人们的不同视角来源于其所处的现实情境。鲁迅先生指出：“自然‘喜怒哀乐，人之情也’，然而穷人决无开交易所折本的懊恼，煤油大王哪会知道北京捡煤渣老婆子身受的酸辛，饥区的灾民，大约总不去种兰花，像阔人的老太爷一样，贾府上的焦大，也不会爱林妹妹的。”② 人们所处的现实情境，决定了人们对事物的不同理解与看法、思想观念与思想选择。正如此，人们在同一现实中仍然会生成不同的对未来的展望与可能性的预设，以及对实践中对象性活动的不同了解与把握。即使同一种社会现象也会得出不同的甚至完全相反的结论，有如开普勒与第谷同是看到太阳从东方升起到西方落下这样周而复始的自然现象，但

① 鲁迅：《鲁迅全集》（第 8 卷），人民文学出版社 1981 年版，第 145 页。
② 鲁迅：《鲁迅全集》（第 4 卷），人民文学出版社 1981 年版，第 209 页。

两人所得到的结论完全是相反的，其根本原因就在于两者不同的理论假设与思想认识。这种不同的认识与理论假设是基于现实观察的基础之上而产生的，而不是简单的头脑杜撰的结果。

思想逻辑是主观上建构可能成为事实的方式，是人们解决现实问题的思想逻辑形式。过去的经验和习惯性的看法、现实的活动、环境与教育的影响等直接形成思维习惯与范式，形成人们一定的思想观念。人们生活在一个制度化、社会化与活动方式交互联系的现实存在中，这种现实存在是以人的实践活动为主轴而展开的生活图景，“人的活动方式在社会化过程中产生或改变，社会化的主要渠道是制度化安排，制度‘化’的过程即是人的社会化过程，亦即人的活动方式的形塑过程”[①]。社会化的过程是活动方式形塑的过程，伴随着思想方式的形塑。社会化就是制度化与习俗惯例形塑人们的制度化和习惯性思想方式、行为方式的过程，只不过习俗惯例是以分散性与局部性为特征的方式来影响人们的思想与行为，而制度则给人们以强制性、持续性、普遍性的影响。人们对现实思想方式与行为方式的选择应该是多样化的，但是“在现实中，一个社群、一个国家、一个民族的生产方式、生活方式、思维方式却是一定的，并由此形成了今天文化的多样性和人类行为的多样性”[②]。当然，也正是在同一制度框架下与相同的习俗传统之中展开实践活动，才形成人们相同的行为习惯与思想方式，形成和其他文化不同的表现与特征。

人们的现实存在会决定人们的思想逻辑，但思想逻辑还受人们主观建构能力的影响，受人们所具有的想象与预设能力的制约。恩格斯曾经指出：人们可以根据经验与自然科学所提供的事实去描绘自然界联系的清晰图画，其做法是：“用观念的、幻想的联系来代替尚未知道的现实的联系，用想象来补充缺少的事实，用纯粹的臆想来填补现实的空白。”[③] 这样的方法，可能会出现天才的思想，也可能出现荒唐的思想。但是衡量其是天才的思想还是荒唐的思想，只有通过实践

① 鲁鹏：《制度与发展关系研究》，人民出版社 2002 年版，第 135 页。

② 鲁鹏：《制度与发展关系研究》，第 135 页。

③ 《马克思恩格斯选集》（第 4 卷），人民出版社 2012 年版，第 252 页。

的验证，看其是否具有现实的可行性与实现的可能。人们具有想象和预想的能力，在现实中人们总是有着自己的期盼与目的，但期盼与目的是一回事，实际结果则是另一回事，不会仅仅因为人们有期盼与目的就一定能够实现，“行动的目的是预期的，但是行动实际产生的结果并不是预期的，或者这种结果起初似乎还和预期的目的相符合，而到了最后却完全不是预期的结果”①。之所以出现这样的情况，主要在于人们总是从自己的角度，从实用主义的角度，从自己的行动动机出发来判断一切，容易缺失客观的立场以及对事物进程规律的准确把握。这种从自我的激情或思虑出发，从自我的愿望与动机出发，也就决定了人们容易形成以自我为中心的出发点与标准、思想与理论，往往只会考虑自我情境的适切性，以主观愿望来取代现实的客观情况，或者将现实的客观情况做了为我性的解读，这也就决定了由人与人构成的社会现实中必然会充斥着不同思想和理论的分歧、纷争与融合。这种现实的分歧、纷争与融合也就成为我们现实生活的常态，马克思为这种分歧的解决指出了唯一的途径：“主观主义和客观主义，唯灵主义和唯物主义，活动和受动，只是在社会状态中才失去它们彼此间的对立，从而失去它们作为这样的对立面的存在；我们看到，理论的对立本身的解决，只有通过实践的方式，只有借助于人的实践力量，才是可能的。”② 实践是解决人们思想纷争和理论分歧的方式，其将证明不同思想是否具有现实逻辑的合理性与正确性，使人们的思想由不现实的主观构想而趋向或归于实践现实。

马克思批判形而上学者淹没在逻辑范畴的世界，简单地将世界上的事物看成是逻辑范畴底布上所绣成的花朵，其在进行自以为是的抽象推理时，自以为已深入到事物之中，实际上却是与事物本身、本质渐行渐远。马克思在《哲学的贫困》中揭示了形而上学的理性运动规律，是遵循着“肯定、否定和否定的否定”的公式来自我构建和形成新的思想，形成由新思想到思想群、到系列、到体系的逻辑轨迹，这样纯粹理性抽象中产生出来的思想与语言，成为人们无法知道

① 《马克思恩格斯选集》（第4卷），人民出版社2012年版，第254页。

② ［德］马克思：《1844年经济学哲学手稿》，人民出版社2000年版，第88页。

与理解的语言与思想，因为远离人们的生活实际。马克思批判黑格尔只是在自己的思想运动中建设世界，简单地认为世界上所发生的一切，就是自己思维中的一切。马克思更加深刻地批判了蒲鲁东费尽气力也没有超越简单的正题与反题，只能在抽象思维的低端层次徘徊。这种只是在思想运动的过程中加以排列、组合所形成的思想与范畴，只能是抽象世界中而不是现实世界的思想与范畴；只能是个体自身矛盾的再现，而不是现实矛盾的展现，其所希望的合题不过是一种合成的错误。显然这种形而上学的理性推理与思想逻辑是一种“无人身的理性”①，即人这一主体缺席，既没有可以设定自己的场域存在，又没有与之相对立的客体事实，而只是一种把自己在抽象之中颠来倒去的自我设定、对立与合成。所以这种形而上学思维范式所形成的思想，缺乏现实的根基，是离开现实关系而产生的思想，是在纯粹理性运动中自我生成与合成的思想，是与现实的实践活动相背离的思想，不可能符合实践活动与历史发展的逻辑，更不可能对现实产生真实的力量与作用。

马克思、恩格斯批判了意识形态的虚假性，认为统治阶级所采用的迂回曲折的表达就是为了遮蔽其真实的目的，这是统治阶级的思想所表现出的一种现实的思想逻辑，其将共同体的幻想变成普遍性的思想，且为了掩盖真实的利益目的，使思想变得越来越抽象。“赋予自己的思想以普遍性的形式，把它们描绘成唯一合乎理性的、有普遍意义的思想。”② 之所以采用这样的方式，就是为了其合理性证明、赢得民众支持的需要。统治阶级故意采用的将思想与统治的个人分割开来等办法，将这些思想与概念说成概念的自我规定与历史发展，从而给人们以思想一直占据着统治地位的假象。透过统治阶段抽象的、普遍的思想，我们可以看到其真实的目的和利益所在。因此，统治阶级的思想逻辑就是以抽象性思想不断达致普遍性思想的轨迹，是为统治阶级的统治进行合理性证明与合法性规定的思想方式。从个体的角度来看，人们的主观性欲求、思想的目的往往会通过现实行动来进行委

① 《马克思恩格斯选集》（第1卷），人民出版社2012年版，第218页。
② 《马克思恩格斯选集》（第1卷），人民出版社2012年版，第180页。

婉的表达，一定的行动就是思想的表征，其背后隐藏着一定的思想动机，透过现实多种实践活动的展现，我们可以观察到不同的思想观念，体察到人们隐而不现的思想逻辑。因此，在现实生活中，思想可以表现出一定的抽象，但一定是在现实的基础之上的抽象；思想可以表征出一定的想象，但也是有一定实现可能性的想象。思想尽管是人的精神世界的产物和精神活动的表征，甚至可以表现出超越现实的可能性，但是思想的现实基础则是实践活动赋予的，并且只有通过主体性的实践活动才能达致思想的目标、完成思想的预设。因此，具有现实性的思想，一定是有关实践的思想、现实的思想，而不是虚无飘渺、无所依凭的纯粹理性世界的思想。

美国实用主义的代表者皮尔士认为，那种从概念到概念，从文字到文字的做法，只能是在纯理性和名词概念的范围内绕圈子，必然会使科学的理论与哲学中充满了抽象和模糊的概念，形成一些似是而非的诡辩逻辑。他认为，人的思想活动不是以抽象思辨来得到关于事物的抽象知识，而是为人的活动而服务的。他说："我们关于任何事物的观念就是我们关于它的感性效果的观念。"① 人们的思想总是具体活动的思想，其内容是具体而不是抽象的，人们的思想通过其在生活中的实际作用而有意义。所以，观念和概念的问题，归根到底是事实与行动的问题，是现实是否有效的问题，而不是纯思想的问题。皮尔士认为，哲学或科学必须突破抽象思辨框框的束缚，要诉诸人的实践活动，与人的实际生活有机结合，以行动效果来确定观念与理论的意义。他认为思想活动的实质不是认知性，而在于活动性。皮尔士指出："思想本质上是一个活动。"② 杜威也认为，思维"之所以是实践的，是因为它正像所有的经验形式一样，是行动的一种形式……它是运用符号进行操作的一种行动形式"③。思想的活动，就是人们选择必要的方式与行为，以适应环境、取得行动的效果。人们在行动中遇

① H. S. Thayer, *Pragmatism: The Classic Writings*, New York: Hackett Publishing Co, 1982, p. 88.

② H. S. Thayer, *Pragmatism: The Classic Writings*, New York: Hackett Publishing Co, 1982, p. 85.

③ 洪谦：《西方现代资产阶级哲学论著选辑》，商务印书馆 1964 年版，第 205 页。

到问题，思想才活动起来，而思想活动的目的，就在于选择方法，使中断的行动继续下去。实用主义者认为，思想活动是一种工具性的活动，属于实践的范畴；认识的作用只具有次要的、派生的性质。尽管实用主义者强调行动以知识来指导会导致从抽象的思想观念出发、以旧有的知识来指导新的实践活动，有一种绝对化的倾向。但是其强调生活逻辑在先与实践逻辑在先，无疑是明智的。

2. 思想逻辑的现实基础

实践的逻辑是思想逻辑产生的基础，是思想逻辑发展的归依所在。实践的逻辑具有与思想逻辑不同的发展路径与表现形态。布迪厄认为："实践具有一种不属于逻辑学的逻辑，因此，把逻辑学的逻辑运用于实践的逻辑，就是面临着，通过人们用来描述逻辑的工具而毁灭人们想要描述的逻辑。"① 在他看来，实践的逻辑是一种难以定义的逻辑，尤其不能从逻辑学的角度定义，实践有着自己独有的逻辑和度的限定。实践的逻辑性只能够提炼到一定的限度之内，一旦超出了这样的限度，将会失去实践的意义。因此，这种逻辑的概念应该是多样的、有弹性的和可以调整的，而不应该是精确的限定和严格性的使用。实践的逻辑之所以要有弹性和可调整性，要具有一定的限度，主要是因为实践的进程中可能有一些不可预知的现实因素存在，而这些新出现的情况与现实处境，需要实践主体能够灵活的应用与对待，正所谓"将在外，君命有所不受"，能够给实践主体留有发挥主观能动作用的空间场域。人们可以按照一定的思想预期去从事实践，但是实践的进程和结果往往很难与预期完全一致，实践活动的方式往往很难坚定不移地按计划而实行，变动性、变通性往往是实践活动展开的一种常态现象。如果实践的逻辑没有弹性与限度，则会使人们在变动性的状态下缺失应有的创造性与应变能力，也使思想缺失可以超越的空间与可能。实践的逻辑为思想的丰富与发展提供了框架和基础，为思想目标的达成确定了可能性的空间和超越性的基础。实践活动的原则绝对不是那些能够被意识到的、完全不变的规则，而是自身模糊、因

① ［法］皮埃尔·布尔迪厄：《实践理性：关于行为理论》，谭立德译，生活·读书·新知三联书店2007年版，第135—136页。

情境逻辑和相应的规定而不断变动的实践图式，“实践逻辑的步骤很少是完全严密的，也很少是完全不严密的”①。布迪厄充分认识到实践的规律不是明晰不变的静态模式，而是处于不断变化之中的动态过程，变动性是其本质。实践感所造成的事实既会受到多种条件的决定，但又没有被完全决定，人们往往能够意会和理解其中的原则，却难以完全把握这些原则。这种实践的模糊性是因为实践的逻辑模糊。他认为实践感是在前对象性与非设定性的层面上运作，其所形成的社会感受性则引导人们的行动，并将世界视作为意义的世界来加以建构。布迪厄对实践逻辑的理解是在惯习与场域之间的建构关系中展开的，是人们的具体实践的逻辑。惯习对实践的引导往往表现为潜意识状态，却具有历史的生存性和能动的建构性。惯习存乎于人的身体之内，同时又表现在人的实践之中，是由社会制度或基本的社会存在内化成人的性情倾向的结果，是一种社会化的产物，是在特定的场域中形成与建构的结果。场域为实践展开提供关系的空间和场所，是在实践过程中慢慢建立起来的空间，其具有历史的生成性；而惯习则在实践中不断地被建构，同时又会影响实践的展开。他反对解释者将实践活动变化成符号学书写的游戏，认为这是一种将实践活动置于荒谬境地的做法。布迪厄在对理性理论进行批判中，认为客观主义就是通过确定一些不依赖于人的意识与个人意志诸如结构、法则与关系系统等的客观规则，在学术认识和实践认识之间形成一种明显的间断，割裂了人的思想与实践之间的关系。其忽视了行动者的能动性，又高估了研究者对行动者的关系与距离的调整能力；其对主观主义的批判，主要是反对将行动者的主观能动性无限夸大与绝对化的做法。他认为无论是客观主义，还是主观主义，往往都无法真实地理解与描述实践，当然以客观主义思想与主观主义思想为主导的实践不可能真实把握实践的逻辑，相反会使人们陷入现实的困境之中。

思想的逻辑归依实践的逻辑，表现为形成实践理论。实践理论是在实践基础上的抽象性与普遍性的表达，符合思想推理的逻辑要求，

① ［法］皮埃尔·布迪厄：《实践感》，蒋梓骅译，译林出版社2009年版，第17页。

同时要具有可以超越现实的想象空间。它要求人们在实践的基础之上，认识与把握外在客观世界的思想成果，追求思想观念、理论符合外在世界，能够认识外在世界。实践的逻辑要求在思想计划性逻辑的基础上要有变动的弹性空间；是以改造和创造外部世界为目的，是将人们的思想成果应用于现实形成的观念、理论与思想。“实践观念是介于理论观念和实践活动之间的中间环节，是联结理论和实践活动的桥梁。”① 实践的观念体现实践的逻辑，主要是以实践观念来统一人们的实际行动。“是理论就要‘讲清楚’，就要合逻辑，就要公共地验证，就要力求放之四海而皆准，就要‘同而不和’。是实践就要‘想周全’，就不能认死理——只要一家、拒斥其余，就要综合考虑一切出场的因素，并博采各家之长，以求事情本身的集成优化，就要‘和而不同’。既不能用实践的方式搞理论，也不能用理论的方式搞实践，要分工而互补。”② 这是对人们在改造世界的社会实践活动的展开而言的，其不仅表达了理论逻辑和实践逻辑的不同，而且让我们看到了思想与实践相互建构的关系。实践的展开需要人们的齐心协力、共同合作，需要达成思想共识为前提；同时，实践的展开是思想在不断丰富与发展的过程，也是需要丰富的思想与观念不断整合应用于其中的过程。思想的逻辑和实践的逻辑就是以两种不同的路径交互前行。思想的逻辑是人们达成共识的前提，而实践的逻辑则是人们达到共同现实目标的必需；思想的逻辑表现出的理想部分为实践的发展提供了目标与追求的动力，而实践逻辑的模糊性也为思想超越作用的更好发挥提供了现实的基础。

## 四　小结

思想的形成因为大脑独特的功能成为可能，人们所创造和生活其中的文化环境成为思想产生的主要外在条件。从宏观层面来看，思想

① 赵家祥：《理论与实践关系的复杂性思考——兼评唯实践主义倾向》，《北京大学学报》（哲学社会科学版）2005 年第 1 期。

② 徐长福：《何为实践哲学》，《理论与现代化》2007 年第 4 期。

的生成机制是大脑、文化存在与实践的有机结合、交互影响，其中实践是决定性影响的现实要素，是生成机制的核心。正是实践使大脑能够将文化信息纳入其中进行积极的思想构建，使思想具有现实性。

大脑的反映功能是在实践之中不断发展与完善、逐渐具有想象与建构的能力基础，具有对象化看待自己与外界事物的基本能力，使思想的产生成为可能。肉体与精神的二重性，使人具有了产生思想的生理性基础与超越生物本能局限的基本能力，成为追求生存意义与生命价值的主体，具有建构意义世界的能力基础。文化存在是人们思想形成的主要外在条件与基础，尤其是生活其中的具体环境即亚文化存在，对个体的思想产生直接甚至是决定性作用。生活在开放型社会之中的个体，必然会受到现实复杂多样文化形态的影响，其思想观念具有复杂性和多元性的特征。实践是思想产生发展的行为性基础。思想与实践具有同生共在的特点，边实践、边思想是人所独有的存在方式。实践使思想具有现实性，思想又指导实践，即实践使思想得以现实的修正与完善，思想为实践提供了目标、方向与动力。从历史的追溯可以发现，思想在社会实践过程中不断得到发展，思想的表现形式日益丰富，人们在实践中解决与处理复杂化问题的能力不断得到提高，人们积极主动建构思想的能力不断得以提升。但当思想具有独立性时，思想就会形成主观上建构可能事实的特性，具有与实践发展完全不同的逻辑，即自洽性逻辑，与现实、实践产生一定的张力，但最终要归依实践的逻辑。只有形成符合实践逻辑的思想，才会成为具有现实力量的思想。

因此，人们思想产生的核心基础是现实的社会实践，只有在现实的实践之中才能不断地、现实地建构思想与达成思想目标，思想才会具有此岸性，才会成为推动个体实践和社会发展的精神能源。同时，我们更应该清醒地认识到，在现实的社会生活之中，人们之所以如是选择，所以思想博弈，所以坚持自己，固然有认识和理性的原因，归根结底和他们的生活、需要、利益有关，和实践有关，思想的逻辑归依实践的逻辑。

# 第五章　思想与现实的张力

实践是思想逻辑的归依，是思想得以产生、丰富与发展的现实性基础，是理想目标得以实现的基本途径。因此，人对思想的认识、理解与反思，绝不能简单地、抽象地、思辨地就思想反观、理解思想，否则容易陷入主观唯心主义的误区。马克思认为，人不是蛰居于世界之外的抽象的存在物，而是存在于一定的国家与社会之中；人处于一定的生产关系与社会关系之中，是现实的、从事实践活动的人。人们的思想与其所处的社会存在尤其是实践有着密切的关系，那么对思想的理解与反思，就不能与人们所处的现实实践与生活相剥离，而要立足于现实，从社会发展、行动实践、历史经验等的结合中，在考量人的主体性特征和需要的基础上，去反观、分析、思考思想与现实、思想与实践之间的张力问题，认识与把握思想的功能、本质与限度。

## 一　思想与现实张力的界定

立足于现实与实践是马克思主义哲学的基本观点。现实不是实存，实存是偶然的、暂时的、注定要灭亡与枯萎的某个具体存在的东西，现实却是有着一定的必然性与合理性的存在。黑格尔将现实和实存统一起来，认为现实是行动中变动着的存在。费尔巴哈将现实看成感性的、自然的存在。马克思则认为，现实与普遍性、社会性、必然性密切相关，是由生产力及与生产力相适应的生产关系所决定的社会存在，他反对那种不考虑社会关系对人的塑造与制约作用、无视社会实践对人的决定性影响的不切实际的做法，批判浪漫主义以想象力代替头脑与心脏、以理论代替实践的空想。“‘现实’一词中蕴含着一种具有内在目的和必然性的事物的活动及其实现的意义，这种内在目的和必然性在运动、活动中的实现标志着这一事物成为现实。”[①] 现实对人来讲应该能够激发人的内在潜能，具有塑造、导引、规制等作用，为人们提供展现自我、表达自我与实现自我的可能空间。只有发达的社会关系才能够给人们提供更多展现自我的机会，只有社会环境才能够成为人们感性活动的平台。“马克思把现实视为与观念性抽象或浪漫主义想象对立的，与感性、生活、对象化联系在一起的一种性质，而社会性构成这种现实的主要内涵。”[②] 正是社会现实，才是人们展现自我本质力量的可能空间，使人们成为从事感性活动与对象性活动的实践主体。马克思认为那种抽象的、虚假的、虚弱的理论因背离现实，只能在精神领域兜圈子，无力解决现实问题。马克思指出，要具有现实性的思维，要在现实活动之中去理解有血有肉的人。实践活动则是人类自我生成与发展的主要方式，是人类的本质力量得以实现的重要途径，成为人类生活最大的现实。正是因为实践活动使主客体之间形成了交互作用，主体的内在潜能才得以激发与发展。“对马克思而言，实践其实是现实生活的‘代用语’，他凸显实践是为了回归现实生活总体，是为确立一种现实性思维，是为了用现实的人或人的现实生活来取代想象出来的人，以此作为自己哲学的出发点和基础。”[③] 因此，现实就是正在发展着的生产力与生产关系，就是现实的社会生活，就是社会实践。

马克思认为不同的阶级对现实持不同的态度，统治阶级以意识形态来掩盖或遮蔽现实，而无产阶级则敢于立足现实、直面现实、改变现实。前者希望现实不被改变，或者即使改变也能够使自己的利益保持不变，后者则以改变现实为自己的历史使命。面对同样的现实，不同的利益主体会有不同的思想与目标，进行不同的社会实践。现实的

---

① 刘森林：《何为“现实”：马克思与尼采的启示》，《哲学研究》2014 年第 1 期。

② 刘森林：《何为“现实”：马克思与尼采的启示》，《哲学研究》2014 年第 1 期。

③ 李文阁：《实践其实是指人的现实生活——实践唯物主义的反思》，《哲学动态》2010 年第 11 期。

利益之争中必然存在着思想的分歧与纷呈、行动实践的差异与变化，人类历史正是在思想博弈之中不断前行。从普遍的应然性而言，思想的本性在于追求真善美，思想总会表现出形上的理想性。之所以追求完善，正是因为现实的不完善，但问题在于并不是所有的思想都会全面而真实地考虑现实，那种乌托邦式的构想就是一种理想主义，虚无主义的产生就是因为理想主义的构想和现实之间完全断裂与彻底背离，非真实的虚幻带来人们面对现实的巨大落差，使人产生理想破灭后的绝望与虚无感。乌托邦主义和现实无涉，有的思想则表现出与现存事物的一致，旧唯物主义与理性主义都不同程度地表现出这样的特征，使得思想与现存事物之间缺乏应有的张力，思想不具有形上的超越性，而是被现实同化，容易使人跌入犬儒主义与“唯功利是举”的异化泥潭。前者使人无法承受理想之重，后者则使人失去超越性发展的方向与动力，背离人应有的本质。与现实生活完全背离或完全趋同的思想都会对人的发展乃至人类的进步带来不利的影响。“在现实生活与崇高理想、形而下与形而上、世俗与神圣的关系方面，同样不能走独断主义的极端之路，它们之间的关系用马克思的话来说，就是脚和脑的关系。”① 所谓脚和脑的关系就是关涉到思想的现实根基问题。双脚立足现实，才能确保理想具有超越性与思想发挥导引实践的功能。思想与现实则成为一对相互对立而又统一的范畴，相互之间应该保持适切的张力。

思想与现实的张力，是指二者互相抗衡、互相比较、互相牵制的一种状态，它们既矛盾对立，又整合协调，表现了马克思主义有关事物发展的矛盾法则。恩格斯指出：“所有的两极对立，都以对立的两极的相互作用为条件；这两极的分离和对立，只存在于它们的相互依存和联结之中，反过来说，它们的联结，只存在于它们的分离之中，它们的相互依存，只存在于它们的对立之中。”② 思想与现实的张力，既是相互之间对立平衡的关系，又是相互之间的连接距离与空间，过犹（张力过大）与不足（张力过小）皆不可能保持相互之间有效的

---

① 刘森林：《实践、辩证法与虚无主义》，《哲学研究》2010 年第 9 期。

② 《马克思恩格斯选集》（第 3 卷），人民出版社 2012 年版，第 954 页。

连结与功能的发挥，要求保持适宜的张力。思想应该是立足于现实又高于现实，既有形上的超验性，又具有形下的现实性。正确看待与理解思想与现实的张力问题，是保持思想的超越性、现实性与批判精神的必然要求，是发挥思想在现实中的建设性作用的前提。

## 二　思想与现实的张力的形成

思想与现实的张力是人以思想指导实践、实现人本质力量确认的类本质所决定的，是人的本然性与其所具有的自我超越特性使然。人们总是立足现实指向未来，立足于对现实问题的思考与解决，去畅想和追求未来超然性的世界，思想与现实的张力在此过程中形成。

### （一）个体思想与现实张力的形成

个体思想的建构过程充满了与现实的张力。个体思想的建构不是简单的以形式逻辑的方式来进行的纯粹主观性建构，而是与现实的选择有机交融在一起的活动，形成了个体思想在现实实践中不断建构与应用的运行轨迹。思想表面看起来是主观性构建的过程与结果，即大脑中不断地生发创造的过程，实际上与现实处于某种同构状态，即个体将外在现实镜像纳入到大脑中，由大脑进行加工，加工的过程即思想的主观建构过程，而建构的结果又会进一步运用到现实之中，指导建构者的实践活动，如此循环往复，永无止境。在这一过程中，思想与现实的张力有一些具体表现：

1. 思想中的现实与具体现实之间的张力

个体对现实的理解和把握是否与具体现实相符？思想中的现实与具体现实往往会存在差别，因为个体已有的思想观念会形成个体对具体现实有选择性地反馈与理解。同样一个事实，不同的个体会有不同的看法；同样一种现象，不同的个体会有不同的观点。这种不同与差别主要是源于不同个体思想观念所带来的观察的视角、判断的立场、思维的方式等原有思想基础的不同，个体据此对具体现实进行了自我式的判断与理解。

2. 内在诉求与现实条件之间的张力

个体内在愿望满足的程度与现实可提供的条件之间是否匹配？个体的思想建构总是会围绕着自我内在愿望的达成而进行，但自我愿望是否切合实际，现实是否具有满足这种需求的条件与基础，不是个体能够决定的。即使现实具有了这样的基础，个体是否能够采用恰当的实践行为来实现与满足自己的内在愿望，也是问题。而如果不具备相应的基础和条件，个体的愿望就会与现实冲突，迫使自我预期做出调整。

3. 个体思想及行为与他者之间的张力

个体的思想建构、实践行动与他者之间是否能够协调？个体与个体之间观点的不同必然会带来各自行为的差异，在交互影响的过程中，可能出现思想博弈与行为上的交互影响。由此引出的问题有：是否因为思想的差异而出现不可调和的矛盾、个体从思想上与行为上如何应对这样的现实矛盾，等等。

从个体与具体现实的角度看，个体总是处于一定的现实环境与社会关系之中，个体的内在诉求与未来期望往往来自于对自我现实处境的思考与想象，其思想与想象是否符合于实际，如何满足需求、如何达成期望，会形成个体思想与现实、理想与实践之间的张力，这种张力可能产生追求理想的实践，也可能使理想得以改变与修正；可能形成满足需要的现实行动，也可能使需要得以不同程度的压抑。这样就形成了个体理想预期与现实追求之间、内在需要与现实基础之间、思想观念与社会现实之间的张力。

### （二）社会思想与现实张力的形成

相比个体思想，社会思想的建构表现出明显的建构路径与方式的差异。个体思想的建构是个体自我的感觉、认识、理解、判断与选择，但是社会思想的建构却表现为思想建构与现实选择的结合。

1. 社会思想建构与具体现实之间的张力

社会思想的建构是个别或少数社会精英、意识形态家们在一定的社会现状与原有社会思想的基础之上，针对现实问题的解决，按照思想形成的逻辑进行的思想活动，内容通常是对现实的未来取向乃至社会发展的未来进行理想的勾勒、描画与阐释。这种思想往往是按照理论建构的逻辑方式、以理论自洽的形式、借助想象与假设来进行的，可能会使得建构的思想远离社会现实，成为马克思所言的与现实渐行渐远的“虚假的意识”。也可能贴近现实，对现实问题给出完美说明或阐释，成为马克思所言的具体思维。社会思想或理论一般具有抽象性，有时带有理想性。用抽象性与理想性的思想来指导具体现实问题的解决，容易出现人们认同、理解与贯彻上的难题，会因为不同的理解衍生出不同的思想或理论、因为不同的需要进行相应的裁剪与选择，自然也会出现不同的社会行动与实践。

2. 社会思想选择与社会实践的张力

一定的群体或阶级尤其是决策层或者统治阶级根据自己的现实需要在多种社会思想之中进行选择，选择什么样的思想成为现实社会实践的难题，尤其是在社会矛盾激化、存在着激烈利益之争的现实中，思想与思想之间博弈激烈，皆在强化自己对现实问题解决的有用性与合理性，统治阶级或决策层一定会选择能够满足实现自我群体利益的思想。当选择了一定的思想，如何强化其现实的主导地位，如何进一步加以改革，如何去应用与解决问题，仍然存在很多的难题。群体或社会思想的选择往往是按照一定群体所认同的合理性与正当性的原则来进行，具体地说，是一种利益的选择、个别精英偏好的选择甚至是盲目的选择。而这种选择是否能够被群体所认同，是否能够转化为群体普遍认同的普遍性思想，如何转化等等，内中充满张力。

从总体而言，现实有现实的基础与状态，而思想有思想的目标与要求，当思想目标与现实基础之间存在一定的距离，则相互之间存在一定的张力，而这个张力问题的解决，取决于思想是否能变成现实的指导，或现实是否趋向思想的目标。即从思想的角度来看，就是思想是否具有超越现实并进一步指导现实的能力；从现实的角度来看，就是现实是否需要一定思想的导引、需要什么样思想的导引及思想如何对现实进行导引。当思想与现实一定张力问题得以解决，又会产生或出现新的张力问题，如此反复，形成思想对现实的牵引，促成现实目标的发展；同样也会不断催生新的思想，形成新的理论与学说。

思想与现实的张力问题及其解决，是个体与社会发展需要不断面对的现实问题。但个体的张力问题，是个体自身需要解决的问题，是个体对自我需要、未来预期与自我所处现实的一种自我调节与现实选择的问题，当然，个体张力问题的解决会受到他人的影响，因为个体总是置身于一定的社会关系之中，不可避免地受到生活环境与社会环境的影响，形成社会化的思想与选择，必然会受到社会思想与现实张力的影响。社会思想与现实的张力问题自然也是社会自我调节与选择的结果，但其表现得更为复杂，因为社会思想的选择往往是少数精英或统治阶级的选择，是不同利益集团或阶级利益博弈的最终结果，其过程充满了紧张、冲突、妥协与和解。

思想与现实的张力，是思想与现实之间的矛盾、紧张与对立及其表现状态。这种张力既可能成为思想与现实无法通约或者企及的距离，也可能是思想超越现实的可能性空间，是思想可以导引现实的充足理由。马克思指出："光是思想力求成为现实是不够的，现实本身应当力求趋向思想。"① 现实要趋向理想，必须是在理想的导引下来实现的；思想要有现实的基础，而思想又导引现实以达到理想的状态。思想与现实之间适度的张力是保证思想超越现实、成为现实导引的前提与基础。

## 三　思想与现实张力的表现

思想与现实的张力是一种复杂性、动态性的张力，是人们在现实之中必须要面对的现实矛盾与问题，是由人的主体性与思想特性所决定的必然状态。正是这种张力的存在，使得人们的思想具有发挥其作用的空间，使得现实的改变成为人们存在的直接目的。由于思想与现实张力在社会领域表现得更为复杂，因此本节将探讨的重点放在社会层面的张力问题。

---

① 《马克思恩格斯选集》（第1卷），人民出版社2012年版，第11页。

### （一）理论与实践的张力

理论是外在于人们的思想成果，是静态性的思想，也是人们思想形成的重要来源。选择不同的理论会导致不同的社会实践，即使同一理论，不同的人会有不同的解读、产生不同的实践。即当一定的理论成为指导人们实践的思想，则必然形成理论与实践之间的张力。理论既可能成为现实超越的基础，也可能是现实无法逾越的羁绊，关键在于人们对理论的把握是否正确，对理论的应用是否符合实践的要求。

理论与实践的关系——在理论联系实际的语境中——是一般与个别的关系。理论具有抽象性、普遍性、一般性的特征，实践具有具体性、历史性、特殊性的特点。具体的、历史的社会实践往往是由不同的个体与群体执行，不同主体的思想认识基础、思想观念、能力水平以及所处的现实情景不同，必然会形成人们对普遍性理论认知与理解的差别、运用与执行的不同，从而带来不同的实践效果和现实形态。当然，人们会根据效果的反思再进一步调整实践的思路与行动，进一步加深对理论的认知与解读，构成理论与实践的对立统一的发展过程。

1. 普遍性理论与具体实践的张力

普遍性理论往往是在现实的思想博弈之中以其优越的品质脱颖而出，是经过实践检验的相对真理，但在运用到具体的社会实践之中会与实际情况产生一定的张力，存在着是否与具体实践相符合、是否能够产生较好的实践效果等现实问题，形成普遍性理论和具体实践之间对立统一的发展过程。我们以马克思主义理论指导中国革命具体实践为例，我们可以清晰地看到普遍性理论必须切合具体的革命实践才能产生好的效果，否则会招致不良的效果甚至是失败。

新文化运动时期，中国思想界出现了“问题与主义之争、马克思主义与无政府主义之争以及关于社会主义的论争”①。在这三次思想论争中，马克思主义理论不仅取得了一席之地，而且成为中国共产党的指导思想，开启指导中国革命具体实践的历史征程。马克思主义之

---

①　孙占元：《中国共产党理论创新史》，山东人民出版社 2012 年版，第 48 页。

所以在各种主义或学说的激荡争鸣之中取得一席之地，是因为从1840年鸦片战争开始到五四运动开始之前，中国人的种种变革诸如戊戌变法、洋务运动、辛亥革命等等都“宣告破产了”，中国传统思想文化无力内生出现代社会所要求的理性民主精神，被认为是影响社会发展、导致封建残局的腐朽思想文化，招致那些欲拯救国家于水火的激进知识分子的强烈抨击；其他外来思想文化诸如无政府主义、自由主义、人本主义、国家主义、民族主义等等也无法为当时半封建半殖民地的社会现实提供变革的思想利器。俄国十月革命的胜利，让早期的共产主义知识分子备受鼓舞，依稀看到了中国革命与社会发展的胜利曙光，他们认识并接受了马克思主义，将马克思主义理论作为观察和改变中国苦难命运的工具与指南，自觉地学习、应用并进行广泛的宣传与普及。马克思主义的唯物史观与阶级斗争学说等等理论成为他们进行思想文化论争、抨击时弊、救亡图存的理论宝库与思想武器，使马克思主义在各种主义与思想文化的比较推求中脱颖而出、深受青睐。李大钊当时就充分认识到，作为时代产物的马克思主义，不可能将之全部拿来应用于生存的社会之中，而要运用它能够适应实际与现实的可能部分，他深刻地指出：“一个社会主义者，为使他的主义在世界上发生一些影响，必须要研究怎样可以把他的理想尽量应用于环绕着他的实境。所以现代的社会主义，包含着许多把他的精神变成实际的形式使合于现代要求的企图。”① 正是因为现实境遇的迫切需求，使得马克思主义成为当时的指导思想，使之符合现代社会改革的要求，在现实中得以彰显。马克思主义在“五四”新文化运动中表现出其本来所具有的革命与实践品质，而且与现实群众斗争密切结合，“注意同实际结合，群体结合，这是中国马克思主义思想运动一开始就具有的一个特点和优点”②。马克思式的革命和“激进方法的共产主义（列宁主义）”，成为年轻的马克思主义者的共识，成为他们认为拯救中国民众于水深火热之中的唯一路径选择。

当中国共产党成立后，马克思主义作为普遍性真理成为共产党人

---

① 李大钊：《李大钊文集》（下），人民出版社1984年版，第26页。

② 胡绳：《中国共产党七十年》，中共党史出版社1991年版，第18页。

的理论指导与思想武器，以实现共产主义为崇高理想，但在中国革命上下求索的过程中却充满了艰辛与磨折。共产党在多次革命道路的抉择中都面临着同一个重大的理论与实践问题：坚持什么样的马克思主义和怎样坚持马克思主义？这种理论与实践的张力问题一直与革命的发展进程相伴随，而对挫折与失败的反思也与理论和实践的现实抉择相结合。

在大革命时期出现了陈独秀右倾机会主义错误路线，其将马克思主义的社会主义革命理论生搬硬套到现实的革命之中，片面理解中国革命分两步走的理论，认为民主革命就应该由资产阶级来领导，而且必须要经历一个资本主义发展时期后，再等条件成熟才能进行社会主义革命，他错误地放弃了共产党在大革命中的领导权，导致大革命的失败。这种结果，并不是他希望看到的；这种错误，这种现实的“软弱”与“退让”与其人格也没有直接的关系，而与他对马克思主义理论的执着与信仰有关，与其对马克思主义理论的理解与认识有着直接的联系，与只是从马克思主义理论出发而没有考虑到或错误地理解现实的实际情况有关，与对资产阶级抱有良善和天真的幻想有关。当共产党通过反思开始了真正意义上独立领导革命时，现实中又面临着两条道路的选择问题：一是坚持俄国十月革命的模式，走城市暴动的直接道路；二是根据中国的国情，走“农村包围城市、武装夺取政权”的迂回道路。在理论上的两难选择表现为：是坚持教条主义、从本本出发的马克思主义，还是坚持符合中国国情的、中国化的马克思主义？在这两条道路的选择与两种理论的论争中，以王明为代表的“左”倾教条主义一度占据了党内的统治地位，以毛泽东为代表的马克思主义中国化的主张遭到了压制与排挤。从 1927 年 11 月开始，由本本出发的教条主义连续引发三次“左”倾错误，导致了原来大好的革命形势几乎陷入绝境而不得不实行战略大转移的结果。现实失败的惨痛教训，证明了教条主义的失败与错误，遵义会议开始确立了毛泽东同志的领导地位，中国共产党才找到了中国化的马克思主义理论为指导思想。同样在中国共产党取得新民主主义革命胜利开始社会主义社会建设时，仍然面临着是走苏联模式的社会主义道路、还是走中国化的社会主义道路的选择问题。而在中国化社会主义道路前进的过程中，又陷入了对马克思主义理论主观片面的认识与应用的误区，出现了“跑步进入共产主义”等无视现实情境、违反发展规律的主观唯心主义的言行。我国改革开放以后，也面临着道路选择的问题……沉痛的教训与成功的经验一再证明，机械地、简单地、教条地运用马克思主义理论为指导而无视具体现实，或无视具体现实情况而肆意夸大马克思主义的绝对性与真理性，皆会招致革命与建设的失败。而只有将马克思主义和中国革命、建设的具体实际有机结合，形成中国特色的马克思主义理论，并以之为指导是革命取得胜利与确保发展的根本保证。毛泽东曾提出“马克思主义中国化”的命题，他指出：“没有抽象的马克思主义，只有具体的马克思主义。所谓具体的马克思主义，就是通过民族马克思主义，就是把马克思主义应用到中国具体环境的具体斗争中去，而不是抽象地应用它。”① 理论绝对不能简单地在思辨的抽象王国停留，绝对不能以抽象的完美性作为判定其对错的尺度，而只有与现实、实践的有机结合才能证明其现实的指导作用与应用价值。马克思主义思想与学说揭示了人类社会发展的基本规律，但是也受到其所处的时代与条件的局限，其对社会主义与共产主义的设想是基于资本主义世俗社会的基础之上，如果不将之与中国现实具体的情况相结合，如果不是将其历史的、辩证的、实践的方法变成现实的指导方法，就只能将不切实际的虚幻想象与纸上谈兵的抽象策略应用于现实之中，只能招致不愿接受的现实。马克思主义中国化就是将马克思主义和中国实践相结合的产物，是本着马克思主义的开放性精神，以马克思主义的运思方式去认识、理解中国现实问题而形成的具有明显中国特色的马克思主义的世界观与方法论。因为方法正确、符合国情，这种实事求是的、具体的马克思主义能够对中国的现实问题给予直接的导引，才会取得革命的胜利与建设的成功，而那种“主观主义的马克思主义”则会招致失败。

所以，普遍性理论不是绝对的，它需要在现实的社会实践中不断

---

① 中央档案馆：《中共中央文件选集》（第11卷），中共中央学校出版社1991年版，第658—659页。

被检验、确认与修正，其在指导具体实践时会一直存在与现实的张力问题以及如何进行选择的问题。中国新民主主义革命与社会主义建设过程中出现的种种挫折与教训，无一不是理论不符合现实发展的情景有关，与不能很好解决理论与实践之间的张力问题有关。

2. 主导性思想与具体落实的张力

一种主导性思想被确认后，统治阶级会通过多种渠道、采用各种方式使之转变为社会或群体的普遍性思想。合法性是其推行的根本方式，通常会通过制度的形塑、意识形态领域的宣传、学校教育等多种途径来加强思想的普遍化以统一人们的思想与行动，达致发展目标。但在普遍性转化的社会化过程中，依然存在着张力问题。

主导性思想往往以理念、指导性框架等形态出现，在转化为指导思想时存在着与现实的紧张，可能会导致主导思想在一定的决策层面就开始出现偏差，具体表现为：一是转化时容易出现主观性的偏离，甚至出现方向性的错误；二是决策层或主要执行者对现实情形的不了解，缺失正确合理的判断和把握，无法将主导性思想与现实有机地勾连，难以形成符合现实发展要求的指导思想。

主导性思想容易被上层执行者根据现实的需要进行裁剪或者假借其名，形成背离原意的指导思想。马克思在《神圣家族》中指出，静态的思想根本无法实现什么，而只有具有实践力量的人，才能够真正实现思想。因为，静态的思想只是一种社会存在而已，思想对现实的作用只有通过人的实践活动才能产生。当思想不被人们所理解与接受，就不可能被很好地运用，更不可能对现实产生应有的作用。主导性思想总是由现实的、具体的、个体的人去推行与贯彻，而人们对主导性思想的认知与理解往往会存在着一定的偏差。这种偏差可能是有意识的，也可能是无意识的。有意识的偏差显然是人们为了达到自己的目的，根据自己的需要取其所需而进行篡改，如现实中存在的假借上级指示精神，而做的却是为了小利益集团利益的事情；而无意识的偏差往往是自己意识不到的，只是由惯习行为、思维方式与认知视界的限制所造成的，如对上级的指示精神，只能从自我的角度去进行理解，达不到应有的高度与正确性。对马克思主义的理解亦如此。不同的人会根据需要从自我的视角理解马克思主义，即使认为能够正确地应用马克思主义理论，能够考虑到马克思、恩格斯所处的社会时代背景，甚至对理论掌握得很“熟”、很“深”、很“透”，也不可能真正地、绝对地“回到马克思”，只能是从自己的现实立场角度解读得“接近”而已，保持相对中立的立场，因此，对马克思主义的误读是一种常态化现象，构成理论界众多马克思主义流派，其本质的区别就在于立场与视角，其产生的根源在于理论与实践之间的张力。当然，这种“误读”也是理论与实践之间张力的具体表现，既可能会发展马克思主义，使之在实践应用中得以发展，在理论研究上出现分支学科流派，也可能出现背离马克思主义基本思想的现实乱象，产生不良的应用效果。最常见的误区就是根据自己现实的需要对马克思主义理论进行肢解或加以利用，借用其名来证明自己思想与行为的合理性与正确性，导致实用主义。其具体做法是从有用性的角度出发，从马克思主义著作中抽取个别论断进行教条式地解读、理解和宣传，而不是多视角、全面地、整体地认知与把握。同时人们也可能在无意识的情况下根据自己的偏好与理解而进行选择，甚至会从自己的主观愿望出发，将一些错误的观点也一厢情愿地理解成马克思主义的观点。

解读不足与解读过度都是对主导性思想错误性理解的表现，都可能形成具体指导思想与现实的紧张。当然张力问题的解决，需要决策层与上层执行者能够较好地理解主导思想与把握现实发展的基础，需要形成的指导思想能够对具体现实有建设性的指导作用；同时需要使指导性思想保持一定的弹性，有一个思想存在的区域空间保持与现实间一定的张力，为指导思想的落实与现实的实践提供多种可能选择，以实现超越。但这个度的把握在具体的推进过程中存在着现实的困难，取决于下层执行者对政策的理解能力，即下层执行者在实践中仍然存在着指导思想与现实间的张力问题，其对指导思想是否能够较好地把握，对现实情况了解得是否充分，对现实问题的判断是否准确，等等，因此，指导思想在被具体应用中极可能会出现两种极端性的情况，一是对“政策”进行机械化与简单性的理解与执行，缺乏应有的弹性，不能因地制宜、因时而动；二是将“政策”纳入现实需要进行主观上的改造，偏离或背离“政策”所确定的原有轨道，甚至出现“南辕北辙”的现象。对指导思想的错误解读，则从源头上已背离了指导思想的根本导向，现实的偏差则可能是“差之毫厘，谬以千里”。

主导性思想推行与普及的目的在于让主导性思想变为人们皆有的普遍性思想，进而转化为人们现实的行动。思想普及化的过程充满了张力，表现在：一是对主导性思想具体内容的设定与现实文化基础之间关系的处理，如外来文化的本土化、抽象思想的具体化等等。主导性思想呈现的往往是抽象的社会理想性内容，这种抽象的理想性与现实性的张力是思想普及化需要解决的首要问题。二是思想普及化过程中具体普及推进方式的选择与民众思想基础及接受程度之间的张力。在整体推进与具体普及之间存在着整体设计与具体教育实施之间的关系，包括具体内容与方式的确定，民众接受习惯、接受能力等现实基础的把握。民众思想基础的差异性、接受能力的差别化，要求在普及中能够进行针对性的教育与影响，但往往会因为多种因素的影响形成现实较大的张力，如意识形态主管部门的理念、目标与要求，不同层次实施者的素质能力、具体环境中多元观念并存的现实、媒体信息传播内容与方式等等，致使现实中面临着复杂的张力问题。

主导性思想的推行与普及容易强化社会本位立场，甚至只从社会本位的角度出发，可能忽视对现实具体情况的考量。社会的意识形态部门或者思想工作者在对主导性思想进行内容的选定与推行方式的选择中，首先会从社会性目标的角度出发，利用主导社会意识形态的现实优势，对人们进行主导性思想的灌输。不可否认，灌输确有必要。列宁指出：“工人本来也不可能有社会民主主义的意识。这种意识只能从外面灌输进去，各国的历史都证明：工人阶级单靠自己本身的力量，只能形成工联主义的意识。”① 因为工人阶级的文化水平低，其所处的生产实践不可能自发产生先进的政治思想与意识，只有通过外部的灌输让其了解、认识并认同与强化这种意识。埃米尔·涂尔干认

① 《列宁选集》（第 1 卷），人民出版社 1995 年版，第 317 页。

同灌输的合理性与必要性，他认为，尽管强迫学生去接受一定的道德事实、价值标准和行为规范确实不好，但也是无可选择的必要方式，因为，“我们要成为的那种人是未来社会所要求的人，而由社会所需要的这种人与我们与生俱来的那些潜能之间存在的距离是如此之大，以至于不按社会所要求的去限制、规范我们的行为、欲望，我们就不能形成一种社会人格，甚至不能成为真正的人。所以这一过程虽然痛苦，却是必要的。如果说这就是灌输，那么灌输就是不可避免的”①。灌输是实现人社会化和使人具有社会化思想的一种主要方式，具有一定强制性的特点，是一种自上而下的宣传方式，是主导性思想转化为普遍性思想的一种重要方式，是培养符合社会要求的、具有社会人格的人的重要手段。这种强制性，极容易出现忽视人们思想基础与内在需要的单向度的灌输与强化性的宣传，注重普遍性单一方式的运用而忽视受众的多样性基础与差异性的存在，容易使主导性思想的推行和宣传的目的与方法之间存在张力。在封闭型的社会与现实中可以产生较好的效果，因为人们的主体意识不强，人们接受思想观念影响的渠道具有单一性，人们相互之间的交往具有局限性。如我国传统社会是一种自给自足的封闭型社会，人们生活在“鸡犬之声相闻，老死不相往来”的独立性的封闭环境之中，遵从与沿袭传统是基本的生活方式，主导思想只要能够成为其所遵从的传统思想文化，则会保持高度的一致性。同时，灌输也成为形成强大社会舆论的重要方式，具有独占性与强大的社会影响力，会形成社会所倡导思想的舆论氛围。但在开放型的社会中，单向度的灌输与宣传则无法达到预期的效果，相反要求灌输内容与方式的丰富性与多样性，且符合人们存在的现实状态。马克思强调市场经济社会不同于传统社会，其最为深刻的改变不是经济交往方式和政治统治方式的改变，而是人和人之间所形成的社会关系的根本性的改变。正是因为人与人之间社会关系的根本改变，人的主体性表现明显不同，人与人之间关系的建构出现了新的特点，人们的需要、思想观念会随之变化，那么主导思想的灌输方式也必然

① 戚万学：《冲突与融合：20 世纪西方道德教育理论》，山东教育出版社 1995 年版，第 110 页。

产生相应的变化才能有效。因为思想观念影响渠道的多样性与意识形态的多元化存在，使得人们的自我意识更为强烈，主体性特征更为突出。人们获取信息和传播信息的渠道更为畅通与多元，对思想观念具有更多的选择机会。人们具有一定的选择能力，参与意识、表达愿望明显提高，相互交往与沟通更为频繁。这时，其接受一定的思想观念往往是出于自我的需要以及思想所表现出来的现实合理性，如果所灌输和宣传的思想与现实、与人们自我的理解存在较大的反差，则会引起一定的怀疑甚至抵触情绪，人们会在一定程度上进行自主性的探究与选择，而且不愿接受甚至反感那种无视人主体性的单向度思想的灌输，尽管可能所灌输的内容被认为是正确的。同时，这种单向度思想灌输的主要内容基本上是社会对个人所要求的政治思想与道德思想，表现出社会对个人思想应该达到的境界要求，与人们自我现实的预期可能不相符；而单向度方式的僵硬与强制性，可能会因为一再强化更为突显，灌输与宣传的效果只会产生低效。因此，思想普遍化过程存在着思想内容与人们的思想现实基础、认知水平程度的结合问题，存在着宣传、教育方式和人们接受特点与能力的契合问题，更存在着思想普遍化预期目标与实际成效之间的反差问题。

思想普遍化的预期目标一定是人们对主导思想的接受、认同并转化为一定的现实行动实践。但思想与行为之间的转化不是一种完全的应然关系，而是一种复杂的矛盾运动。对主导性思想的认知不等于认同，而认同也不等于就一定会转变为现实的行动实践，如“杀人偿命，欠债还钱”，这是自古以来天经地义、人所皆知的基本道理，但是现实中还是会有人知法犯法、铤而走险；“手莫伸，伸手必会捉”也是现实中流行的训导，保持“清正廉洁”“为人民服务”等等是共产党员应该具有的品质，是共产党员需要认知并认同的基本规范，也是党员整风运动的重要内容，为什么反复的整风教育与三令五申的告诫，在现实中还是会滋生出“腐败分子”？由这些问题的思考可以证明：思想的认知是认同的基础，认同是思想转化为行动实践的基础，但却不是一种必然的、确定的转化关系。

理论与实践之间的张力问题，是伴随人们的社会实践一直都存在的问题，理论为实践提供指导，但是提供怎样的指导，取决于个体对理论的认知与理解。理论切合实践则会极大地推动社会发展，否则会带来挫折乃至灾难。主导性思想或理论在现实转化的过程之中存在着理论与指导思想、目的与手段、一般与个别之间的张力，形成矛盾性发展的现实状态。只有对这些张力问题有切实的把握，才可能在现实的社会实践之中具有正视、应对现实矛盾和困难的信心与勇气，形成良好的心态与正向发展的内在需求，提高人们自我建设与社会建设的能力，从而有利于个体与社会的发展。

### （二）思想与社会变革的张力

社会变革之时是思想与现实之间的关系最为敏感、最不稳定的时期，表现为社会动荡不安、思想与思想间博弈激烈。变革时期张力问题的解决，主要取决于一定社会思想是否具有现实的可行性，是否具有导引现实行动实践的合理性，是否能够在博弈竞争之中获取社会的主导性地位。

1. 社会变革与思想的特点

社会变革是指一定社会发展阶段因生产力与生产关系之间的矛盾而引发的社会结构系统的变化、改革或革命。改革也称改良，是对原有社会制度的进一步调整与优化；革命是以暴力的手段颠覆旧有的社会制度建立新的社会制度。无论是改革还是革命，都会产生现实利益的调整与改变，带来社会的动荡与利益的纷争，带来思想的博弈，形成思想与现实张力的复杂化。

（1）社会变革特点

综观历史，社会变革往往呈现如下几个特点：

第一，社会矛盾尖锐、社会动荡。社会变革会涉及现实利益的调整与改变，容易引发不同阶级或阶层的利益之争，利益受损者或可能受损者肯定会想方设法保护既得之利，而获得利益者或可能获得者则会表现出对变革的拥护与积极推进，形成不同利益主体相互之间的矛盾与冲突。原有的秩序被打破，社会不可避免地处于动荡不安的现实状态。

第二，民众思想混乱、焦虑不安。社会变革带来了利益之争，不同的利益集团或阶级皆为自己阵营摇旗呐喊，因现实的经济利益与政治权力的斗争，必然形成意识形态领域的复杂斗争甚至造成现实的混乱局面。这样的现实往往给民众带来无所适从的现实状态，尤其变革如火如荼之时，现实矛盾尖锐，思想之争激烈，人们往往不知道变革会走向何处，不知道自己的命运将会如何，不知道这种变革将给自己带来什么，会处于紧张不安的焦虑状态，缺失基本的安全感与内心的无力感。

第三，知识精英思想分化、态度有别。社会变革往往是知识精英们高度参与的社会实践，是他们发挥自身优势实现政治抱负、服务现实的最佳时期。他们对正在进行的社会变革有着不同的理解，往往表现出四种不同态度：保守主义、激进主义、中立主义、实用主义。保守主义者是旧有制度和秩序的守望者与保护者，他们相信过去的经验，固守以往的理念，反对现实的变革；激进主义者则表现出对变革的雄心壮志与旧秩序的决绝态度，认为自己掌握了变革社会秩序的真理，拥护现实的变革。保持中立主义态度的观望者，主要对正在进行着的社会变革的走向无从把握或不明确而采取明哲保身的策略。实用主义者则是以能够实现自己现实利益最大化为准则，往往会根据现实的情势来决定取舍与进退，如果现实变革对自己有利就拥护，不利就反对。

第四，利益主体寻找理念、彰显优势。利益主体即不同的利益集团或阶级、阶层要想在变革的社会现实之中获得优势、占据一席之地，必然会寻找能够体现自己利益、彰显自身优势的理念和思想支持，他们会主动寻找甚至是雇佣知识精英来建构符合自己利益要求的理念并生产出相应合理性的理论或思想，利益主体会通过强化这些理念、理论或思想的方式来为自己的变革辩护，尽可能引起民众的认同与支持。这种现实的需求，使得一些具有政治抱负的知识精英主动寻找一定的利益主体为之建构能够被民众所接受和认同的理论与思想，来实现自己的政治理想与人生抱负。

因此，社会变革之时往往是社会因为利益矛盾而分化、甚至处于大动荡的时期，社会思想激荡、社会矛盾尖锐，各种解决现实社会矛盾的思想应运而生，而思想与现实之间充满了张力。

（2）社会变革期思想的特点

在社会变革尤其是大动荡的历史背景之下，社会失去了原有的秩序规定，思想领域出现了复杂性、多元性、竞争性的特点。具体如下：

第一，思想的多元性与复杂性并存。社会变革时，往往原有的主导思想在不同程度上失去了垄断话语的权力，相应成为其他思想抨击的对象，给其他思想留出了独立的自由发展空间，可以不用受到制度与权力的羁绊，信马由缰地驰骋，同时它们也拥有了针对现实问题进行讨论和反思的机会与权力，思想领域必然出现异常活跃的现象。不同的知识精英或利益集团往往会从不同的视角或各自利益的角度出发阐释自己主张与思想的合理性，甚至不只是自我论证，还会针对其他主张和思想进行评价或针砭，以彰显自我主张与思想的合理性，出现激烈的思想纷争。社会思想出现复杂性、多元性的特征。

第二，思想的竞争性与主动性增强。社会变革带来稳定秩序的破坏，使思想文化对权力的依附性关系得以改变，相应获得了与之分庭抗礼的地位。思想话语的承担者与政治权力的拥有者之间不再是一种依附关系，而是出现了相互之间的分离，双方进入了一种较为对等、双向选择的过程。这时，“思想俯瞰政治，觉得它常常不符合人文价值或道德准则，于是要给予批评，政治有时要借助思想，于是偶尔也听从这种教训，直到它完全不切实用才把它抛开”①。思想可以在它独有的空间中生存，同时还要寻求继续生存、较好地生存的更大空间，需要为新的权力提供支持与服务以实现自身的价值；而新的权力同样也从实用性需要的角度出发，去寻求那种能够使自己在权力博弈舞台中取胜的思想。这时，各种思想的批判性与独立性则更为明显，它们往往对原有的社会结构产生怀疑，对原有的思想观念提出质疑，对现实问题的反思、追问和批判更为犀利与无情，同时对未来社会的构想则表现为丰富与多样。思想与思想之间的碰撞、博弈更为激烈。

① 葛兆光：《中国思想史》（第一卷），复旦大学出版社2013年版，第77页。

即社会变革期间，思想具有了主动性的特征，具有了可以自由表达的空间和充分展示的舞台，具有了可能被选择应用的机遇，可以通过博弈取胜去真实地影响实际的政治进程。

第三，思想的目的性明确。从实质上来讲，社会变革时思想呈现多样性的特征，但是在相互碰撞与融合的过程中差异化相应消失殆尽。因为这种多样性，不过是在同质性基础之上的多样性，思想的出发点相同，其服务的指向性明确，要解决的问题具有一致性的特点。解决现实社会发展中的主要问题，在春秋战国时期表现为如何强化国家的竞争实力、建立统一国家的问题；在新文化运动时期表现为如何救亡图存的问题；在西方的资产阶级启蒙思想运动时期则是如何回归人性与理性的问题。“思想的统一与思想的多元发展是相对立的，但经由混合的过程，已是统一的前奏。”[①] 这是对变革时思想博弈与结果的规律性总结与辩证性表述。

社会动荡转型、社会变革之时必然会带来社会思想的博弈和社会思想文化的繁荣，思想与现实的张力加大。无论是文艺复兴表现出的对古代希腊思想文化的向往与回归，还是新文化运动对外来文化的引进与吸纳，都是以变革现实为目的而引发的思想文化运动。思想的多元或者一元现象的存在都是在处理思想与社会现实之间的张力问题出现的必然现象，只不过社会变革时期张力问题更为突显，多元思想的出现实质上是不同利益主体为了面对和解决同样的社会问题而做出的不同思想选择而已，多元思想博弈的结果总会出现一元思想主导的局面，这是社会思想与社会现实矛盾与对立统一发展的必然规律。

2. 思想的超越性与现实的张力

超越性是思想的本质特征，其来自于人们对现实矛盾情景解决的未来预设与想象，来自于改变现实和现状的内在需求与动力。超越性的思想不仅高于现实，而且具有鲜明的理想和抽象的色彩与特征，“对于社会发展来说，理想是不可或缺的，对于理论来说，抽象是不可或缺的。没有理想，发展就没有方向，没有抽象，理论就无法建

① 韦政通：《中国思想史》，台北水牛图书出版事业有限公司1991年版，第395页。

构。只是理想、抽象要把握在适应的范围内，不能理想化、抽象化，不能以理想替代现实发展，以抽象论证否定具体分析"①。正是因为思想的抽象性，使得理论与实践之间充满了张力；思想的理想性，使得理想与现实之间充满了张力，但是理论与实践、理想与现实之间必须保持一定的张力，必须在适度的范围之内才能有效地发挥思想的超越性功能。激进主义思想具有超越性，但是会因为其彻底性、理想性与批判性的特征过于鲜明，在抨击时弊时慷慨激昂、针针见血，但缺乏有效解决现实存在矛盾和问题的良方，"激进主义是社会的剃刀，它对现实的揭露和批判能够将人们从沉睡麻木中唤醒，它的一些理念和主张可以作为理想和目标激励人们一代代追求。在特殊条件下，在历史发展的特定时期，只有它能够一挥而就割除常规方式无法医治的积弊，使社会得以摆脱羁绊轻装前进"②。但激进主义思想只能在社会变革的特殊时期发挥其解除积弊的作用，在真正解决社会问题时，其与现实之间的张力过大而式微。因此，思想的超越性既来自于人们对现实问题解决的思考与想象，也来自于对现实问题目标性解决的合理性预设与论证性结果，思想具有导引现实达成理想预设状态的作用。而现实之所以选择一定的思想，就是为了能够达到一定的理想状态，这种理想的状态就是现实要实现向理想状态跃迁的距离。

在社会发展与变革的过程中，新型的知识精英们往往会根据一些超然性的想象来积极地构建现实，形成有关未来社会的构想与想象，"这些概念和想象的成功的制度化，可以重新勾勒社会之间的等高线及其内部关系。这就改变了历史发展的动力机制，而带来了世界历史或历史的可能性"③。新型的知识精英之所以能够以其思想来指导现实，正是因为思想所具有的超越性，使之具有导引和转变为现实的可能性。即在社会变革时，思想的超越性表现在某一思想在变化剧

---

① 鲁鹏：《制度与发展关系研究》，人民出版社 2002 年版，第 88 页。

② 鲁鹏：《论不确定性》，《哲学研究》2006 年第 3 期。

③ S. N. Eisenstadt, "The Axial Age Breakthrough—Their Characteristics and Origins", S. N. Eisenstadt ed., *The Origins and Diversity of Axial Age Civilizations*, *Sunny Series in Near Eastern Studies*, Albany, 1986, p. 1.

烈的现实和激烈的思想博弈中因其所具有的合理性而冲将出来，成为社会发展与变革的主导性思想。这种主导思想涵盖着知识精英对现实超越性的想象、对成功的社会制度化的构想，具有改变、形成历史发展动力机制的功能，直接促进历史的变化、社会的发展。这种主导的思想观念则成为制度形成的直接依据，成为制度建构的指导思想；而制度的运行也会进一步强化这种主导思想，使之成为一种普遍性的、制度化的思想。“观念得到制度的强化而四处扩张并成为占统治地位的思想后，便不再是一种描述、一种期盼、一种可能了，它意味着某种发展理念的普遍化，某种发展目标的确定，某种实践理性的形成，因而它就是一种选择、一种现实、一种生活、一种人们据以行动的罗盘。”① 当思想成为主导性思想即统治思想后，具有导引社会运转的功能，会在其指导下形成制度层面的建设和现实生活的展开，从而与制度设计、制度运行有机地结合在一起，形成现实主导思想所赖以延伸与扩张的巨大制度保障体系，具有意识形态领域的主导地位与话语的绝对权力，其现实的权威性使之可以通过内外强化的方式，影响人们思想的形成，导引现实的实践行动，影响社会发展的进程。

透过社会变革的种种现象，我们不难发现思想超越性功能的巨大作用。中国自秦汉以来一直实行君主制或郡县制，朝代更迭变换，但是这种社会制度体系却一脉相承地延续发展二千多年，追溯历史、究其根源就在于经济上的自然经济与思想上的儒家文化。儒家的治国思想理念立足于天命而归向于道德，以“天命”为设定、以“仁”为倡导、以“忠恕”为要求、以“三纲五常”为规定、以圣人为完美偶像、以君子内修与慎独为现实导引，强调天佑王朝的思想，将统治阶级绝对至上的政治权利与“别贵贱，序尊卑”的等级秩序视为无可更改的天命与现实的应然状态，强化“天无二日，土无二主，国无二君，家无二尊”这种家国同构、宗法名分的权威思想，强调“有耻且格”、安分守己的道德自律，强调自正正人的德治要求。这种主

① 鲁鹏：《制度与发展关系研究》，人民出版社2002年版，第39页。

导思想成为中国君主制社会统治阶级进行统治的指导思想后，经由君主制度的实行被一再强化，成为社会的普遍性思想被人们广为接受与遵从，逐渐演变成社会所特有的思想习惯和文化传统，形成强大的现实思想场与文化氛围，具有潜移默化地形成人们惯习心理、思维方式、行为方式、思想观念等等的功能。这种思想文化的力量具有柔软韧性的品质，与君主制的社会制度体系有机地缠绕在一起，形成了巨大的生命力、渗透力与影响力，形成了朝代更迭变化的表象变动但没有而且也无法撼动与颠覆其实质性思想文化内核的历史现象。正如艾森斯塔德所言："在新王朝崛起的时候，他们（统治者）依然要强调其与古代先贤先王的关系，他们象征着'黄金时代'。但是，统治者的合法性既不是以纯粹的'传统主义'，也不是仅仅以皇位世袭为基础的；其合法性，主要是建立在君主对'天命'的接受，以及他的行为合乎于天命及其训条之上。"① 天命不可违，皇帝即是天子，其金口玉言拥有至高无上的绝对权威，这种主导性思想历经各朝各代一再强化成为政治绝对权威的传统，从而使君主制社会的统治得以巩固与延续。外王内圣的儒家思想文化成为君主制社会发展的理念牵引和现实的行为导向，由统治阶级的主导性社会思想成功地转化为民众的普遍性社会思想。因此，思想的超越性功能就表现在其可以成功地导引现实的社会行动实践，其从根本的理念入手，将有关制度化构想和观念转化为现实的主导性思想并使之成功地转化为现实，从而很好地解决思想与现实的张力问题。

德国思想家卡尔·雅斯贝斯在《历史的起源与目标》中提出了"轴心时代"这一概念，他认为历史这根中轴会在公元前500年前后发现，其时间跨度为公元前800年至公元前200年间，这一时代几乎囊括了整个古代文明，包括我国春秋战国时期的百家争鸣。这一时代被认为是人类对自身认识达到完整，人类有了历史自我理解的普遍框架，构成人类认识和思想超越性的基础，真正人的历史从此开启。他说："直到今日，人类一直靠轴心期所产生的、思考和创造的一切而

① S. N. 艾森斯塔德：《帝国的政治体系》，贵州人民出版社1992年版，第232页。

生存。每一次新的飞跃都回顾这一时期，并被它重燃火焰。自那以后，情况就是这样。轴心期潜力的苏醒和对轴心期潜力的回忆，或曰复兴，总是提供了精神动力。对这一开端的复归是中国、印度和西方不断发生的事情。”[①] 轴心时代所形成的思想文化范式对人类社会发展的作用，当然不会像雅斯贝斯所强调的那种绝对的决定作用，但是不可否认其的确起到了一定的指导作用，成为后来人们从中寻求思想武器以解决现实问题的传统宝库。本杰明·史华慈和艾森斯塔德皆在论证这一时期的特征时，特别强调超越意识的重要，其会形成理想和现实之间的差距与紧张，正是这种理想与现实的张力形成，才使这时候的思想意识具有了深刻的反思性和批判性特征。艾森斯塔德认为：“在公元前的第一个千年，一场革命在思想的王国和它们的制度基础里发生了。这场革命对几个主要文明和一般意义上的人类历史有不可逆转的影响。这场或者说一系列革命——它们都与卡尔·雅斯贝斯的‘轴心时代’有关，它们是要处理一个根本性的紧张的出现、概念化和制度化，这个紧张就是超越的与现实的秩序之间的紧张。”[②] 这种超越的秩序和现实的秩序之间的紧张是轴心时代表现出的共同特征，超越的秩序显然是思想领域中的理想性秩序，也是社会得以发展性跃迁的思想基础与目标方向。百家争鸣正是这种特征的直接表现，诸家思想皆立足当时动荡的社会现实，在思想超越的可能性与现实之间的张力中寻找相契合的机遇和共振点。它们既为统治者构筑可能实现的政治理想蓝图服务，又要寻求自身具有实现这种蓝图能力的合理性证明，同时还要不断保持与社会现实之间的适切性，要在相互之结合中不断地调整自己，才能保证自己的思想在博弈之中取得一席之地甚至是最后的胜利。思想的超越性在于思想能够有效地指导现实的实践，使之具有目标与方向，能够从现实矛盾之中寻找到可以解决的发展路径。

---

① 何兆武：《历史理论与史学理论：近现代西方史学著作选》，商务印书馆 1999 年版，第 679 页。

② S. N. Eisenstadt, “The Axial Age Breakthrough-Their Characteristics and Origins”, S. N. Eisenstadt ed., *The Origins and Diversity of Axial Age Civilizations*, *Sunny Series in Near Eastern Studies*, Albany, 1986, p. 1.

3. 思想的滞后性与现实的张力

与超越性思想相同的是，滞后性思想也会与现实形成张力，只不过两者在社会变革时所产生的思想作用方向不同。超越思想会起到牵引的作用，而滞后性思想则产生阻碍的力量。

思想的滞后，一是时间上的滞后，即思想对变革现实的延迟性反应，二是思想内容的滞后特征，即持守过去的旧思想。显然前者无法直接参与社会变革的现实，因为其延迟性反应往往不能及时回应社会现实的需要，不能满足变革即时性的实用要求，很难得到一定利益集团或阶级的青睐，但也不能否认有时滞后出现的思想可能更为深刻，因为有的滞后性思想往往是总结变革时各种思想博弈的经验和教训而得出的理性思想。后者往往是人们通常所认为的保守主义思想，西方的观点认为：保守主义思想“是人们在社会事务中对理性和革命优越性持怀疑态度，而相信在经验基础上对那些经过历史审视和考验的体制进行改良的一种自觉的思想立场观点”①。显然，这是站在肯定经验主义优势基础之上的定义，但是保守主义思想往往也是代表原有利益主体的思想，是变革时受到抨击的思想，甚至是阻碍社会变革的思想。

滞后性思想具有非常明显的防御性特征，强调的是对传统文化与思想的坚守，对旧有社会价值的尊重，对旧有社会秩序稳定性的坚持，对旧有集体经验的坚信。在社会变革之时往往与激进主义思想处于对峙的状态，其反对激进主义者所表现出来的过激思想与行为，可能倡导稳步渐进式的改良和对传统秩序的承继。当然，这种保守主义思想也会被激进主义者所诟病，同时很难得到现实利益集团的赏识。如在春秋战国时期百家争鸣之时，儒家并不是当时的赢家，孔子周游列国到处游说，历尽了艰辛磨折，但他的政治思想并不被诸侯们所接受。之所以不被接受，主要是因为孔子是周朝旧制度的守望者与解读者，他在对历史的深思与遐想之中重构了一个在现实政治实践领域根本不可能实现的理想国家形态——由充满爱心的圣王和充满了爱与和

① Edward Craig ed. , *Encyclopedia of Philosophy*, Vol. 2. New York: Routledge Publishing, 1998, p. 608.

平的有条不紊、上下有别的秩序所形成的理想式社会形态，类似过去的周王朝或者是周王朝的理想性回归，但当时现实生存的需要与日益膨胀的欲望使得人们更为注重实用与功利，而孔子的思想显然不能立竿见影地解决当时的现实问题。而当时博弈的真正赢家是法家的极权主义政治思想，其直接成为当时社会变革的指导思想，直接产生现实的变革结果。秦国的商鞅变法是为例证。而秦朝统一天下、建立极权主义的国家则是其直接之结果。

滞后性思想具有与现实需求不相符的特点，是承载了历史传统甚至是较为根深蒂固的思想，往往在社会动荡之时成为保守的力量，成为社会变革的阻碍力量。自鸦片战争开始，中国近代社会动荡剧烈，列强的猖獗和清政府的软弱，使得民族危机不断加深，先后出现了一系列的社会变革——洋务运动、戊戌变法、辛亥革命、新文化运动——这些变革总是伴随着变革思想与滞后思想之间的较量而展开，思想与现实之间充满了张力。清政府坚持传统的立国之道就是尚礼义而不尚权谋，反对任何形式的变革，固守传统的旧思想。危机时刻，思想领域围绕着如何救亡图存而展开，先后出现了三种主要类型的新思想：一是器用自强论，洋务派沿袭经世致用的思想，向西方学习“器技”改变中国科学技术、机器装备等方面落后的状况，先以军事设施等防务体系的图强为主，后以民用工业的图富发展。二是变法维新论与民主革命论，两者都是解决近代中国社会政治制度的问题，以康有为、梁启超为代表的维新派，师法新兴资本主义国家的政治体制，竭力传播与介绍西方资产阶级的政治思想、社会进化学说，认为救国的途径在于政治和人才两个方面，尤其在于政治体制的改变与改良；孙中山则倡导民主革命与武装夺取政权，宣传三民主义，以“驱除鞑虏”，建立民主共和为目的。三是文化救国论，以胡适、陈独秀、鲁迅等为代表的知识分子，认为中国的落后在于国民素质的落后与思想的愚昧，掀起了直接冲击传统文化的新文化运动。

由此，我们可以发现：洋务运动并没有改变中国的现实，实业救国之路无法走通，其在政治思想上仍然是对旧传统的认同；变法维新论尽管对当时的社会产生了一定的影响，但是仍然无法动摇旧的传统思想与政治体制，付出了血的代价；孙中山的民主革命思想与行动也受到了传统思想与势力的围剿，出现了革命的艰难与波折；新文化运动成为资产阶级文化和传统文化激烈的思想交锋，直接提出了“打倒孔家店”的口号，他们高举“科学”与“民主”的旗帜，提倡新文化与新道德，反对旧文化与旧道德，但这种思想文化之争在当时并没有完全改变现实存在的旧传统、旧习惯与旧思想，传统思想仍然根深蒂固影响着新文化派的个体，子君与涓生的悲剧，以及袁世凯的复辟则充分说明了这点。滞后思想的保守性往往不只是简单的颠覆就能够改变，其具有巨大的历史惯性左右与影响着人们对新思想与行为的接受和认同，成为社会变革的阻碍力量，成为人们现实思想矛盾冲突的根源。

滞后性思想并不会因为受到激进主义思想的抨击就消失殆尽，相反会在相当长时间内存在并对现实产生直接的影响。马克思指出，人们创造自己的历史，并不是随心所欲地在自己所选定的条件之下创造，“而是在直接碰到的、既定的、从过去承继下来的条件下创造。一切已死的先辈们的传统，像梦魇一样纠缠着活人的头脑”①。历史无法割断，现实无从逃避，思想更不能断裂。一切思想都是现实的产物，都是在原有的传统思想的基础之上形成与发展的，具有较强的历史承继特征。新思想不可能与传统的保守思想完全地断裂或彻底颠覆。恩格斯在分析宗教观念发展的历史过程之时，深刻地认识到传统材料对现实宗教的影响作用，他指出：“在一切意识形态领域内传统都是一种巨大的保守力量。”② 这种保守力量具有强大的不以人意志为转移的现实惯性，尽管在社会变革之时容易受到抨击，但其与现实的张力不可能因为变革的成功而消失，仍然会潜在的、持续地产生作用与影响，甚至会渗入新思想之中，正如我们现在处于社会主义社会的初级阶段，但我们的意识形态中还存有郡县社会以来的诸多文化传统，成为我们独有的民族性特征。

滞后性思想具有相对性，其在一定的历史阶段具有滞后性，但是

① 《马克思恩格斯选集》（第1卷），人民出版社2012年版，第669页。

② 《马克思恩格斯选集》（第4卷），人民出版社2012年版，第263页。

在一定时期可能具有超越性。历史发展过程之中常常出现的对轴心时代思想的回归，主要是寻找可以超越现实的传统思想，以丰富与合理化现时的思想。滞后思想的超越性主要来自于人们现实的需要尤其是新的历史时代社会变革时期的需要，因为人们具有回归传统寻找历史合理性的特征。

4. 关系的进一步澄清

思想观念与社会变迁之间的关系表现为："在变迁时期，旧的价值观和道德观念发生了变化。看起来，不仅仅在社会上有了更多的流动性，而是在社会结构领域发生了变化。观念的进展通常是社会结构变化的一个后果。当然，反过来，观念的变化也常常可以为新社会的到来铺平道路。"① 社会变迁必然带来人们思想观念的变化，而思想观念的变化又会为新社会的进一步变革与发展起到一定的促进作用，是两者交互作用的一种必然结果。当社会出现变迁、社会结构系统出现解体之时，就是社会不得不变革的关键时期，现实的表现往往是：旧的思想和力量式微与衰落，原有的社会规范与秩序遭到破坏、社会控制能力和力量明显减弱与丧失，社会出现动荡与纷乱的局面。显然，这种动荡与不稳定预示着旧有社会结构可能需要重组，这时也正是多元思想价值激荡，多种思想碰撞、博弈、交战最激烈的时候，即出现公开的、如火如荼的意识形态之争。而在这种竞争中各种社会思想都会尽可能地论证自己思想与众不同的合理性、代表民众利益的普遍性、解决现实问题的适切性，以希望赢得更多民众的认同与支持，获取现实中可能取得统治地位利益集团的青睐，以成为社会主导性思想的目的。即一种社会思想总会通过种种方式来表达与论证自身的合理性进而可能会在社会变革中获取主导性地位；而获取主导性地位的社会思想则会转向强化其合法性，这不仅是马克思、恩格斯在透视德意志意识形态时揭示意识形态虚假性的根源与意识形态发展的基本规律，而且也被历史事实所证实。

我国春秋战国时期，周天子权力旁落，诸侯分封割据，当时社会

① Jacques Gernet, *Ancient China: From the Beginnings to the Empire*, Berkeley and Los Angeles: University of California Press, 1968, p. 113.

面临着奴隶制度全面崩溃的混乱局面，诸子百家杂然并陈，百家九流则“各执一端，各持一术，欲竞售于世，因而相互斗争”[①]，他们竭力宣传自己学派的学说，并且对其他学派的学说进行公开的争论与批判，出现了百家争鸣的思想繁荣局面。刘泽华先生将百家争鸣形容为“思想库”，认为这个思想库不是一般的思想库，而是为统治者提供各种治国方略以备他们选择的思想库，统治者可以根据自己的需要与偏好进行思想的选择，从而提升自己统治的应变能力。而这个思想库中的思想丰富多样却具有共性，那就是希望成为社会的主导性思想被统治阶级、被专制者所青睐、所应用。“但如果分析一下每家的思想实质，就会发现，绝大多数人在政治上都鼓吹君主专制，思想上都要求罢黜他说，独尊己见，争着搞自己设计的君主专制主义。”[②] 梁启超认为先秦时期是人类思想发展的全盛时期，百家争鸣是社会变迁加剧的产物。正是社会现实动荡所带来的强烈刺激，使得人们想要寻求解决现实问题和慰藉心灵的方法与出路，“故贤智之士，自能画出种种方案，以应当世之要求”[③]。认为先秦百家谈论政治有着共同之处，都是以“天下”为对象，尽管这个“天下”可能只是某诸侯一方的天下。诸家思想都是以“天下”发展为己任，是为了寻求致治之方，具有一种积极进取的品格。因此，百家之所以争鸣，就是为礼崩乐坏、战争频仍的混乱社会寻求改变与整治的路径支持，也是为了能够使自己的学派、学说成为现实的主导思想而做出的努力与辩护，希望其能够成为推动诸侯实现政治理想与目标的指导思想与现实的思想力量。正如《淮南子·汜论》所言：“百家异源而归于海，百家殊业而皆务于治。”思想主导性地位的获取必须符合一定的现实条件，符合现实社会变革的需求与民众思想的基础，具有能够解决现实问题的能力，具有赖以生存与发扬光大的现实土壤。即社会选择一种思想并不是偶然的历史现象，或者说一种思想之所以成为一个社会主导思想并

---

① 郭沫若：《中国古代社会研究》，河北教育出版社 2004 年版，第 785 页。

② 刘泽华：《先秦政治思想史》，南开大学出版社 1984 年版，第 173—174 页。

③ 梁启超：《先秦政治思想史》，《民国丛书》（第四编）（第 19 册），上海书店影印 1992 年版，第 62 页。

不是简单的机缘巧合，而是从众多思想博弈中脱颖而出的结果。但我们必须清醒地认识到，超越性思想与滞后性思想并不是绝对的范畴，而是具有相对性，超越性思想在一定历史阶段可能变成了滞后性思想，而滞后性思想也可能会转变为具有超越性思想，新文化运动时期儒家思想被认为是滞后性思想，却是我们现在实现民族复兴中需要汲取营养的超越思想。超越还是滞后，主要取决于社会变革现实的需要。

马克思曾尖锐地指出："抽象或观念，无非是那些统治个人的物质关系的理论表现。"[①] 这也是思想博弈的实质，更是其与变革现实形成张力的根本原因。

### （三）应然与实然的张力

在大卫·休谟看来，应然与实然曾经是无法通约的一对范畴，认为事实判断与价值判断存在着无法逾越的逻辑鸿沟。从传统逻辑的角度能否从实然推出应然的问题，成为二百多年来许多哲人探讨的休谟问题。但是从人类社会实践的层面而言，应然与实然是一对具有张力的范畴，是对立统一的社会现象。因为人生与社会生活不会按照单一的逻辑体系来进行表达与推导，人具有内在的尺度，这种内在的尺度是应然的依据，构成人的思想与现实之间必然的张力，人的现实活动力图使世界理想化并不断产生新的需求与矛盾，即人的存在、人的主体性使应然与实然构成一对具有张力的存在。应然是人们思想上的追求目标，是思想建构的理想状态；实然是人们所处的现实，是现实所呈现的事实状况。简单地讲，应然是指事物应该呈现的理想状态，实然是指事物实际呈现的现实状态。应然是因为实然而产生的，是实然之上的期待、选择与目的；而实然是达到应然状态的基础，是通过实践手段趋向应然。应然因实然的发展而发展，实然因应然的不同而不同。应然与实然之间的张力主要表现在理想与现实、应该与实际两个方面。

---

① 《马克思恩格斯全集》（第30卷），人民出版社1995年版，第114页。

1. 理想与现实的张力

理想是人们关于社会和人生的奋斗目标，是对未来的向往与追求，是建立在现实发展可能性认识的基础之上对社会和生活愿景的期望与想象。理想作为人最重要的本质力量，是人们思想之中具有明确导向性与决定动力性的精神力量，体现着人的基本人生价值取向与追求，是“以一种最高的强度和亮度为人的生命潜能的开发和生命力量的发挥而启蒙解蔽、拓荒指路”① 的理想力量，是人们基于现实的基础而建构的长远目标，使人具有超越性、主体性的特征。理想基本分为个人理想与社会理想两大类别。个人理想是指个人基于生活现实而对未来自己的职业、生活等的期望与美好向往，包括生活理想、道德理想、职业理想、爱情理想等；社会理想是指人们在改造社会实践过程中所产生的对未来美好社会图景的想象与勾勒，包括群体理想、民族理想、国家理想、人类理想等等，还可分为共同的社会理想与最高的社会理想。理想有大小与远近之分，但其只要生成，就会成为人们为之努力的方向。正是因为有理想，才使得人们现实之中有目标、有方向、有动力，促使人们不断向往与走向未来，提升人的精神境界。“理想凝聚着人对未来全部憧憬和希望，召唤、激励着人们把它变成新的现实。何况，人们在变革现实的实践活动中总要生发新的需要，这也就造成了理想的不断推展和变化。这样，人就总是同时生活在现实和理想的双重维度中。”② 这是由人的对象化生命活动本质所决定。

（1）理想对现实的超越

理想表征着对未来美好的期待，是人对自己前途命运的期望与憧憬，是伴随着人的身心发展和社会化发展过程而形成的趋向完美的内在愿望与未来目标。即理想是人们在现实生存条件的基础之上对未来超验性的想象与期待。理想的超越性来自于人类自身所特有的本性，人总是处于对自我的追问与完善之中，具有在想象之中建

① 张曙光：《“理想”的哲学反思》，《南昌大学学报》（人文社会科学版）1999 年第 9 期。

② 张曙光：《“理想”的哲学反思》，《南昌大学学报》（人文社会科学版）1999 年第 9 期。

构与创制未来世界的特点，处于自我本质力量对象化的实践之中，“人无时无刻不为超越动物地位，超越其生存的偶然性和受动性以及成为一个‘创造者’的愿望所驱使，无时不刻在内心激荡着一种趋向自由的力量、热情与憧憬”[①]。正是这种理想的力量促使人们以应然的尺度来面向现实、衡量现实、发现不足、趋向理想，点燃和燃烧热情。

理想不是毫无凭依的主观想象，其具有明显的现实性特征，表征着对现实的批判精神，是对当下现实的一种不满足和思想上的超越。那种平均主义的理想就是来自于对极端不平均现实的强烈不满，那种悠然南山自在生活的向往就是对矛盾重重现实的反向追求。从某种意义上来讲，理想是对现实状态的检视与人生意义的探求，是一种对现实否定与升华的方式；是通过对现实状态的了解、理解、反思、批判而勾画的未来美好蓝图，是以现实否定的方式从思想上实现了对现实的超越。这种超越是一种不断进行着的阶段性超越，是人们在现实的批判与反思之中不断建构理想、发展现实，在更高的现实实践之中如此不断地萌发新的理想、不断趋近终极理想。理想就是这样通过提高人们的精神境界，拉动人们全部的生命机能，使人们趋向未来的美好，促使人们在理想与现实的矛盾运动之中而不断发展。

理想是一种可能性的范畴，是在主观上建构的未来可能性，是有着现实基础的完善性建构。理想往往是通过现实感觉、观念等进行抽象性整合达到对现实的把握与未来目标的设定，是人们在现实生活中思想内在的推理、判断、分析、反思的基础之上发挥丰富想象力产生的结果。只有与现实构成一定的张力，来于现实高于现实，具有超越现实的本性，才是真正的理想。马克思在自我人生理想追求的过程中逐渐把握了理想的本质，其追求的轨迹表现为：不断反思现实、化解矛盾、执着追求来实现理想。马克思自中学阶段就确立了要为人类幸福与自身完善而奋斗的人生理想，在其成长的过程之中曾经一度想建构理论化的理想主义，却面临着实然与应然之间的冲突与矛盾，其为

① 贺来：《现实生活世界——乌托邦精神的真实根基》，吉林教育出版社 1998 年版，第 10 页。

了求得理想与现实之间矛盾的解决，开始由向康德与费希特理论的学习转向了对黑格尔哲学的学习，尽管黑格尔把人的自我意识运动变成了集理想与现实为一体的“现实性”存在物，但是这种只是把现实虚幻地消解在思想的理想王国之中的做法，仍然无法解决真实的理想与现实、应然与实然之间的矛盾，于是马克思接受费尔巴哈人本哲学的影响，并试图将黑格尔与费尔巴哈的理论精华融为一体，马克思开始从人的生产与生活实践的现实角度出发，从人的现实社会关系的角度来探讨人的本质、辩证地认识与理解理想与现实之间的关系，对资本主义世俗社会进行现实的批判，寻求人类解放的道路。从马克思个人的成长可以看到：理想一直是其一生努力而奋斗的目标，是在现实之中不断寻求实现路径与方式的过程。他认为不存在绝对抽象的理想，现实发展的程度决定了理想发展的程度，“共产主义对我们来说不是应当确立的状况，不是现实应当与之相适应的理想。我们所称为共产主义的是那种消灭现存状况的现实的运动。这个运动的条件是由现有的前提产生的”①。显然，“消灭现存状况的现实运动”就是对现存状况的否定性发展，是实现理想的必然发展路径，体现一种批判的、辩证的理想精神与本质。立足现实、批判现实、改变现实、寻求发展，不断趋向理想，是马克思对理想与现实对立统一关系的理解。因此，不付诸现实追求的“理想”不是真正的理想，其不能与现实构成矛盾对立的统一体，对个体而言只能是无法实现、缺失现实根基的幻想、空想；对社会而言只能是没有任何现实存在依凭的“非在”乌托邦。当然，乌托邦精神也是人追求现实超越的一种方式，其追求至善至美，是从精神层面对美好世界的向往与回归。实际上，无论是大同世界、世外桃源的追寻，还是佛家仙境、上帝天堂的向往，皆体现了人超越现实的精神能力，体现了人向善向美的本性。乌托邦只是缺失了求真，缺失了将这种精神具体应用于现实实践之中，忘却了人自身存在的世界，找到了彼岸但忘却了自己所在的此岸。因此，理想是在现实的实然性认识的基础之上，有关现实应该如何的应

① 《马克思恩格斯选集》（第1卷），人民出版社2012年版，第166页。

然性的认识与看法，是以应然性的超越目标来牵引与改变现实生存状态。

（2）现实对理想的制约

理想是对现实的超越，但却是在现实中产生与发展的，无法摆脱现实的制约。马克思指出："已经产生的社会，作为自己的恒定的现实，也创造着具有人的本质的全部丰富性的人，创造着具有深刻的感受力的丰富的、全面的人。"① 人的丰富性、感受力是在社会现实中产生与发展的，人的理想追求是根置于社会现实之中而展开的，是在创造属人的对象世界之中重塑自身、推动现实改变的结果。理想受到人们所处的社会历史阶段、社会形态与社会地位的制约，受到所处的社会关系与生产、生活条件的局限，表现出明显的时代、民族、阶级、社群特征。传统社会中的科举制使当时的知识分子将考取功名、光宗耀祖成为追求的理想；近代中国处于外扰内患的现实之中，一些有志之士则将救亡图存、中华崛起作为自己的理想追求。中华民族所独有的家国情怀与西方的个人英雄情结的区别绝不是偶然的历史现象，而是不同文化历史发展积淀的产物。同样，人们的认识水平、能力基础也直接影响乃至决定人们的观念、审美、视界与理想。认识水平低、能力基础弱的人可能只是将自己过上衣食无忧的生活作为追求的理想，凡是能够称得上精英人物的一定是将超越自我的群体或社会理想作为人生追求。当然，同样的社会现实，不同的人可能有共同的理想，但实现理想的路径却有各自不同的选择，主要因为各自看待问题的视角和对现实问题理解的不同。戊戌变法失败，意味着清末精英知识分子变革社会的理想跌落，许多人都在总结失败的教训，孙中山认为失败的关键在于力量对比的悬殊、变法者仅存改良的愿望，要想成功必须"弋取政权"，其一生都在为"驱除鞑虏，恢复中华"、实现三民主义而奋斗；蔡元培认为失败的原因在于国民没有崇高的精神与健全的人格，于是立志要以教育唤醒民众，走上了教育救国的道路。因此，理想总是现实的投射，是现实矛盾在主观上的超然性反

① 马克思：《1844年经济学—哲学手稿》，刘丕坤译，人民出版社1979年版，第80页。

映，是要体现在现实孜孜以求的实践和行动之上。但是理想与现实之间无法做到完全的匹配，而是充满了张力。理想总会存在一定的不符合现实的部分，也必然存在无法超越现实的部分。理想本身就是现实矛盾的产物，它与其他事物一样也存在着自身的局限，也有发挥超越性作用的限度。在限度范围内是合理的，超出限度可能会产生负向效应，在中国共产党的历史上，“饮马长江，会师武汉”“跑步进入共产主义”，就曾带来革命和建设的严重危害，也使许多信仰者陷入迷茫。理想及追求都将在复杂的社会现实之中展开，从而必将呈现更为复杂的现实状态，现实的制约因素将会在追求理想的过程之中产生现实的影响，动摇、改写甚至毁灭理想，同时造成现实发展中新的障碍、矛盾与冲突，这是理想与现实辩证统一运动使然。

理想是一种指向未来、存乎于人思想之中的范畴，其作用的场域是人的现实生活与实践，理想追求的过程就是现实的实践行动过程。现实的生活世界不是单纯的自然界，只是任凭自然力量的主宰，也不是纯粹的理想王国以应然而生，而是理想与现实、应然与实然有机统一的存在，是具有多重矛盾的动态统一体。理想与理想的追求就是在这多重矛盾关系存在的现实之中产生与展开。这种矛盾性既是理想得以生成的现实根据，更是理想无法回避的现实存在，存在着理想达成的多种障碍因素的限制。如果企图无视现实的矛盾存在而只是陶醉于自由遐想之中，只是在思维领域之中畅游、追求类似宗教般的内在体验与幻觉，则会陷入“乌有”之乡，是对现实矛盾存在的思想游离和逃避，也只能得到鸦片般暂时的慰藉。在这些空想者看来，似乎问题不存在，但是问题仍然现实地存在着，且会因为无视现实问题而积重难返。需要引起高度注意的是，并不是所有的乌托邦都是对现实的逃避，而是对现实的远离，缺失与现实之间适度距离的保持；也并不是所有的乌托邦追求不会付诸实践与行动。如果将这种没有现实根基的空想乌托邦，或者将社会的终极理想代替在现实基础之上的共同理想，则会导致现实人为灾难的发生，中西方都曾上演过这样的悲剧。

理想应该是在把握现实规律基础之上的应然目标，要积极正视现实困难与矛盾这些限制性因素，才会产生有效的追求实践。但由于人们认识能力的局限，往往会缺失对现实与未来的正确把握，可能确立的理想容易出现相应的偏差，需要在实践过程之中不断修正与调整，甚至要及时迷途知返。理想与现实就是这样在动态之中辩证发展，恩格斯曾经说过："我们不要过分陶醉于我们人类对自然界的胜利。对于每一次这样的胜利，自然界都对我们进行报复。每一次胜利，起初确实取得了我们预期的结果，但是往后和再往后却发生完全不同的、出乎预料的影响，常常把最初的结果又消除了。"① 恩格斯说出了我们在与自然相处时容易犯的错误，那种忽视对自然规律把握与关怀的人类理想追求，容易使人类陷入妄自尊大的理想误区，自然不会自动去配合人类理想的追求，而是按照自我规律行进。同样，在社会领域也是如此，理想的实现不是完全必然的过程，而是相对的过程，有时可能初步地实现了理想，最终却可能是理想跌落的结果。理想的限度是我们必须正视的现实问题。

人存在的多元性决定了人理想的多元性，直接转化为现实之中人自身、人与群体、群体与群体之间的矛盾与冲突。首先存在着个人理想与现实之间的矛盾，这种矛盾可能与个人的意志品质、特殊的年龄阶段有关，如有的年轻人"常立志"而不能"立长志"；对现实困难认识不足或者遇到了现实挫折就放弃。个人理想与人生际遇、所处的历史阶段有着直接的关系，形成现实之中无法回避的理想与现实的冲突。二十世纪 80 年代的人生大讨论引发了一代人对人生理想的反思，不只是潘晓发出人生之路"越走越窄"的困惑，更是人生理想与现实冲突所造成的必然结果。这一代青年是 50 年代的"红领巾"、60 年代的共青团员、"文革"中的红卫兵，继而"上山下乡，广阔天地大有作为"。当大返城时，多年来积压下来的就业、住房、婚姻、升学等人生基本生存问题像幽灵般纠缠着这一代青年，而当时刚刚改革开放所带来的思想冲击，现实与原来所追求的远大理想间存在着强烈的反差，使得他们饱尝理想破灭之痛苦，不得不发出痛苦的呻吟，不能不喊出"人生的路啊，为什么越走越窄?"的呼声。现实中理想跌

① 《马克思恩格斯选集》（第 3 卷），人民出版社 2012 年版，第 998 页。

落的痛苦，不只是“理想与现实冲突”简单的陈述，而往往成为个体在现实中不能承受之重。

其次，理想之间的矛盾与冲突形成人们现实实践与交往之间的矛盾与冲突。理想之间的矛盾与冲突不只是观念上的碰撞、分歧与纷争，必将反映到人们的现实生活与实践之中，形成人们现实的矛盾与冲突，正所谓“道不同、不相谋”“物以类聚、人以群分”，人们自然会选择与之有着相似追求的个体进行交往，选择融入与自己人生价值观相同的群体之中，因为有共同语言与追求、能相互认同与理解。志同道合不是简单的观念相同，更是理想追求的相似与相同。当然，如果出现了理想的不相融甚至是对立，在个体之间就会出现相互之间的不认同、不合作甚至产生直接的矛盾与冲突，在群体之中可能会发生冲突乃至战争。群体理想往往对个人理想起到决定性作用，这是个体融入群体过程中不可避免的现象。群体理想可能会对多元化的个人理想给予包容，也可能会对个人理想给予压抑。前者可能出现群体思想的分化，也可能导致群体思想既统一又丰富多样的生动活泼局面；后者可能造就群体思想的高度一致，也可能为了一致性而使思想僵化，造成人性关怀的缺失。

现实中理想之间的冲突，其根源在于理想不可能不反映不同主体的利益与愿望，也就不可避免地带来了理想的差异甚至是相互之间的对立与冲突，理想的美好与正确往往是有限度的，对有的人或群体来说是美好的理想，对他者来说就未必美好；对有的人或群体来说是正确的理想，对他者未必正确。曾经的资本主义列强以征服世界为理想，企图以自己的价值观来一统世界，将所有的民族国家纳入到其殖民体系的建构之中，引发了被殖民民族国家的强烈反抗，发生了激烈的现实冲突，同时引发了资本主义列强之间因为利益带来的严重对抗与冲突，两次世界大战就是最好的例证。理想的冲突引发现实的矛盾，利益纠葛产生理想对立，这是我们必须正视的现实问题。现实矛盾冲突的解决，在于相互之间的沟通与理解，在于理想的进一步合理和包容度的增加，以及实现理想的建设性途径的形成，如谈判、对话等方式以寻求契合点与共同处。理想就是在现实的矛盾之中生成、发展，现实也是理想追求与达成的基础与条件。理想的未来指向与现实的具体要求、基础之间构成现实对立统一的有机整体。

2. 应该与实际

理想不只是存于人们头脑之中的观念或超越的精神寄托，更是要付诸现实的行动，成为人们真实追求的灵魂。在现实的实践之中，人们会将理想从抽象的观念形态转化为现实感性活动中的规定，如“应该”“应有”“应如此”等，即人们会以一种可感性的方式现实地把握理想，使抽象的理想转化为现实的理想，当然可能会努力趋向理想，也可能改变、调整或消解理想。相比理想与现实，应该与实际是应然与实然范畴内相对低层次的范畴，是更为具体化的范畴。理想的超越性与终极性远远大于应该，理想是表现人们现实的长远性目标，而应该是现实中具体的应然目标；现实所涵盖的内容也远远超出了实际，现实涵盖了人们现实存在的一切领域，但实际强调的是人们所置身之中的现时场景与情况。应该与实际是与人们的生活与实践紧密结合一起的范畴。应该是指事物按照是其所是的应然逻辑存在的状态，或者人们所理解的事物要达到的应然状态。实际是指事物在现实生活与实践之中的实际存在状况。应该与实际是具有张力的范畴，应该属于思想层面的理想性要求或者符合事物发展规律的要求，实际属于现实层面的具体性状况。两者共存于人们的思想选择与社会实践之中，形成矛盾对立的统一体。这是由人合目的性的类本质所决定的。

在实际的生活与实践之中，应该与不应该是人们经常思考的问题，也是进行思想选择时不断叩问自己的问题，更是对有关事情进行评价的日常表达。理性主义哲学往往从逻辑、实用与道德等层面来探讨应该问题，逻辑层面主要探讨逻辑的推导是否成立或者两者之间如何通约的问题，实用层面探讨的是在给定目标的前提下如何选择更为适宜的计划、方案、技术手段等问题，道德层面上主要涉及好与坏的价值问题、人际利益关系协调的正义问题。从实际的视域进一步延伸开来，应该是对某种事物规律与特性把握后的一种判断，是按照符合规律的方式进行的选择与行动，也是传统习惯所形成的思维范式应用的结果，是群体或社会普遍性认同的规范与行为方式表现状态等等。

从应然的角度来理解“应该”，需要跨越工具理性的应用领域，而关乎对理想与目的性的反思与选择，是对人生价值与现实追求的应然性理解。应该因此被看作实际多样性之中的应然状态，是人们追求的理想与现实目标的体现，其作为主体人的一种价值的规定与意义的确定，是将自己的内在尺度运用于对象化事物的结果，是将理想进一步具体化为现实的目标、判断、选择与行动使然。当然，对个体而言，人们总是会做出自己所认为应该做出的选择，这种选择是有着个体所理解的合理性为基础，是个体价值观和人生理想的具体显现，其追求的是自我价值与人生理想的实现。这种“应该”与普遍性认同的“应该”可能一致，也可能不一致；同时，这种“应该”可能存在于主观观念之中只是个体内在的思想评判与选择，也可能是付诸现实行动的应然选择。个体所认为的应该与个体所处的实际一直存在着张力，应该是个体现实的应然性理解或者合理性的选择。一般而言，个体都会按照应该如何的自我指令行事，但常识告诉我们：应该是一回事儿，实际可能是另一回事儿。现实的事情与个体的现时选择往往会出现不是按照通常人所理解的应该逻辑而进行，之所以如此，总是会有实际的原因使人们做了偶然性的选择或权宜性的决定，但也是当时人们所认为的应该选择，即最优化选择。最优化选择不一定是应然选择，但是应该选择，是人们在实际的权衡与比较之中的选择，只是相对优化的选择不是绝对的理想性选择和超越性的应然选择。应该选择不一定是应然选择，是人们根据自己所处的现时情景、事情发展的状态等多方面因素的反复考量而做出的选择，可能与原有的预期不一致甚至完全相反，可能与应然目标相去甚远，这时的选择是实际应该的选择。现实应该做的事情很多，但实际条件所允许做的是有限的，人们只能从中选取最应该做的事情。而在实际的目标设置上也是如此，个体应该确立的目标与实际确立的目标之间也不是对等的关系，个体只能根据实际情况做出一定的目标选择，并根据实际需要做出优先与否的考虑，统筹安排；实现目标的过程也是如此，目标确定了并不一定会付诸行动，付诸行动也可能产生不了应该的结果。应该的要求与实际的变化构成了人们面对的日常性张力，一直伴随着生活与生产实践的展开，使人们总是以应该的标准与要求，以实际的考量，以结果与过程的应该反思来思想与行动，使人们具有现实的目标感与对自我的现实超越性的要求，当然人们也会对应该做出切合实际的调整与选择。

对群体而言，应该是群体目标与群体规范的体现，符合目标与规范的则是应该，相反就是不应该。应该不仅是价值目标、人生理想的设定，更是人与人之间伦理关系协调的道德规范要求。但群体之中存在着不同的个体，个体的应该与群体的应该可能产生矛盾与冲突，形成交互多重矛盾与冲突，但是个体的应该要符合群体的应该，这是个体融入群体的必然条件。群体的应该需要群体中个体的认同与实践的自觉，这是群体目标实现的基础与保障，所以要实现群体的应该，群体可能会采用相应的思想教育方式，注重群体规范与主流价值观等的教育与培养，但是这种应该的规范是否能够被个体认同、是否能够转化为个体的思想观念与现实行动等存在着张力，应然要求与实际效果之间并不是相等的关系。应然要求转化为现实效果，之间往往会存在着诸多矛盾甚至是冲突，需要认同不代表能够认同，即使认同还有程度上的分别，因此，应该往往是相对的而不是绝对的，应该只是实际多种可能中的一种，但并不一定变成实际的选择。应该是应然性的要求，会对实际提出目标性、理想性的要求，同时应该也表征着现实规律与特性，有利于人们的现实超越与行动的规范。

应然与实然之间就是如此，存在着宏观上的理想与现实的张力，也存在着具体的应该与实际的张力，但人们的现实生活就是如此，既会有超然性的理想追求，也会有现实需要解决的矛盾和问题，使人们既憧憬美好未来，又切实地生活在矛盾冲突不断解决的现实之中。

## 四 小结

思想与现实的张力是生活实践中客观存在的现实问题，是个体与社会在对立统一之中展开自身的必然现象。理论与实践之间的张力，是社会发展过程之中的一种普遍性张力，具体表现在普遍性理论指导具体的社会实践和主导性思想的具体落实两大方面，主要源于实践基础上不同主体对理论认知与理解的不同，以及对现实把握程度的差别。思想与现实的张力在社会变革之时表现得更加复杂化与激烈化，变革的现实为多元思想提供了生存、发展与博弈的空间，也为一定利益主体提供了思想选择的机会与可能。超越性思想与滞后性思想在变化激烈的社会现实中形成一定的牵引力或滞后力，对现实的发展产生不同程度的影响。置于更广阔的社会发展视域，思想的超越与滞后只是相对的概念，曾经受到强烈抨击的滞后性思想可能在某一历史阶段被认为是超越性的思想。理想与现实之间的张力往往会直接转换成现实实践过程之中的应该与实际之间的张力，同样我们透过应该与实际之间的矛盾与冲突亦会透视到理想与现实之间张力。

因此，思想与现实间的张力是社会发展与人生的常态现象，是一个不断产生、不断保持、不断探讨、不断解决、又不断重新出现，永远无法消解的动态矛盾统一体。通过分析我们可以看到，思想与现实之间的关系必须具有适切性，才可能形成与发挥思想的超越性作用；人们所坚持的思想路线必须是实事求是、符合现实的基础与发展的规律，才能产生实效。人们的理想必须是建立在现实基础之上的理想性构想，而现实达到思想的理想状态需要形成层次递进的目标来渐进实现。如果现实中缺失目标层次的设定，而只有一个终极性的目标，则可能会因为张力过大而陷入虚无空洞、苍白无力的现实窘境，有如我国社会主义计划经济时期“大一统”的共产主义理想。当目标实现出现了遥遥无期的现实状态，则会失去应有的激励作用，直接影响人们的追求动力。因为人们普遍性存在着实用主义的倾向，注重对现实效果的追求，当超然的理想没有实现的可能，则往往会因为理想的跌落而情绪消沉与思想波动。所以曾经的人们就会发出“共产主义好是好，可惜太遥远、太飘渺”的感叹。那种将最高的社会理想代替共同的社会理想和个人理想的做法，那种在贫穷基础上构筑起来的共产主义理想只能引发人们的信仰危机。当然在现实基础上构想的共产主义理想社会，仍然会打上深深的时代烙印，表现出现实基础的“唯美”

倾向，如二十世纪五六十年代有关共产主义社会的想象，就是“楼上楼下，电灯电话，饭后一个大苹果”，这种简单的想象与描述，是那个年代的人们所能理解和能够想象到的共产主义社会的生活图景。邓小平建设“小康社会”的目标与分“三步走”的阶段规划，也是在现实基础之上的理想性目标，是基于当时中国社会主义市场经济发展现实的考量而进行划分设定的社会发展的共同目标。同样，孔子思想的现实基础就是周朝制度，“吾从周”这一简短的话语就旗帜鲜明地表明了孔子思想的出发点与政治立场，“克己复礼”则更是其希望能够回归到秩序井然、和谐仁爱、大一统周王朝的治国方略与政治手段，其所表达的政治思想就是要人们通过“正心”与“修身”，而达到“治国”“平天下”的目的，孔子思想的超越是基于周朝已存在的政治制度与礼制民风思考的结果，而不是纯主观杜撰的产物。所以，思想是有限度的，会受到人们所处的社会发展阶段与现实基础的限制，思想的超越往往是在一定现实基础之上的超越，与人们的认知能力与实践能力有着密切的关系，是人们基于自己所处的现实基础而进行的想象与思考，表达了人们在当下情景下对未来的向往与期盼。当然这种向往与期盼可能是对现实存在缺失的一种未来构想，也可能是对现实存在完美求之的理想愿景追求。

一种主导性的思想与理论的有效性，需要在思想与现实、理论与实践之间保持一定的张力，它要求思想与现实、理论与实践的密切结合，同时思想与理论又要高于现实与实践。这样，既能保证思想的超越性、实践性与批判性，又能够有效地解决思想与现实的张力问题，保持适宜的张力。如果只是以纯粹抽象的思想与理论为指导，过于强调抽象思想、理论的真理性与绝对性，则会将现实的一切纳入主观预想的轨道进行构建，从而消解了其应有的现实性，可能会出现本本主义、教条主义，出现思想的单一性与僵化性，而缺乏应有的开放性与弹性，缺乏思想所赖以生长的实践土壤。思想如果缺失对现实情境了解的基础，缺乏对现实存在差异性的把握，则无法回答与处置现实问题，即使从学理上、形式逻辑上再正确与完美，也可能会因为不接地气而处于高处不胜寒的境地，会因思想与现实、理论与实践的过大张力而无法对现实进行有效的导引，相应会带来很多的现实问题。

当然，当理想与现实之间缺失一定的张力，理想与现实就会出现同化现象，会因为张力不足而带来人们精神生活的缺失和人的类本质的背离。马尔库塞认为，发达工业社会中人们被纳入了技术共同体之中生存，出现了想象让位于现实、现实追赶与压倒想象的现象，人被现代的技术和物欲所牵引而出现理想跌落和精神匮乏的现实状态，出现了单向度的发展，表现为理想和现实处于一种完全同化的程度，理想已经被现实所超越，“它被从心灵、精神或内心世界的高尚领域里拽了出来，并被转换为操作性术语和问题。这里也有大众文化的进步因素存在。理想的俗化现象表明了如下事实，即发达工业社会面临各种理想物质化的可能。该社会的各种能力正在逐渐缩小对人的条件加以描绘、理想化和说明的高尚领域。高层文化变成物质文化的组成部分。在此过程中，它丧失了更大部分真理”①。显然，这是发达工业社会所带来的人的严重异化现象，使得人的思想与理想不再具有崇高和抽象的特性，而是变成了可操作性的术语与可以物质化的表述，从而消解了理想所应该具有的对立的、超越性的因素和特性，并且将之纳入到现有的制度框架之下进行复制与再现，使得理想与现实之间缺失应有的张力、适度的紧张与对立。那种自主性的人格、人道主义，以及带有浪漫或者悲剧色彩的爱情只能成为发展落后阶段的理想，成为工业发达的资本主义社会中的人们所无法理解的精神现象，人所应该具有的思想超越性往往被世俗化与庸俗化了。马尔库塞认为这不是“高层文化向大众文化的堕落，而是高层文化被现实所拒斥”② 的结果。他认为“单向度的人”就是那种思想与现实的张力已经完全丧失殆尽的人，是思想与现实完全趋同的人，是从思想上已经丧失了否定、批判与超越能力的人。这种人没有能力去想象那种与现实生活完全不同的另一种生活，没有能力去追求和自己现实生活不一样的生

① ［美］赫伯特·马尔库塞：《单向度的人》，刘继译，上海译文出版社 2007 年版，第 53—54 页。

② ［美］赫伯特·马尔库塞：《单向度的人》，第 52 页。

活，没有能力去超越现实而只能被现实同化，人所具有的超越性的本质丧失，人则完全被异化了。因此，保持思想所独具的理想性、抽象性等超越的本性与特质，保持思想与现实之间一定的张力，将是人们具有超越现实的能力与回归类本质的必然要求！

# 结　论

思想是思想着的人的思想，是在动态中不断建构着的思想，是人的高级生命活动与现象，是人的类本质的充分体现。思想是在社会生活与实践过程中大脑不断接受外界信息进行建构的过程与结果。伴随着情绪情感等感性因素的有机活动，思想的流动性、丰富性、复杂性、多变性与发展性的特征形成。思想具有导引人们行为的功能、自我调控与调控他人的功能、推动人们前行的动力功能。思想选择总会遵循合理性、正当性和功利性的原则，受自我需要与内在偏好的驱动，从业已形成的价值观和科学精神出发，根据现实情势进行判断与决定。实践是思想形成的现实基础，思想与现实之间必须保持适切的张力，才能使思想具有超越性的功能，才能发挥其对现实的有效导引作用。坚持实事求是的思想路线，才是我们在思想与现实的对立统一发展中保持思想超越性的根本！

本书更多地从个体的视角探讨思想的选择，但从群体的角度进行的探讨相对不足，因为群体思想或社会思想总是由个体的思想逐渐转化而来。米塞斯曾经强调，人类只能由个体进行思考，社会不会思想，人类的新思想往往是由少数人的个体思想转化而来的。从历史的角度审视，群体的思想选择归根结底还是群体中少数个人的选择，是个人的思想选择经过外在强化转化为群体的思想选择。“人之所以被认为能够思考选取某一选择方案而不选取另一选择方案的理由，就因为有一个普遍接受的假定，那就是只有个人才有思维能力。群体、团体、国家，都不能思考，或只能在比喻的意义上思考。”① 群体、团体、国家不是抽象的概念，也不具备直接进行思想选择的能力，而是由无数有选择能力的个人所组成的共同体，但是真正能够主导群体的思想选择，一定是具有代表性的个体的思想选择通过独有的影响路径演化而成的。即所有的群体思想选择实质上是少数精英思想选择的现实转化。

个体的思想选择之所以能够成为群体的思想选择，主要是因为少数精英的个人影响力与无可取代的社会地位，即其思想表现出来的理想主义、普遍的合理性、相对准确的预见性、现实成效、无可改变的合法性地位使然。帕累托认为精英就是在该精英所活动的领域中能力水平最高者，帕累托形象地比喻道：“我们假定在人们行为的所有领域中，每个人都有一处作为他能力指数的指数，这就像学校里不同科目的考试分数一样。例如我们给水平最高的律师打 10 分，给没有主顾的律师打 1 分，而 0 分则留给那些十足的白痴。……我们把那些在各自活动领域中获得最高指数的人确定为一个阶级，并将其命名为精英阶级。”② 无疑，精英具有超群的能力，能够在群体中脱颖而出并处于核心地位，其思想选择会直接影响群体中他者的思想选择。在传统社会与现代社会中，精英的影响力会有不同的表现，传统社会中少数精英会凭借自己超凡的能力与独有的地位，成为人们膜拜的对象与不得不遵从的权威，使个人的思想选择代替群体的思想选择成为可能与现实；在现代社会中精英个人的思想选择会通过合理化的方式，即容易被群体成员或民众接受的方式，来转化为群体的思想选择。于是就出现了所谓的精英决定理论与多元主义决策理论。

精英决定理论认为，组织的精英在完全不受到公众影响的情况下制定决策、作出决定。沃克认为，精英民主理论的核心就在于假设公众在政治上是完全无能的，民主制度的运作必须要依赖政治领袖或精

① ［英］安东尼·德·雅赛：《重申自由主义：选择·契约·协议》，陈茅等译，中国社会科学出版社 1997 年版，第 76 页。

② 转引自［英］巴特摩尔《平等还是精英》，尤卫军译，辽宁教育出版社 1998 年版，第 2 页。

英的智慧和技巧。多元主义决策模式认为尽管决策的过程是各种力量相互作用与博弈的结果，但是直接参与决策仍然只是少数人才拥有的资格。两者的区别在于，精英决定理论认为，决策是精英个体思想选择的结果，群体的思想选择由精英来决定。而多元主义决策模式则认为，尽管决策只是少数人的思想选择，但是这种思想选择会考量现实各利益集团和民众的一定的利益诉求，至少在精英们欲获得一定的社会或群体地位时会表现出这样的特征。但无论是精英决定理论，还是多元主义决策模式，都认为少数精英的思想选择决定或者替代群体的思想选择，只不过在对他者利益诉求的了解与吸纳上存在差别。

因此，精英的思想选择大致可分为个人决断型与少数人的民主两种类型。个人决断型的精英思想选择往往是群体中的首脑人物的思想选择，首脑人物的思想选择可能会对群体或者社会的生存与发展起到决定性的作用，可能在一夜之间带来天翻地覆的巨大变化。戈尔巴乔夫的选择，一夜之间就颠覆了苏共的领导地位，造成了苏联的解体。当然，精英人物的思想并不是完全自己产生的或者天生就有的天赋，可能受到左右之人的影响。但无可否认，社会精英的思想，尤其是那些经济学家、政治学家的思想，对现实具有超出人们想象的重要影响力，因为其具有无可取代的、重要的社会地位。凯恩斯强调思想的重要作用，他说："实用主义者自认为他们不受任何学理的影响。其实他们经常是某个已故经济学家的俘虏，自以为是的当权者，他们的狂乱想法不过是若干年前某个拙劣的作家的作品中提炼出来的。我确信，和思想的逐步侵蚀相比，既得利益的力量被过分夸大了，……或迟或早，不论好坏，危险的东西不是既得利益，而是思想。"① 显然，个体的思想选择，即使是精英的思想选择，也具有历史承继的特点，不过精英的个体思想选择具有影响与决定社会思想的威力。思想的这种威力在潜移默化中生成，比既得利益更具有力量。

精英的思想转变为群体思想需要一个现实转化的过程，即思想世俗化与普遍化的过程。这种转化往往使那种原来具有超越性与独立性

---

① 转引自张维迎《理念的力量》，西北大学出版社 2014 年版，第 3 页。

的个体思想在不断被复制与转化的过程中蜕变为一定的仪式、文本与观点，进而对人们的现实生活带来影响，带来人们现实思想与行为选择的变化。“本来具有批评力和诊断力的思想，一旦成为流行的时尚，它常常会成为背诵与记忆的文本。”① 个体思想要转化为普遍的思想，一定要经过反复简化与通俗化的过程。当某些思想已经成为人们现实中经常选择引用的经典，当某些思想成为人们强化自己立场与观点时经常选用的有力佐证，当思想成为人们现实选择所遵从的思想指南，个体的思想选择在一定程度上已经成功地转化为群体的思想选择。高明、精彩的思想总要等待着被进一步地平庸化和世俗化，一般而言，“精彩的思想总是要由那些并不高明的人来复制的，当这些并不高明的复制把思想简约转化为最后的几个词语，并成为口号写在旗帜上。当这些思想的深层涵义被过滤掉，而只剩下背诵的文本时，这些思想才会真的进入社会生活，思想在这时牺牲了它的深刻和睿智，却换回了更多的接受者”②。的确，个体的思想选择要想变成群体的思想选择，就要转化为能够被接受的、可以被普遍复制的、通俗性的思想文本与观点，具有能被普遍接受的合理性与权威性。这样才会带来群体思想上的共识与趋同，形成群体意识规范、共同的理想追求。

群体思想选择的本质与特征，群体思想选择与个体思想选择的关系，群体思想选择与社会发展、稳定之间的关系，则是今后需要进一步研究的内容。

历史的经验与教训告诉我们这样的事实：过去，我们不是简单地败给了帝国主义列强的船坚炮利，而是败给了腐朽陈旧的思想理念；我们也不是因为贫穷而挨打，而是由于富有而被掠夺。同样，今天，在经济全球化、信息网络化、价值多元化的现实中，国际社会的竞争也绝不是简单的政治、经济、科技、军事等方面的竞争，更是思想（包括思想观念、思想方式等）的竞争，因为思想决定了国家、民族在人类社会发展中所占据的高度；思想的变革是一切社会变革的先导，是形成与凝聚社会发展的创新力量的重要动源。当然，发展过程

① 葛兆光：《中国思想史》，第 250 页。

② 葛兆光：《中国思想史》，第 251 页。

会充满曲折与艰辛，充满不同思想的纠缠与博弈，使人们在不同思想之间根据自己的需要与现状进行选择。思想建设与物质建设是完全不同的两种建设，思想建设不可能在完全摧毁旧基础之后实现重建，而一定是在传统的旧思想的基础之上引入新思想并进行融会。这种经过历史沉淀的传统思想，是任何时代的思想建设都绕不开的思想资源，而且是必须重视与利用的基础思想。思想的建设也绝不能仅仅依靠外在的强力去达成思想的共识，而是要通过开启民智、人文化成的基本途径，以符合思想发展与转化规律的方式来建构人们的精神家园，充盈人们的精神生活，发挥人的主体性作用并使之转化为现实的物质力量，成为社会发展的动力，从而实现社会发展的终极价值目标。思想建设是实现中华民族伟大复兴的重要途径与方式，也是中华民族自强于世界民族之林的关键。

在自媒体发达的今天，人们的思想选择因为媒介的发展而出现了新的变化，碎片化的信息与多元的价值观念对人们思想的形成与选择产生着重大的影响，主体间的思想交流出现了前所未有的范式变化，现代技术与市场经济所带来人的异化问题愈来愈严重，思想与现实之间缺乏张力，人们思想的批判性、创造性、独立性势微的倾向明显，出现“修辞发达、思想缺席”① 的时代精神缺失的现象。本书探讨日用而鲜有研究的“思想”议题，尽管粗浅，且无法对现实产生直接的作用，至少可以使我们回归到对思想本体的探讨之中，尝试认识、理解与把握思想的实质、思想与现实的关系，为现实的思想工作与人们思想的自我检视提供基础性的研究成果，尽绵薄之力。

---

① 俞吾金：《俞吾金讲演录》，长春出版社 2011 年版，第 66 页。

# 参考文献

## 一　马克思主义经典著作


《马克思恩格斯选集》（第1卷），人民出版社2012年版。

《马克思恩格斯选集》（第2卷），人民出版社2012年版。

《马克思恩格斯选集》（第3卷），人民出版社2012年版。

《马克思恩格斯选集》（第4卷），人民出版社2012年版。

《马克思恩格斯文集》（第1卷），人民出版社2009年版。

《马克思恩格斯文集》（第2卷），人民出版社2009年版。

《马克思恩格斯全集》（第1卷），人民出版社1956年版。

《马克思恩格斯全集》（第2卷），人民出版社1957年版。

《马克思恩格斯全集》（第3卷），人民出版社1960年版。

《马克思恩格斯全集》（第13卷），人民出版社1995年版。

《马克思恩格斯全集》（第19卷），人民出版社1972年版。

《马克思恩格斯全集》（第21卷），人民出版社1995年版。

《马克思恩格斯全集》（第30卷），人民出版社1995年版。

《马克思恩格斯全集》（第24卷），人民出版社1974年版。

《马克思恩格斯全集》（第39卷），人民出版社1974年版。

《马克思恩格斯全集》（第42卷），人民出版社1979年版。

《马克思恩格斯全集》（第46卷上），人民出版社1979年版。

《1844年经济学—哲学手稿》，人民出版社1979年版。

《资本论》，人民出版社1975年版。

《列宁全集》（第1卷），人民出版社1995年版。

《列宁全集》（第 38 卷），人民出版社 1999 年版。

《列宁全集》（第 55 卷），人民出版社 1999 年版。

《列宁选集》（第 1 卷），人民出版社 1995 年版。

《毛泽东选集》（第 1 卷），人民出版社 1991 年版。

《毛泽东文集》（第 8 卷），人民出版社 1991 年版。

## 二　译著

[希腊] 亚里士多德：《形而上学》，吴寿彭译，商务印书馆 1959 年版。

[德] 斯宾诺莎：《伦理学》，贺麟译，商务印书馆 1997 年版。

[德] 康德：《纯粹理性批判》，邓晓芒译，人民出版社 2004 年版。

[德] 康德：《实用人类学》，邓晓芒译，上海人民出版社 2005 年版。

[德] 康德：《判断力批判》，韦卓民译，商务印书馆 1987 年版。

[德] 黑格尔：《哲学史讲演录》（第二卷），贺麟、王太庆译，商务印书馆 1997 年版。

[德] 黑格尔：《小逻辑》，贺麟译，商务印书馆 2003 年版。

[德] 黑格尔：《哲学全书·逻辑》，商务印书馆 1962 年版。

[德] 海德格尔：《面向思的事情》，陈小文、孙周兴译，商务印书馆 2012 年版。

[德] 卡尔·曼海姆：《意识形态与乌托邦》，黎鸣、李书崇译，商务印书馆 2000 年版。

[德] 哈贝马斯：《交往行为理论：行为合理性与社会合理性》，曹卫东译，上海人民出版社 2004 年版。

[德] 弗雷格：《弗雷格哲学论著选辑》，王路译，商务印书馆 1994 年版。

[德] 弗洛姆：《马克思论人》，陈世夫、张世广译，陕西人民出版社 1991 年版。

[德] 弗洛姆：《为自己的人》，孙依依译，生活·读书·新知三联书店 1988 年版。

[德] 兰德曼：《哲学人类学》，彭富春译，工人出版社 1988 年版。

[德] 马克思·韦伯：《经济与社会》（第一卷），阎克文译，上海人民出版社 2010 年版。

[法] 帕斯卡尔：《思想录》，何兆武译，商务印书馆 1985 年版。

[法] 埃德加·莫兰：《复杂性思想导论》，陈一壮译，华东师范大学出版社 2008 年版。

[法] 列维·布留尔：《原始思维》，丁由译，商务印书馆 1981 年版。

[法] 让－保罗·萨特：《存在与虚无》，陈宣良等译，安徽文艺出版社 1998 年版。

[法] 皮埃尔·布尔迪厄：《实践理性：关于行为理论》，谭立德译，生活·读书·新知三联书店 2007 年版。

[法] 皮埃尔·布尔迪厄、[美] 华康德：《实践与反思：反思社会学导引》，李猛、李康译，中央编译出版社 2004 年版。

[法] 皮埃尔·布迪厄：《实践感》，蒋梓骅，译林出版社 2009 年版。

[法] 库朗热：《古代城邦》，谭立铸译，华东师范大学出版社 2006 年版。

[法] 勒费弗尔：《拿破仑时代》（下卷），陈太先译，商务印书馆 2011 年版。

[美] 弗洛姆：《马克思论人》，陈世夫、张世广译，陕西人民出版社 1991 年版。

[美] 弗洛姆：《为自己的人》，孙依依译，生活·读书·新知三联书店 1998 年版。

[美] 伯纳德·韦纳：《人类动机：比喻、理论和研究》，孙煜明译，浙江教育出版社 1999 年版。

[英] 大卫·休谟：《人性论》，关文运译，陕西师范大学出版社 2000 年版。

[美] 赫伯特·马尔库塞：《单向度的人》，刘继译，上海译文出版社 2007 年版。

[美] 怀特：《文化科学》，沈原等译，浙江人民出版社 1988 年版。

[美] 赫伯特·西蒙：《管理行为》，杨砾、韩春立、徐立译，北京经济学院出版社 1988 年版。

［美］赫伯特·西蒙：《西蒙选择》，黄涛译，首都经济贸易大学出版社 2002 年版。

［美］露丝·本尼迪克特：《文化模式》，王炜译，社会科学文献出版社 2009 年版。

［美］马格丽特·米德：《文化与承诺——一项有关代沟问题的研究》，周晓虹、周怡译，河北人民出版社 1987 年版。

［美］乔治·H. 米德：《心灵、自我与社会》，霍桂醒译，上海世纪出版集团 2014 年版。

［美］约翰·麦克里兰：《西方政治思想史》，彭淮栋译，海南出版社 2003 年版。

［美］S. N. 艾森斯塔德：《帝国的政治体系》，阎步克译，贵州人民出版社 1992 年版。

［美］希娜·艾扬格：《选择的艺术：为什么我选的不是我要的?》，林雅婷译，中信出版社 2011 年版。

［英］安东尼·德·雅赛：《重申自由主义：选择·契约·协议》，陈茅等译，中国社会科学出版社 1997 年版。

［英］巴特摩尔：《平等还是精英》，尤卫军译，辽宁教育出版社 1998 年版。

［英］洛克：《人类理解论》，关文运译，商务印书馆 1997 年版。

［英］泰勒：《原始文化》，蔡江农译，浙江人民出版社 1988 年版。

［英］马林诺斯基：《文化论》，费孝通译，商务印书馆 1945 年版。

［英］弥尔顿：《失乐园》，金发燊译，湖南人民出版社 1987 年版。

［英］亚当·斯密：《道德情操论》，蒋自强译，商务印书馆 1998 年版。

［印度］阿马蒂亚·森：《理性与自由》，李风华译，中国人民大学出版社 2006 年版。

［印度］罗宾德拉纳特·泰戈尔：《人生的亲证》，宫静译，商务印书馆 2011 年版。

［瑞士］皮亚杰：《发生认识论原理》，王宪钿译，商务印书馆 2011 年版。

［苏］彼得罗夫斯基：《普通心理学》，朱智贤、伍棠棣等译，人民教育出版社 1987 年版。

［苏］谢切诺夫：《谢切诺夫选集》，杨汝菖等译，人民卫生出版社 1957 年版。

［以色列］S. N. 艾森斯塔德：《帝国的政治体系》，贵州人民出版社 1992 年版。

## 三　古代典籍

《论语》，中华书局 2000 年版。

《孟子》，商务印书馆 2004 年版。

《庄子》，台湾古籍出版有限公司 2002 年版。

《春秋繁露》，中华书局 1975 年版。

《史记》，中华书局 1959 年版。

## 四　著作

包霄林：《思维的模式》，浙江大学出版社 2011 年版。

冯友兰：《新理学》，北京大学出版社 2014 年版。

郭沫若：《中国古代社会研究》，河北教育出版社 2004 年版。

葛兆光：《中国思想史》，复旦大学出版社 2004 年版。

何中华：《重读马克思》，山东人民出版社 2009 年版。

贺来：《现实生活世界——乌托邦精神的真实根基》，吉林教育出版社 1998 年版。

韩民青：《当代哲学人类学》，广西人民出版社 1998 年版。

梁启超：《先秦政治思想史》，上海书店影印 1992 年版。

《李大钊文集》，人民出版社 1984 年版。

李泽厚：《中国古代思想史论》，安徽文艺出版社 1994 年版。

鲁鹏：《制度与发展关系研究》，人民出版社 2002 年版。

雷香庭：《理则学纲要》，大学文化事业公司 1948 年版。

陆学艺：《社会学》，知识出版社 1991 年版。

《胡适文选》，远流出版事业股份有限公司 1986 年版。

《胡适文存》，上海科学技术文献出版社 2015 年版。
戚万学：《冲突与融合：20 世纪西方道德教育理论》，山东教育出版社 1995 年版。
齐涛：《中国传统政治检讨》，南海出版公司 2012 年版。
任鸿隽：《科学救国之梦——任鸿隽文存》，上海科学技术出版社 2002 年版。
苏国勋：《理性化及其限制—韦伯思想导论》，上海人民出版社 1988 年版。
吴康宁：《教育社会学》，人民教育出版社 1998 年版。
韦政通：《中国思想史》，水牛图书出版事业有限公司 1991 年版。
王小燕：《科学思维与科学方法论》，华南理工大学出版社 2003 年版。
俞吾金：《意识形态论》，上海人民出版社 1993 年版。
俞吾金：《俞吾金讲演录 》，长春出版社 2011 年版。
郑也夫：《代价论——一个社会学的新视角》，生活·读书·新知三联书店 1995 年版。
张维迎：《理念的力量》，西北大学出版社 2014 年版。
翟学伟：《中国人行动的逻辑》，社会科学文献出版社 2001 年版。
赵言舟、王贤章、章德峰、卢士才：《思想学》，海潮出版社 1998 年版。

## 五　编著

《西方哲学原著选读》，商务印书馆 1981 年版。
《新青年》第 9 卷第 6 号。
陈大齐：《实用理则学八讲》，中国文化服务出版社 1945 年版。
陈祖耀：《理则学》，三民书局股份有限公司 1991 年版。
耿云志：《胡适论争集》，中国社会科学出版社 1998 年版。
胡绳主编：《中国共产党七十年》，中共党史出版社 1991 年版。
何兆武主编：《历史理论与史学理论：近现代西方史学著作选》，商务印书馆 1999 年版。

洪谦主编：《西方现代资产阶级哲学论著选辑》，商务印书馆 1964 年版。

侯外庐主编：《中国思想史纲》，上海书店出版社 2004 年版。

李建明、刘瑶：《社会心理学》，安徽大学出版社 2003 年版。

钱穆：《中国思想史六讲》，九州出版社 2010 年版。

孙占元主编：《中国共产党理论创新史》，山东人民出版社 2012 年版。

郑欣淼等主编：《鲁迅研究年鉴》，河南文艺出版社 2006 年版。

吴俊升：《理则学》，正中书局 1943 年版。

仓道来，《思想政治教育学》，北京大学出版社 2004 年版。

陈万柏等：《思想政治教育学原理》，高等教育出版社 2007 年版。

刘芳等，《思想政治教育人本论》，军事科学出版社 2009 年版。

苏振芳主编：《思想政治教育学原理》，厦门大学出版社 2000 年版。

王礼湛主编：《思想政治教育学》，浙江大学出版社 1999 年版。

杨芷英：《思想政治教育心理机制研究》，红旗出版社 2005 年版。

杨芷英、王希永：《思想政治教育心理学》，首都师范大学出版社 1999 年版。

张耀灿等：《现代思想政治教育学》，人民出版社 2006 年版。

张绪元、张闯状等：《思想政治教育心理学导论》，中国戏剧出版社 2009 年版。

## 六　工具书

《不列颠百科全书》（国际中文版），中国大百科全书出版社 1999 年版。

［英］罗吉·福勒：《现代西方文学批评术语词典》，袁德成译，四川文艺出版社 1988 年版。

尼古拉斯·布宁、余纪元编：《西方哲学英汉对照辞典》，人民出版社 2001 年版。

《中国大百科全书·哲学》，中国大百科全书出版社 1987 年版。

《哲学大辞典》，上海辞书出版社 2007 年版。

## 七 期刊论文

陈嘉明：《“理解”的知识论》，《哲学动态》2016 年第 11 期。
陈新汉：《哲学视域中社会价值观念的共识机制》，《哲学动态》2014 年第 4 期。
褚凤英：《思想政治教育过程的本质再认识》，《学校党建与思想教育》2011 年第 8 期。
高宣扬：《论布尔迪厄关于“象征性实践”的概念》，《哲学研究》2016 年第 3 期。
高秉江：《“思”与思维着的“我”——笛卡尔和康德自我观的异同》，《哲学研究》2011 年第 6 期。
郭大俊、刘之扬：《实践与人的发展》，《哲学研究》2013 年第 3 期
关珠：《试论博弈思维的逻辑结构》，《天津商业大学学报》2008 年第 2 期。
贺来：《论马克思实践哲学的政治意蕴》，《哲学研究》2007 年第 1 期。
胡家祥：《马斯洛需要层次论的多维解读》，《哲学研究》2015 年第 8 期。
胡伟、王迪：《从社会学角度建构关于“正义”的理论——读〈论正当性·价值的经济〉》，《浙江社会科学》2010 年第 10 期。
黄德良：《论无意识在精神结构中的意义》，《青海社会科学》1990 年第 6 期。
孔爱国、邵平：《利益的内涵、关系与度量》，《复旦学报》（社会科学版）2007 年第 4 期。
鲁鹏：《论不确定性》，《哲学研究》2006 年第 3 期。
刘森林：《何为“现实”：马克思与尼采的启示》，《哲学研究》2014 年第 1 期。
刘森林：《实践、辩证法与虚无主义》，《哲学研究》2010 年第 9 期。
刘敬鲁：《“合理实践——不合理实践”：马克思实践观的深层框架及其意义》，《学术月刊》2006 年第 3 期。

刘进田：《价值与人及其自我完成》，《哲学动态》2015 年第 8 期。

刘少杰：《中国经济转型中的理性选择与感性选择》，《天津社会科学》2004 年第 6 期。

卢春红：《由“反思”到“反思性的判断力”——论康德反思概念的内涵及其意义》，《哲学研究》2015 年第 2 期。

卢现军：《“认识”与“思想”的区分及其意义》，《海南大学学报》（人文社会科学版）2005 年第 9 期。

罗骞：《历史唯物主义：一种可能性思想》，《哲学研究》2010 年第 6 期。

林剑：《论个人活动的有目的性与历史发展的无目的性》，《哲学研究》2014 年第 11 期。

李文阁：《实践其实是指人的现实生活——实践唯物主义的反思》，《哲学动态》2010 年第 11 期。

李屏南：《论人的思想结构》，《湖南师范大学社会科学学报》1997 年第 5 期。

李恒威：《意识、觉知与反思》，《哲学研究》2011 年第 4 期。

李主斌：《知觉经验与信念的理由》，《科学技术哲学研究》2016 年第 4 期

麦佶妍：《论加强解放思想的动力机制建设》，《岭南学刊》2011 年第 4 期。

孙正聿：《恩格斯的“理论思维”的辩证法》，《哲学研究》2012 年第 11 期。

孙正聿：《人类思想的哲学维度》，《江海学刊》1994 年第 5 期。

孙正聿：《哲学：思想的前提批判》，《中国高校社会科学》2014 年第 2 期。

孙正聿：《辩证法的实践基础》，《北大马克思主义研究》2012 年第 2 辑

孙美堂：《从实体思维到实践思维——兼谈对存在的诠释》，《哲学动态》2003 年第 9 期。

唐热风：《心智具身性与行动的心智特征》，《哲学研究》2015 年第

2 期。
谭清华：《马克思的正义理念：事实还是价值?》，《哲学研究》2015 年第 3 期。
涂良川：《马克思“现实的历史的人”及其意义》，《哲学研究》2016 年第 5 期。
施春华：《论思想政治教育心理学》，《唯实》1998 年第 1 期。
王海滨：《人的精神结构及其逻辑与原理》，《哲学动态》2015 年第 8 期。
汪家堂：《道德自我、道德情境与道德判断》，《江苏社会科学》2005 年第 5 期。
吴向东：《论价值观的形成与选择》，《哲学研究》2008 年第 5 期。
吴康宁：《关于“思想”的若干问题：一种社会学分析》，《教育理论与实践》2005 年第 12 期。
武经伟、洪晓丽等：《也谈“思想之维”——“认识你自己”命题的历史哲学沉思》，《思想战线》2013 年第 4 期。
徐长福：《何为实践哲学》，《理论与现代化》2007 年第 4 期。
徐晓风：《社会心理与人的选择——人学研究的新论域》，《哲学研究》2015 年第 3 期。
徐志远、宾培英：《思想与行为应是现代思想政治教育学的逻辑起点》，《当代教育论坛》2007 年第 22 期。
肖雪：《略论利益及利益追求》，《天津师大学报》（社会科学版）1993 年第 1 期。
徐志远、宾培英：《思想与行为应是现代思想政治教育学的逻辑起点》，《当代教育论坛》（学科教育研究）2007 年第 11 期。
杨鲜兰：《论马克思的需要动力思想》《哲学研究》2011 年第 5 期。
杨金东：《理性的嵌入性与选择的文化性》，《内蒙古社会科学》（汉文版）2012 年第 6 期。
阎孟伟：《正义理论的价值诉求》《哲学研究》2016 年第 8 期。
易仲屏：《思想与行为：思想政治工作学的基本范畴》，《思想政治工作研究》1991 年第 6 期。

赵汀阳:《共在存在论:人际与心际》,《哲学研究》2009 年第 8 期。

赵本义:《论马克思主义哲学的客观具体思想》,《哲学研究》2016 年第 2 期。

赵家祥:《理论与实践关系的复杂性思考——兼评惟实践主义倾向》,《北京大学学报》(哲学社会科学版)2005 年第 1 期。

郑伟平:《论信念的知识规范》,《哲学研究》2015 年第 4 期。

庄振华:《黑格尔精神概念辨正——以〈精神现象学〉为例》,《哲学研究》2016 年第 10 期。

周炽成:《"心学"源流考》,《哲学研究》2012 年第 8 期。

章忠民:《确定性的寻求与本质主义的兴衰》,《哲学研究》2013 年第 1 期。

张伟:《"思维的存在"与"存在的思维"的辩证逻辑——从古代哲学到现象学的哲学致思》,《哲学研究》2016 年第 5 期。

张曙光:《"理想"的哲学反思》,《南昌大学学报》(人文社会科学版)1999 年第 9 期。

张曙光:《思想及其当代意义》,《思想政治工作研究》2014 年第 4 期。

张曙光:《从"中西古今"到新的思想"四重奏"》,《天津社会科学》2015 年第 1 期。

张增孝:《思想政治教育定位论刍议》,《中国青年政治学院学报》2002 年第 3 期。

## 八 外文著作

Aristotle, *Nicomachean Ethics*, Cambridge: Cambridge University press, 2000.

G. E. M. Anscombe, *Intention*, Cambridge, MA: Harvard University Press, 1957.

J. Cohen, *An Essay on Belief and Acceptance*, Clarendon Press, 1992.

C. F. Craver, *Levels of Mechanisms*, Routledge Publisher, 2009.

G. Deleuze, *Pure Immanence: An Essay on Life*, trans. by A. Boyman,

Cambridge: The MIT Press, 2001.

John Dewey, *The later Works*, 1899 – 1924. ed. , by JoAnn Boydston. Carbon dale: Southern Illinois University Press. 2008. Vol. 5.

S. N. Eisenstadted. *The Origins and Diversity of Axial Age Civilizations*, SUNY Series in Near Eastern Studies, Albany, 1986.

*Encyclopedia of Philosophy*, Vol. 2 [Z], New York: Routledge Publishing, 1998

P. Engel, "Introduction: The Varieties of Belief and Acceptance", *Believing and Accepting*, Springer Netherlands, 2000.

GarethEvans, *The Varieties of Reference*, Oxford: Clarendon Press, 1982.

Shaun Gallagher, *How the Body Shapes the Mind*, Oxford: Oxford University Press, 2006.

Shaun Gallagher, "Philosophical Antecedents to Situated Cognition", *Cambridge Handbooks of Situated Cognition*, Cambridge University Press, 2009.

Joseph Haven, *Mental Philosophy: Including the Intellect, Sensibilities, and Will*, Ann Arbor, Michigan: University of Michigan Library, 2005.

M. Heidegger, *The Basic Problems of Phenomenology*, Bloomington: Indiana University Press, 1982.

G. Howie, *Deleuze and Spinoza: Aura of Expressionism*, Palgrave Publishers Ltd. 2002.

Edmund Husserl, *Ideas*, New York: Collier Books, 1973.

J. Kim, "What is 'Naturalized Epistemology'?" in J. Tomber ed. , Philosophical Perspectives 2: Epistemology, Ridgeview Publishing, 1988.

Gernet, Jacques, *Ancient China: From the Beginnings to the Empire*, Tr. RaymondRudorff, Berkeleyand Los Angeles: University of California Press, 1968.

Emmanuel Levinas, *Discovering Existence with Husserl*, Illinois: Northwestern University Press, 1998.

R. A. Makkreel, Imagination and Interpretation in Kant: The Hermeneutical

Import of the Critique of Judgment, University of Chicago Press, 1990.

John McDowell, *Mind and World*, Harvard University Press, 1996.

Martha C. Nussbaum, *Upheavals of Thought*, Oxford: Oxford University Press, 2001.

L. P. Pojman, *What Can We know? An Introduction to the Theory of knowledge*, Wadsworth Pub Co. , 2001.

J. A. Popp, *Evolution's First Philosopher: John Dewey and the Continuity of Nature*, State University of New YorkPress, 2007.

H. H. Price, *Belief: The Gifford Lectures Delivered at the University of Aberdeen in* 1960, Allen & Unwin, 1969.

J. Prinz, *The Return of Concept Empiricism*, *Handbook of Categorization in Cognitive Science*, H. Cohen and C. Lefebvre (ed.), Elsevier, 2005.

Gilbert Ryle, *The Concept of Mind*, Routledge, 2009.

Jean-Paul Satre, *L'Existentialismeest un humanisme*, Paris, Gallimard, 1996.

M. Scardamalia, "Collective Cognitive Responsibility for the Advancement of Knowledge", in B. Smith ed. , *Liberal Education in a Knowledge Society*, Open Court Press, 2002.

S. Schiffer, *The Things We Mean*, Clarendon Press, 2003.

Wilfrid Sellars, "Empiricism and the Philosophy of Mind", in *Knowledge, Mind, and the Given*, Willem A. Devries & Timm Triplett, Hackett Publishing Company, 2000.

Michael Slote, *Morals from Motives*, Oxford: Oxford University Press, 2001.

Michael Slote, *From Morality to virtue*, Oxford: Oxford University Press, 1992.

A. Taylor, "Most, Peculiar Institution", *World, Mind, and Ethics*, J. E. J. AItham & Ross Harrison ed. , London: Cambridge University Press, 1995.

H. S. Thayer, *Pragmatism: the classic writings*, New York: Hackett Publishing Co, 1982.

Jack L. Walker, *A critique of the elitist the elitist theory of democracy*, The American Political Science Review, 1966.

M. Warnock, "The Education of the Emotions", Education, Values and Mind, D. E. Cooper ed. , London: RKP, 1986.

B. Williams, *Truth and Truthfulness*, Princeton: Princeton University Press, 2002.

Timothy Williamson, *Knowledge and Its limit*, Oxford: Oxford University Press, 2000.

## 九 外文论文

D. R. Addis, D. L Schacter, "Constructive Episodic Simulation: Temporal Distance and Detail of Past and Future Events Modulate Hippocampal Engagement", *Hippocampus*, 18, 2008.

S. L. Artemenkov, "From Constancy and Polyfunctionality in Perception to the Transcendental Psychology Approach: Historical Overview of a Novel Psychological Paradigm", *Journal of Integrative Neuroscience*, 4 (4), 2005.

Ned Block, "Response to Rosenthal and Weisberg", Analysis, 17 (3), 2011.

Andrew Chignell, "Kant's Concepts of Justification", *Vous*, 41 (1), 2007

M. Derksen, "Realism, Relativism, and Evolutionary Psychology", *Theory & Psychology*, 20 (4), 2010.

J. Fodor, "Having Concepts: A Brief Refutation of the Twentieth Century", *Mind &Languages*, 19 (1), 2004.

K. Frankish, "Dual-process and dual-system theories of reasoning", in*Philosophy Compass* 10, 2010.

Allan Gibbard, "Truth and correct belief", in*Philosophical Issues* 15, 2005.

James G. Greeno, "A Perspective on Thinking", *American Psychologist*, 44 (2), 1989.

T. L. Harrison, G. O. Einstein, "Prospective Memory: Are Preparatory AttentionalProcesses Necessary for a Single Focal Cue?" *Memory and Cognition*, 38 (7), 2010.

Andrew Kemkhan, "Moral Beliefs and Moral Motivation", *The Journal of Value Inquiry*, 4, 2010 (Vol. 44).

R. Kitchener, "Is Transcendental Psychology Possible", *New Ideas in Psychology*, 17, 1999.

Frank Jackson&Philip Pettit, "Moral Functionalism and Moral Motivation", *The Philosophical Quarterly*, 178, 1995 (vol. 45).

E. J. Lowe, "Does the Descriptivist/Anti-descriptivist Debate Have any philosophical significance?" *Philosophical Books*, 48 (1), 2007.

John McDowell, "Having the World in view: Sellars, Kant and Intentionality", *Journal of Philosophy*, 95, 1998.

J. Prinz and A. Clark, "Putting Concepts to work: some thoughts for the twentyfirstCentury", *Mind &Languages*, 19 (1), 2004.

David Rosenthal, "Exaggerated Reports: Reply to Block", *Analysis*, 17 (3), 2011.

C. M. Schmidt, "Kant's Transcendental and Empirical Psychology of Cognition", *Studies in History and Philosophy of Science*, 39, 2008.

N. Shah, "How truth governs belief", in*Philosophical Review* 112, 2003.

T. Sturm, F. Wunderlich, "Kant and the Scientific Study of Consciousness", *History of the Human Sciences*, 23 (3), 2010.

A. D. Smith, "Perception and Belief", *Philosophy and Phenomenological Research*, 62 (2), 2001

A. L. Thomasson, "Speaking of Fictional Characters", *Dialectica*, 57 (2), 2003.

Josh Weisberg, "Misrepresenting Consciousness", *Philosophical Studies*, 154 (3), 2011.

# 后　　记

人是有思想的生命存在，人的一切行为皆受思想的指导、调控与支配。现实中人们往往能够从经验的角度、在不同的语境中理解“思想”的涵义与运用“思想”这一词语，但“思想”的界定，可谓见仁见智。思想本身的复杂性、与人类实践行为的错综关系，使得思想领域存在很多值得探究的问题，如意识流动现象、非理性与理性思想的交融、思想的功能、思想的博弈与选择等等。思想研究的主旨在于揭示思想的实质和基础，这有利于我们了解、认识思想，更好地理解把握它与自我、他人、社会的关系，以及个体层面和社会层面中的思想现象与思想问题。

本书以马克思主义的认识论、实践观与人学理论为指导，汲取认知理论、人本主义理论、结构功能主义理论与建构主义理论等心理学与社会学的相关成果，力图在客观的立场上以开放的理论视角探讨思想及其基础。全书共分五章，前三章着力于思想本身，界定梳理思想、思想的功能、思想的选择，后两章探究思想的基础，我们把思想与现实的张力归入思想的基础，是因为，在我们看来，它是实践基础的进一步展现。

中西方对思想认识理解的角度和路径有所不同：中国多是从体用的角度进行界定，重视人内在精神境界的达成；西方则多从思想与存在的关系角度进行探讨，着意“认识你自己”的永恒主题。思想是由人内在或外在环境刺激而引发的“符号性反应”，通常以意识的形式存在，是我们心中所意识到的东西，是大脑活动的过程与结果，是大脑在实践基础上对外界事物的反映和构建，是人的精神世界之所在。知、情、意及其它们的联系构成思想的内在结构，三要素之间相互交融，相辅相成，你中有我，我中有你，既不可分离，又彼此独立，造就了思想世界的丰富多彩。思想的形成是以概念为基础、按照一定逻辑展开的思维建构活动，它是一个过程，一个从完成之时起就已重新开始的永无止境的过程。思想的外延丰富，从不同角度可以给出不同的分类，本书将思想划分为静态思想与动态思想、非理性思想与理性思想、新思想与旧思想、个体思想与群体思想、主流思想与非主流思想、现实思想与学术思想等类型。本书研究的思想是人们正在思想着的思想，它是鲜活的、动态的、建构的、生成和消逝的、与生活实践密切相关的，而非静态的。动态的思想和认识有重合，又有不同，大致说来，认识是思想的一部分，即思想中理性的部分，而思想不仅包含理性，还涵盖无意识与非理性的内容。

思想在支配调控人们认识世界、改造世界的活动中有以下功能：导引的功能是指思想具有根据现实而推测未来、对现实事物进行美好构想与筹划，从而指示与导向人们行为的能力与作用。调控的功能是在思想反映功能基础之上形成的高级反映能力，贯穿于人们思想形成、发展的全过程，起到调节、控制人们思想与行为的作用。动力的功能是在实践过程中因观念与外在环境所引发的内在驱动力，其贯穿于人们社会生活实践的整个过程与社会发展的历史进程；具有形成人们内在与外在动力机制、调动个体身心力量与整合群体意志行为的作用，是人们前行的内在心理动力与精神能源。导引功能、调控功能、动力功能在实践中有机地交织一体，形成思想对行为的牵引力、调控力与推动力。

思想领域五彩缤纷，理论、学说、观点林立。支配调控人们活动的不是全部思想，而是经过选择的思想。无意识选择与有意识选择、随机性选择与规律性选择、非理性选择与理性选择等等有机地融为一体，共同构成人们思想选择的复杂性、动态性过程。思想的选择是有限度、有条件的主观性判断，受到内外重要因素的交互影响。但选择并不是内外影响因素简单结合的产物，而是在此基础之上内在选择机制形成的结果。内在选择机制是大脑自动系统与反射系统形成的自动联想机制与理性逻辑推理机制共同构成，产生内在的选择意向（潜在、显在），进而经外在刺激而引发选择。思想选择一般遵循合理性、正当性与功利性的原则，其过程充满了思想博弈。

思想选择的基础是实践，是人们在实践的基础上大脑独特功能发挥作用的结果。大脑作为思想产生与选择的生理基础和必要条件，具有获取与选择外界信息进行思想建构的能力，使人不仅成为肉体性的存在，且具有精神性与思想性。文化存在是人们思想与行为选择的主要外在条件与基础，对生活其中的个体产生浸染、熏陶与教化的作用，形成一定的观念、风俗、习惯、生活方式与行为方式等，使思想的选择具有文化特性或烙印。实践是思想得以产生、发展的现实基础，是检验思想认识真理性的标准，是人们观察、思考、分析、理解与阐释一切现象的基本维度，也是人们思想的现实来源，是思想逻辑发展的现实归依。也正是实践，使人们的思想具有主体超越性的特征。

思想与现实的张力是思想与现实之间互相抗衡、比较、牵制的一种状态，它们对立统一，在相互排斥中相互依存，在相互作用中相互发展，表现了马克思主义有关事物发展矛盾法则的一种样态。个体与社会思想建构皆充满了与现实的张力。思想应该立足现实又高于现实，既有形上的超验性，又有形下的现实性。思想与现实之间适度的张力是保证思想超越与指导现实的前提。两者的张力主要表现为：（1）理论与实践的张力，包括普遍性理论与具体实践、主导性思想与具体落实的张力；（2）思想与社会变革的张力，即思想博弈与社会变革现实之间的张力，包括思想的超越性、滞后性与现实的张力；（3）应然与实然的张力，包括理想与现实、应该与实际的张力。思想与现实存在张力是人生、社会的常态，是一个永远无法消除的现象，它不断产生、不断解决、又不断重新出现，推动着社会自我发展。张力过大或缺乏张力即出现同化现象，皆无法发挥思想的超越性作用。只有坚持实事求是的思想路线，才能保持适宜的张力。

以上探讨中，本书试图通过厘清思想与认识之间的关系，强调思想的非理性内容与动态性的特点；基于思想选择特点的揭示与分类，对影响思想选择的主要因素进行分析，对选择的一般原则进行探寻。重视思想形成的基础研究，注重亚文化对人思想形成直接影响的分析，以及实践是思想逻辑归依的论证，注重人思想形成的主体性内容与承认；立足现实、实事求是，是思想与现实张力不断打破与重新建立、保持适切距离的基础，也是思想超越性作用发挥的前提。

由于已有思想研究的基础资料文献较少且缺乏系统性，给研究带来了巨大的挑战。本书逻辑关系与理论性还有待于进一步厘清与提升，如，选择功能也是思想的重要功能，鉴于选择功能过于复杂，则独立成与思想功能并列的一章；思想的选择更多是从个体的视角进行探讨，而对群体思想选择或社会思想选择探讨不足。同时，对思想与意识、思想与思维等的关系也没深入探讨，这些都有待于在未来的学习与研究之中不断进行补充、延展与提升。

本书主要是我的博士论文，写作过程充满了艰辛与挑战，有着诸多的不容易，但换来的确是自我潜能的开发、自我内在的成长与学术能力的提高。这种有耕耘更有收获的喜悦与幸福是难以用言语来表达的，这份沉甸甸的收获里蕴含的不只是个人的努力，更融会了多方的指导、鼓励与支持！

感谢恩师刘陆鹏教授（笔名鲁鹏），他严谨求实的作风、以学术为业的执着、严于律己的习惯无不影响着我、感染着我、激励着我，使我不敢有丝毫的怠惰之意、侥幸之心；他对我从论文思路的澄清、理论运用的规范，到字斟句酌的要求，都是那么的尽心、尽力，使我不仅思维得到开阔、水平得以提升，而且人格也得到锤炼。

感谢山东大学马克思主义哲学教研室的所有老师！感谢各位老师对我无私的帮助、指导与支持！如，何中华老师多次提出指导建议，不厌其烦地回答我提出的各种专业问题，可以说是，每问必答、每求必应，还给我推荐了很多有帮助的专业书籍。刘森林老师、姜涌老师、商逾老师、单提平老师等都对论文提出了宝贵而中肯的建议，甚至是文献细节问题都一一地给予更正，尤其是单提平老师不辞辛苦对文献进行了认真的校正。正是教研室老师们相互之间的团结友爱、对学术自由的追求、对学生无私的关怀，让我充分感受到了做马克思主义哲学专业学生的幸福和温暖，使得跨专业的我能够有勇气与信心迎接挑战、完成学业。

感谢我大学时的辅导员、现为中国海洋大学博士生导师的薛永武老师对论文提出的建设性建议！感谢所有在这一过程中指导、帮助、支持我的人！

一路有你们，真好！

王玉香